Die Erlebnisseiten

Auf den zwei Erlebnisseiten vertiefst du das Wissen, das du auf den Basisseiten gesammelt hast. Du findest hier weitere Aufgaben, Experimente oder Untersuchungen. Du erkennst die Erlebnisseiten an dem grünen Rahmen.

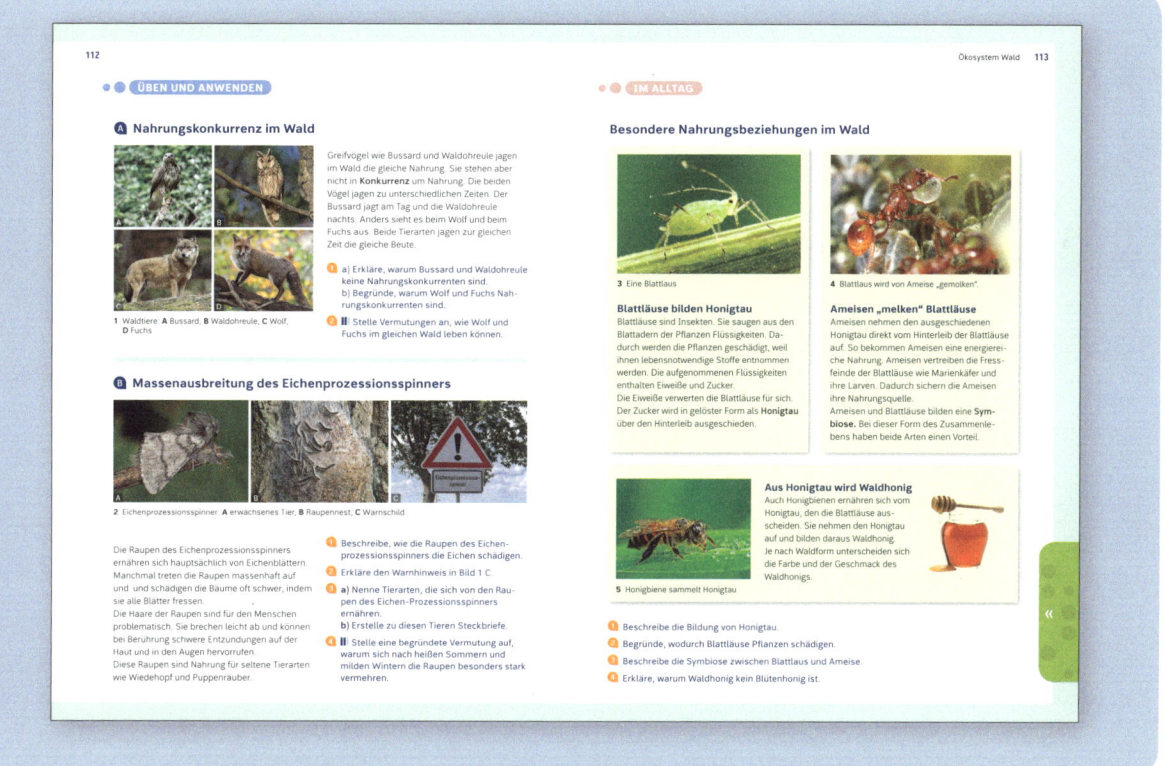

Ein Kapitel abschließen:

Auf einen Blick

»Auf einen Blick« fasst das Wichtigste noch einmal übersichtlich zusammen.

Lerncheck

Mit dem »Lerncheck« am Ende des Kapitels kannst du dein Wissen testen.

westermann

Herausgegeben von
Imme Freundner-Huneke
Ralph Möllers
Siegfried Schulz
Annely Zeeb

ERLEBNIS
Biologie

2

Herausgegeben von:
Imme Freundner-Huneke
Ralph Möllers
Siegfried Schulz
Annely Zeeb

Autorinnen und Autoren:
Michael Calsow, Imme Freundner-Huneke, Andreas Krämer, Ralph Möllers, Andrea Reinelt,
Anke Roß, Matthias Volk, Annely Zeeb

Zusatzmaterialien zu Erlebnis Biologie 2
Für Lehrerinnen und Lehrer:

Materialien für Lehrerinnen und Lehrer	978-3-14-117043-6
Lösungen	978-3-14-117031-3
BiBox für Lehrer/-innen (Einzellizenz)	WEB-14-117047
BiBox für Lehrer/-innen (Kollegiumslizenz)	WEB-14-117048

Für Schülerinnen und Schüler:

Förderheft	978-3-14-117044-3
BiBox (Einzellizenz für 1 Schuljahr)	WEB-14-117050
BiBox (Einzellizenz für 4 Schuljahre)	WEB-14-103154
BiBox (Einzellizenz PrintPlus für 1 Schuljahr)	WEB-14-117051

Druck A[7] / Jahr 2025
Alle Drucke der Serie A sind im Unterricht parallel verwendbar

Redaktion: Dr. Pia Braune, Nicole Tomczak, Assistenz: Sarah Neubauer
Illustrationen: Wolfgang Herzig, Hendrik Kranenberg, Lieselotte
Lüddecke, Birgit und Olaf Schlierf, Ingrid Schobel, Werner Wildermuth
Grundlayout: Janssen Kahlert, Design & Kommunikation GmbH
Umschlaggestaltung: LIO Design GmbH
Druck und Bindung: Westermann Druck GmbH, Georg-Westermann-Allee 66, 38104 Braunschweig

ISBN 978-3-14-**117041**-2

Inhalt

Lebewesen bestehen aus Zellen

Der Stoffwechsel

Wirbellose Tiere

Ökosystem Wald

Ökosysteme See und Stadt

Sinnesorgane und Wahrnehmung

Sexualität und Partnerschaft

Anhang

Lebewesen bestehen aus Zellen

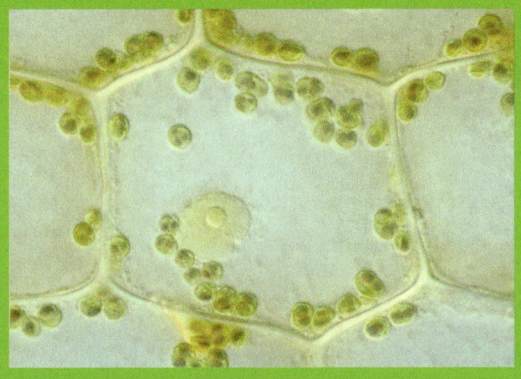

Was befindet sich in Zellen?

Wie funktioniert ein Mikroskop?

Wie sehen die kleinsten Lebewesen aus?

1 Ein Schüler mikroskopiert.

Die Welt vergrößert betrachten

Die Zoom-Funktion hat Grenzen

Wenn du mit dem Smartphone einen Schmetterling fotografierst, kannst du später Details mit dem Zoom vergrößern. Ab einer bestimmten Vergrößerung wird das Bild aber unscharf. Wissenschaftlerinnen und Wissenschaftler möchten Einzelheiten genau sehen. Dafür genügt die Zoom-Funktion eines Smartphones nicht mehr. Mit einer Stereolupe oder einem **Mikroskop** können kleinste Lebewesen oder Teile von Lebewesen wie ein Schmetterlingsflügel genau betrachtet werden.

Die Stereolupe und das Mikroskop zeigen Einzelheiten

Mit einer **Stereolupe** kann ein Objekt 20-fach bis 40-fach vergrößert werden. Das Objekt ist dadurch 20-mal bis 40-mal größer, als es mit bloßem Auge zu sehen ist. Das Mikroskop kann sogar noch um ein Vielfaches stärker vergrößern. Unter dem Mikroskop wird der Schmetterlingsflügel nicht nur vergrößert, sondern auch hell beleuchtet. So sind Einzelheiten gut zu erkennen. Der Schmetterlingsflügel sieht aus, als würde er aus Dachziegeln bestehen.

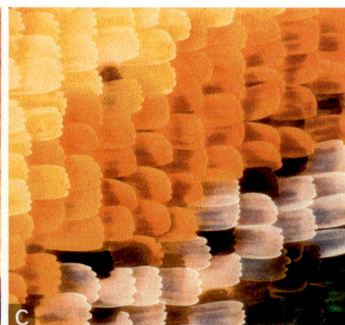

2 Schmetterling vergrößert: **A** mit dem Smartphone, **B** unter der Stereolupe, **C** unter dem Mikroskop

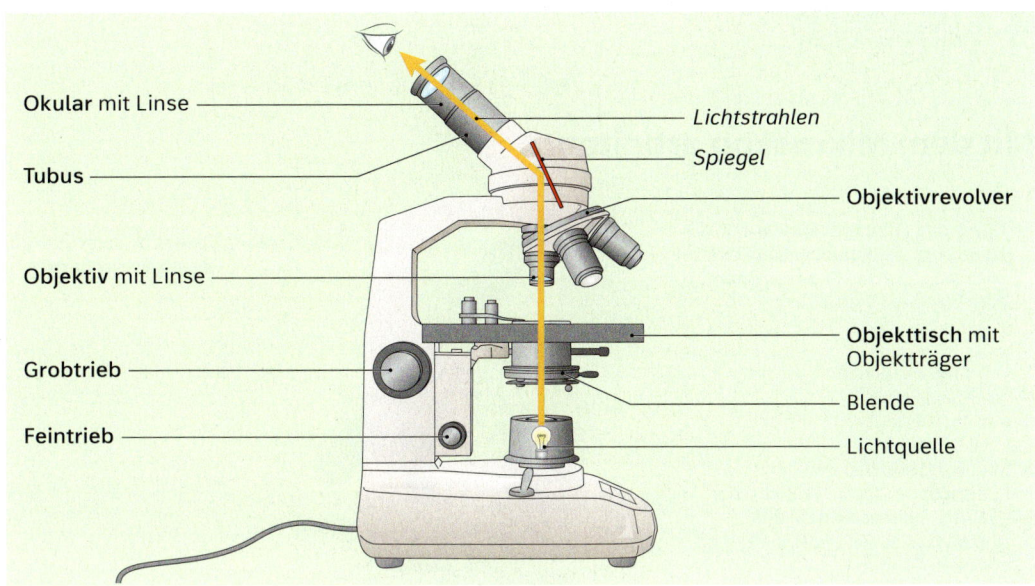

Okular mit Linse

Tubus

Objektiv mit Linse

Grobtrieb

Feintrieb

Lichtstrahlen

Spiegel

Objektivrevolver

Objekttisch mit Objektträger

Blende

Lichtquelle

3 Der Weg des Lichts durch das Mikroskop

Aufbau des Mikroskops

Das Mikroskop vergrößert Objekte durch **Linsen** aus Glas. Diese befinden sich an zwei Stellen im Mikroskop: im **Okular**, wo das Auge durchsieht und in den Objektiven. Das kürzeste **Objektiv** vergrößert am wenigsten. Es dient dazu, einen Überblick zu bekommen. Um mehr Einzelheiten zu sehen, werden die längeren Objektive mit dem Objektivrevolver herangedreht.

Mit dem **Grobtrieb** und dem **Feintrieb** wird das Bild scharf gestellt. Der Grobtrieb bewegt den Objekttisch schnell auf oder ab. Der Feintrieb verändert den Abstand zwischen Objekttisch und Objektiv nur langsam.

Unten am Objekttisch befindet sich die **Blende**. Die Blende regelt die Helligkeit. Eine offene Blende lässt eine große Lichtmenge durch.

Das Rasterelektronenmikroskop

Die höchsten Auflösungen werden mit dem Rasterelektronenmikroskop erreicht. Damit kann ein Lebewesen bis zu einer Million Mal größer abgebildet werden. Einem Objekt, wie dem Schmetterlingsflügel, wird zunächst das Wasser entzogen. Danach wird es hauchdünn mit einer Metallschicht überzogen. Im Rasterelektronenmikroskop scannt ein Elektronenstrahl dann die Oberfläche des Objekts.

4 Schuppe eines Schmetterlingsflügels unter dem Rasterelektronenmikroskop

1 Erkläre, warum Wissenschaftlerinnen und Wissenschaftler ein Mikroskop benutzen.

2 **a)** Beschreibe mithilfe von Bild 3 den Weg des Lichts durch das Mikroskop.
b) Nenne die Stellen im Mikroskop, an denen das Objekt jeweils vergrößert wird.

3 ▌▌ Beschreibe die Aufgaben von Objektiv, Feintrieb und Blende im Mikroskop.

Mit dem Mikroskop arbeiten

Durch das **Okular** blickst du in das Mikroskop. Es enthält Linsen, die wie eine Lupe das Bild vergrößern, zum Beispiel 10-mal.

Am **Stativ** kannst du das Mikroskop tragen.

Mit dem **Grobtrieb** und dem **Feintrieb** stellst du das Bild scharf. Die Triebräder verändern den Abstand zwischen dem Objekttisch und dem Objektiv.

Zur **Beleuchtung** dient eine Lampe.

Der **Fuß** sorgt für einen sicheren Stand.

Vergrößerung Okular x Vergrößerung Objektiv = Gesamtvergrößerung

Durch Drehen am **Objektivrevolver** wechselst du zwischen Objektiven mit verschiedenen Vergrößerungen.

Jedes **Objektiv** enthält Linsen, die das Bild vergrößern. Das längste Objektiv vergrößert am stärksten, zum Beispiel 40-mal.

Auf den **Objekttisch** legst du den Objektträger mit dem Objekt, das du mikroskopieren möchtest.

Mit der **Blende** regelst du den Kontrast und die Helligkeit des Bildes.

1 Aufbau des Mikroskops

Mikroskopieren eines trockenen Objekts

Schritt 1: Trage das Mikroskop aufrecht mit einer Hand am Stativ und mit der anderen Hand unter dem Fuß zu deinem Arbeitsplatz.

Schritt 2: Prüfe, ob der Objekttisch ganz nach unten gefahren ist. Stelle das kleinste Objektiv ein.

Schritt 3: Lege ein Objekt auf den Objektträger. Die Vorbereitung des Objektträgers findet immer neben dem Mikroskop statt.

Schritt 4: Lege den Objektträger auf den Objekttisch und klemme ihn fest. Das Objekt muss im Lichtstrahl liegen.

Schritt 5: Fahre den Objekttisch mit dem Grobtrieb nach oben. Das Präparat darf das Objektiv aber nicht berühren. Bewege nun den Objekttisch langsam nach unten, bis das Objekt zu erkennen ist.

Schritt 6: Stelle mit dem Feintrieb das Bild scharf.

Schritt 7: Regle mit der Blende den Lichteinfall.

Schritt 8: Benutze das nächste Objektiv für eine stärkere Vergrößerung. Jetzt darf das Bild nur noch mit dem Feintrieb scharf gestellt werden.

1 Nimm ein Stück Millimeterpapier. Zeichne ein winziges Kreuz in eines der Kästchen. Mikroskopiere dieses trockene Objekt.

2 Mikroskopiere weitere trockene Objekte. Beispiele dafür sind Haare oder Glitzerstift auf Papier. Dir fallen sicherlich noch weitere trockene, dünne Objekte ein.

3 Benenne die Teile des Mikroskops. Fertige dazu auf Haftnotizen die Beschriftungen an. Klebe sie an die richtigen Stellen am Mikroskop.

METHODE

Präparieren und Färben

Präparieren

Das Vorbereiten eines Objekts für das Mikroskopieren wird **präparieren** genannt. Die meisten Objekte sind zu groß und zu dick zum Mikroskopieren. Ihnen müssen kleine Teile entnommen werden. Das gehört auch zum Präparieren.

Material: Schuppe einer frischen, roten Zwiebel, Mikroskop, Becherglas mit Wasser, Pipette, Skalpell, Objektträger, Deckglas, Taschentuch

Durchführung:

Schritt 1: Bringe einen Tropfen Wasser mit der Pipette auf den Objektträger.

Schritt 2: Schneide eine Raute in die Zwiebelhaut (→ Bild 3 A). Ziehe die oberste Hautschicht ab (→ Bild 3 B).

Schritt 3: Lege das Objekt mit der Pinzette in den Wassertropfen.

Schritt 4: Setze das Deckglas am Rand des Wassers schräg ab. Lasse das Deckglas vorsichtig los. Das Objekt ist dünn genug, wenn das Deckglas nicht wackelt.

Schritt 5: Sauge das überquellendes Wasser seitlich mit einem Taschentuch auf.

Färben

Fast durchsichtige Objekte sind unter dem Mikroskop nur schwer zu erkennen. Aus diesem Grund werden sie vorher gefärbt. Die einfachste Möglichkeit ist, das Wasser aus Schritt 1 durch ein Färbemittel wie Methylenblau-Lösung zu ersetzen. Die Schritte 2 bis 5 bleiben gleich.

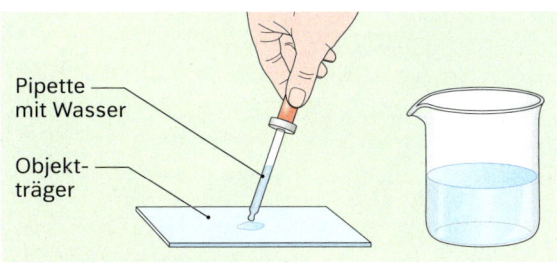

2 Wassertropfen aufbringen

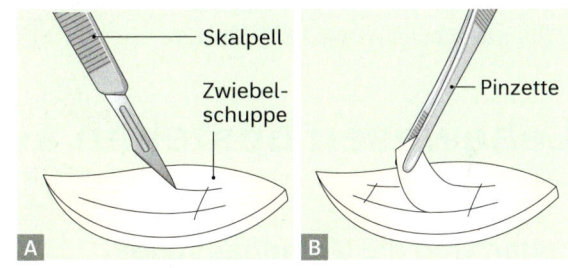

3 Zwiebelschuppe präparieren: **A** Einschneiden, **B** Haut abziehen

4 Deckglas ablegen

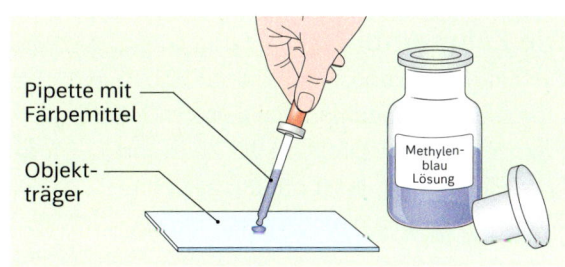

5 Färben

1 Präpariere die Zwiebelschuppe einer roten Zwiebel mithilfe der Beschreibung.
a) Mikroskopiere die Zellen der Zwiebelhaut.
b) Fotografiere mit dem Smartphone durch das Okular. Beschreibe, was du siehst.

2 Beschreibe, wie du ein Objekt färben kannst.

3 Präpariere, färbe und mikroskopiere die Zwiebelschuppe einer weißen Zwiebel.

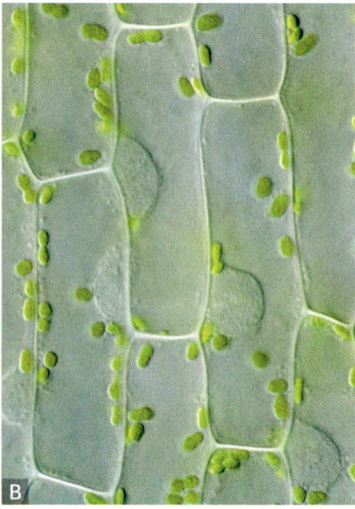

1 Pflanzen bestehen aus Zellen: **A** Wasserpest, **B** Wasserpestzellen

Lebewesen bestehen aus Zellen

Zellen sind die Grundbausteine

Wenn du dünne Schnitte von grünen Pflanzenteilen unter dem Mikroskop betrachtest, erkennst du eine Gemeinsamkeit.

> Alle Lebewesen bestehen aus Zellen. Die Zellen sind die Bausteine der Pflanzen.

Die Zellwand

Die **Zellwand** ist die Grenze zwischen zwei Zellen. Sie macht die Zellen stabil. Die Zellwände geben der Pflanze Festigkeit.

Die Zellmembran

Die **Zellmembran** ist eine dünne Haut. Sie grenzt das Zellplasma nach außen ab. Bei Pflanzen liegt sie direkt an der Zellwand. Die Zellmembran lässt nur ausgewählte Stoffe in die Zelle hinein oder hinaus.

Der Zellkern

Innerhalb der Zelle ist der **Zellkern** als ovale Form zu sehen. Der Zellkern steuert die Vorgänge in der Zelle. Außerdem enthält er die Erbinformationen. In den Erbinformationen ist der Aufbau des ganzen Lebewesens „programmiert".

Das Zellplasma

Das **Zellplasma** besteht zum Teil aus einer zähen Flüssigkeit. Im Zellplasma findet die Umwandlung von Stoffen statt. Einige dieser Stoffe ernähren die Pflanze. Im Zellplasma liegen Zellbestandteile wie die Chloroplasten, die Vakuolen und die Mitochondrien.

Die Chloroplasten

Die grünen Körner in den Pflanzenzellen heißen **Chloroplasten.** Sie geben der Pflanze die grüne Farbe. In den Chloroplasten findet die Fotosynthese statt. Bei der Fotosynthese wird Glucose hergestellt.

Die Vakuolen

Die **Vakuolen** enthalten Zellsaft. Dort werden Stoffe gespeichert. Dazu zählen Abfallstoffe, Traubenzucker und Farbstoffe für die Blütenblätter. Giftige Pflanzen lagern ihre Giftstoffe in den Vakuolen.

Die Mitochondrien

Die **Mitochondrien** sind längliche Zellbestandteile. Sie liefern die Energie für unterschiedliche Prozesse in der Zelle.

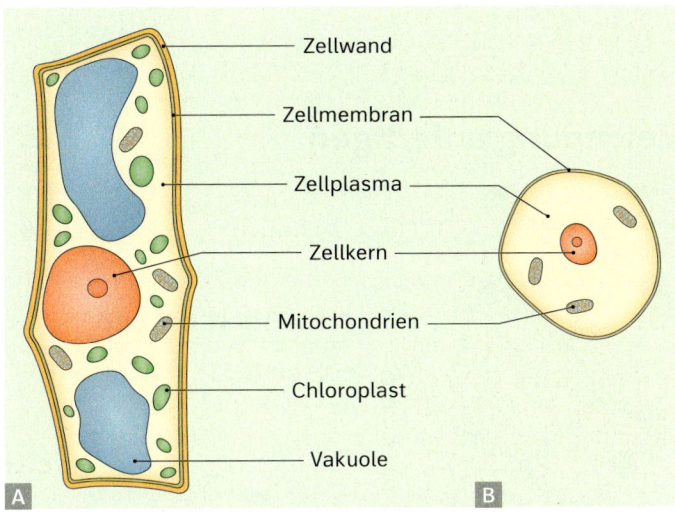

A

B

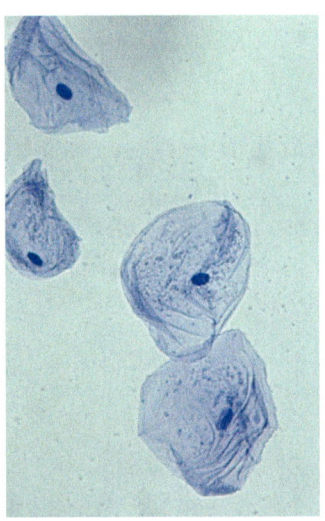

2 Zellen, schematisch: **A** Pflanzenzelle, **B** Tierzelle

3 Mundschleimhautzellen

Unterschiedliche Zellen

Zellen können unterschiedlich aussehen. Besonders auffällig sind die Unterschiede zwischen Pflanzenzellen und Tierzellen (→ Bild 2).

Pflanzenzellen

Grüne **Pflanzenteile** besitzen Chloroplasten in ihren Zellen. Tierzellen dagegen haben keine Chloroplasten.
Pflanzenzellen sind eher eckig. Diese Form ergibt sich aus der starren Zellwand. Zellwände kommen nur in Pflanzenzellen vor. Die Zellmembran liegt innen direkt an der Zellwand an. So folgt die weiche Zellmembran der kantigen Form der Zellwand.

Tierzellen

Viele **Tierzellen** sind eher rundlich. Sie haben keine feste Zellwand, sondern nur eine Zellmembran. Die Zellmembran ist weich und sehr dünn. Genau wie Pflanzenzellen besitzen Tierzellen einen Zellkern, Mitochondrien und Zellplasma. Eine Vakuole besitzen Tierzellen nicht. Da wir Menschen zu den Säugetieren zählen, sind unsere Zellen wie Tierzellen aufgebaut. Viele weitere Bestandteile in der Zelle sind sehr klein. Sie sind unter einem Lichtmikroskop nicht erkennbar.

Pflanzenzellen und Tierzellen weisen Gemeinsamkeiten, aber auch Unterschiede auf.

① Nenne die Zellbestandteile einer grünen Pflanze. Notiere sie in den vorgegebenen Farben von Bild 2.

② Vergleiche die Bestandteile einer Pflanzenzelle mit den Bestandteilen einer Tierzelle. Nimm Bild 2 zu Hilfe.

③ Nenne die Aufgaben der Zellbestandteile. Lege dazu eine Tabelle an.

④ ❚❚ Begründe, wieso Menschenzellen wie Tierzellen aufgebaut sind.

Starthilfe zu 2:
Nenne die Zellbestandteile, die sowohl Pflanzenzellen als auch Tierzellen besitzen. Nenne die Zellbestandteile, die nur in Pflanzenzellen vorkommen.

Starthilfe zu 3:

Zellbestandteil	Aufgabe
...	...

Eine mikroskopische Zeichnung anfertigen

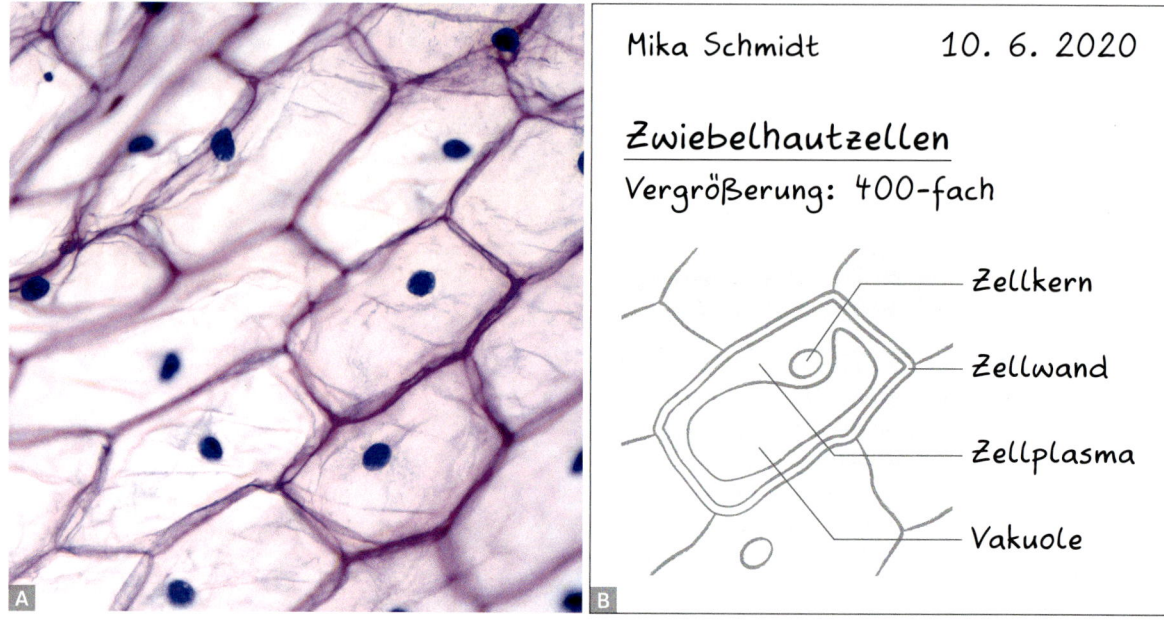

1 Zwiebelhautzellen: **A** Blick durch das Mikroskop, **B** Zeichnung

Wenn eine Wissenschaftlerin oder ein Wissenschaftler eine Entdeckung unter dem Mikroskop macht, muss sie genau beschrieben werden. Dabei hilft eine mikroskopische Zeichnung.

Material: weißes, unliniertes DIN A4 Blatt, gespitzter weicher Bleistift, Radiergummi

Durchführung:

Schritt 1: Schreibe deinen Namen und das Datum auf den oberen Teil des Blattes.

Schritt 2: Schreibe den Namen des Objekts als Überschrift und unterstreiche ihn.

Schritt 3: Notiere die am Mikroskop eingestellte Vergrößerung.
Beispiel: Die Zahl auf dem Okular (x 10) multipliziert mit der Zahl auf dem verwendeten Objektiv (x 40). Rechnung: 10 x 40 = 400-fache Vergrößerung.

Schritt 4: Zeichne dein Objekt und beschrifte deine Zeichnung.

Zeichenregeln

- Die Zeichnung soll groß sein, etwa eine halbe Seite.
- Zeichne mit durchgehenden Strichen.
- Zeichne nur eine kleine Auswahl von Zellen. Oft genügen drei Zellen.
- Zeichne möglichst genau.
- Beschrifte alle Teile der Zelle, die du benennen kannst.

1 Mikroskopiere eine angefärbte Zwiebelhaut und zeichne sie. Nimm dazu auch die Methodenseite „Präparieren und Färben" zu Hilfe.

2 Beurteile die Zeichnung deines Sitznachbarn mithilfe der Zeichenregeln.

Ⓐ Pflanzenzellen mikroskopieren

Material: Wasserpest, Pinzette, Wasser, Pipette, Mikroskop, Objektträger, Deckglas

Durchführung:

Schritt 1: Bereite das Mikroskop vor.

Schritt 2: Gib einen Wassertropfen auf den Objektträger.

Schritt 3: Zupfe mit der Pinzette ein Blättchen der Wasserpest ab.

Schritt 4: Lege das Blättchen in den Wassertropfen auf dem Objektträger.

Schritt 5: Decke das Blättchen mit dem Deckglas ab.

2 Wasserpest

❶ Mikroskopiere und zeichne Zellen der Wasserpest.

Ⓑ Zellen der Mundschleimhaut mikroskopieren ⚠️

Material: zwei saubere Teelöffel, Taschentuch, Methylenblau mit Wasser verdünnt (2 : 1), Pipette, Mikroskop, Objektträger, Deckglas

Durchführung:

Schritt 1: Gib einen Tropfen Methylenblau-Lösung auf den Objektträger.

Schritt 2: Reibe mit der Kante des Teelöffels an der Innenseite deiner Wange entlang. In der durchsichtigen, zähen Masse auf dem Löffel befinden sich nun Zellen deiner Mundschleimhaut.

Schritt 3: Gib mithilfe des zweiten Teelöffels die Mundschleimhautzellen in den Tropfen Methylenblau-Lösung auf dem Objektträger. Lege die Löffel anschließend auf dem Taschentuch ab.

Schritt 4: Lege das Deckglas auf den Objektträger.

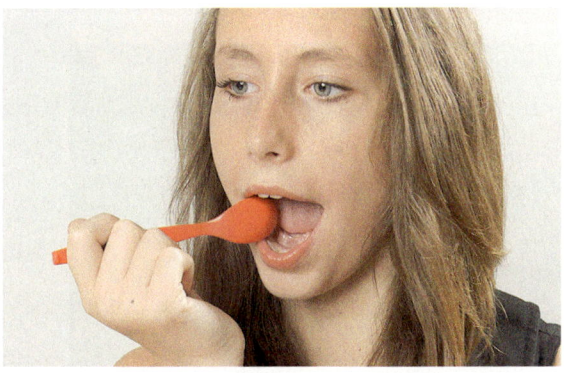

3 Entnehmen der Mundschleimhaut

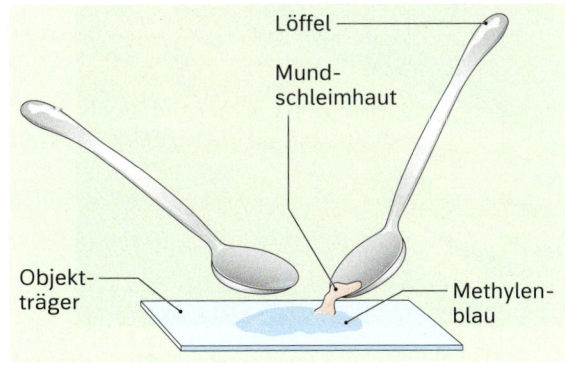

Löffel

Mund-schleimhaut

Objekt-träger

Methylen-blau

4 Mundschleimhaut auf den Objektträger bringen

❶ Färbe, mikroskopiere und zeichne Zellen der Mundschleimhaut.

❷ ‖ Vergleiche eine Zelle der Wasserpest mit einer Zelle der Mundschleimhaut.

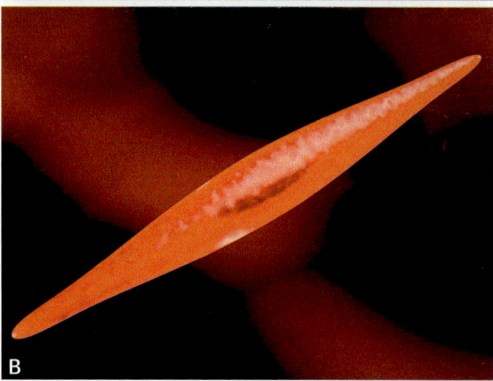

1 Zelle: **A** in einem Laubblatt (Modell), **B** in einer Muskelfaser (Modell)

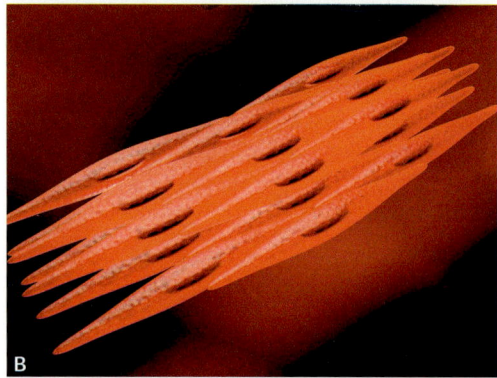

2 Gewebe: **A** in einem Laubblatt, **B** in einer Muskelfaser (Modell)

Von der Zelle zum Organismus

Lebewesen bestehen aus Zellen

Pflanzen, Tiere und Menschen sind aus vielen **Zellen** aufgebaut. Innerhalb eines Lebewesens gibt es unterschiedliche Zelltypen. Sie haben verschiedene Größen, Formen und Funktionen.

Die meisten Pflanzenzellen haben eine eher eckige Form. Das ergibt sich durch die stabile Zellwand.

Die menschliche Muskelfaserzelle zum Beispiel hat eine langgestreckte, schmale Form mit runden Enden. Die flexible Zellmembran ermöglicht unterschiedliche Zellformen.

Zellen bilden Gewebe

Der Zusammenschluss von gleichartigen Zellen wird **Gewebe** genannt. In einem Gewebe sind gleichartige Zellen miteinander verbunden.

Der biologische Vorteil eines Gewebes liegt darin, dass die Aufgaben der einzelnen Zellen gebündelt werden. Als Gewebe sind die Zellen sehr wirkungsvoll.

In den Blättern von Pflanzen sind Zellen mit Chloroplasten zu Geweben zusammengeschlossen. Die grünen Chloroplasten haben die Aufgabe, Fotosynthese zu betreiben. Als Gewebe stellen alle diese Zellen gemeinsam viel Glucose her.

Die menschliche Muskelfaser ist auch ein Gewebe. Die Muskelfaser besteht aus vielen gleichen Muskelfaserzellen. Jede einzelne Zelle kann sich zusammenziehen. Aber erst als Gewebe können die Zellen gemeinsam Kraft entwickeln.

> Gleichartige Zellen bilden zusammen ein Gewebe. Zusammen erfüllen sie bestimmte Aufgaben.

Gewebe bilden Organe

Ein **Organ** ist der Zusammenschluss mehrerer Gewebe. In Lebewesen sind also unterschiedliche Gewebe miteinander zu Organen verbunden. Jedes Organ hat eine bestimmte Aufgabe.

Das Blatt einer grünen Pflanze ist ein Organ. Durch das Mikroskop sind verschiedene Gewebe erkennbar. Zusammen bilden diese Gewebe das Blatt. Weitere bekannte Organe der Pflanze sind Wurzel, Sprossachse und Blüte.

Der Bizeps-Muskel ist ein Organ des Menschen. Der Muskel ist aus zwei Gewebetypen aufgebaut: Muskelgewebe und Bindegewebe. Diese beiden Gewebetypen sind im Bizeps des Oberarms vereint.

Bildung eines Organismus

Alle Organe eines Lebewesens zusammengenommen heißen **Organismus**. Das Zusammenspiel aller Organe ermöglicht, dass der Organismus leben kann.

Alle Pflanzenorgane wie Wurzeln, Sprossachse und Blätter zusammen bilden den Organismus. Ein Baum als Ganzes gesehen ist also ein Organismus.

Der menschliche Organismus setzt sich aus Muskeln, Knochen und vielen anderen Organen zusammen. Erkrankt ein Organ, dann ist das Zusammenspiel gestört. Der Organismus wird krank. Fällt ein Organ ganz aus, kann ein Mensch daran sterben.

> Jeder Organismus besteht aus vielen unterschiedlichen Organen. Ihr Zusammenspiel ist für die Lebensfähigkeit notwendig.

3 Organ: **A** Laubblatt einer Eiche, **B** Bizeps-Muskel im Arm eines Menschen

4 Organismen: Baum und Mensch

1. Erkläre den Begriff Gewebe.

2. Erkläre den Begriff Organ. Verdeutliche deine Erklärung durch Beispiele für Organe im menschlichen Körper.

3. Erkläre den Aufbau eines Organismus in Form eines Flussdiagramms.

4. ▌▌▌ Nenne Organe einer Pflanze.

Starthilfe zu 3:
Bringe dazu folgende Begriffe in eine logische Reihenfolge:
Gewebe, Organ, Organismus, Zelle.

Ⓐ Organ oder Organismus?

1 Organe und Organismen: **A** Herzmodell, **B** Border Collie, **C** Karotte, **D** Biene, **E** Gehirnmodell, **F** Rosenblüte

1 Ordne die Begriffe „Organ" und „Organismus" den sechs Bildern zu. Begründe jeweils deine Entscheidung.

2 Nenne weitere Beispiele für Organe und Organismen
a) aus dem Tierreich,
b) aus dem Pflanzenreich.

Ⓑ Aufbau eines Pflanzengewebes

2 Pflanzengewebe: **A** unter dem Mikroskop, **B** gebasteltes Modell

Ein Pflanzengewebe ist auf den ersten Blick unübersichtlich aufgebaut. Ein gebasteltes Modell kann helfen, den Aufbau leichter zu erkennen und zu verstehen.
Allerdings zeigen alle Modelle die Wirklichkeit nur stark vereinfacht.

1 Beschreibe das Zellmodell in Bild 2 B.

2 Erkläre den Aufbau eines Pflanzengewebes. Nimm Bild 2 A und 2 B zu Hilfe.

3 ▮▮ Nenne Vorteile des gebastelten Modells.

4 ▮▮▮ Erläutere, wie das Modell in Bild 2 B verbessert werden kann, damit es mehr der Wirklichkeit entspricht.

FORSCHEN UND ENTDECKEN

A Aus welchen Zellen besteht eine Spaltöffnung?

Auf der Unterseite von Pflanzenblättern befinden sich Spaltöffnungen. Das sind verschließbare Öffnungen des Blatts. Bei Trockenheit verschließen die Pflanzen ihre Spaltöffnungen. So spart der Organismus Wasser. Sind die Spaltöffnungen offen, entweicht Wasserdampf aus den Blättern. Eine Spaltöffnung wird von zwei gleichartigen Zellen gebildet. Diese Zellen heißen Schließzellen.

Material: Blatt einer Tulpe, Skalpell, Schneideunterlage, Pinzette, Mikroskop, Objektträger, Wasser, Pipette, Deckglas

Durchführung:

Schritt 1: Lege einen Objektträger mit Wassertropfen bereit.

Schritt 2: Schneide an der Unterseite ein Viereck in das Blatt. Das Blatt darf dabei nur oberflächlich angeritzt werden.

Schritt 3: Biege das Blatt mit der Unterseite nach oben über deinen Finger (→ Bild 4 B).

Schritt 4: Ziehe mit der Pinzette ein Stück Haut vom Blatt ab.

Schritt 5: Lege das Stück Haut in den Wassertropfen auf dem Objektträger.

Schritt 6: Lege das Deckglas auf.

Schritt 7: Mikroskopiere die Haut vom Blatt und fertige eine Zeichnung an.

1 Beschrifte deine Zeichnung mithilfe von Bild 5.

2 Begründe, warum die Schließzellen für den ganzen Organismus Pflanze wichtig sind.

3 ❚❚ Vergleiche die Schließzellen mit den benachbarten Zellen.

4 ❚❚❚ Beurteile, ob die Spaltöffnung ein Gewebe ist.

> **Starthilfe zu 4:**
> Auf der Basisseite kannst du nachlesen, woraus ein Gewebe besteht.

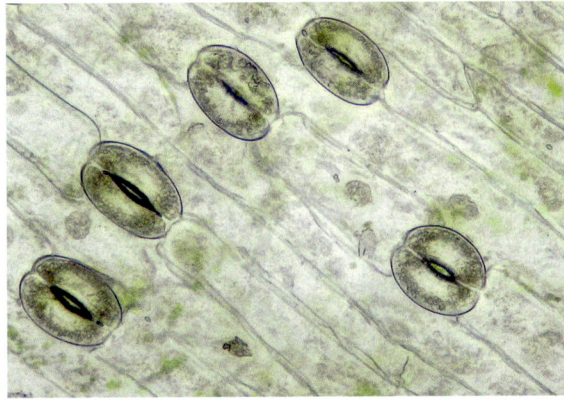

3 Spaltöffnungen unter dem Mikroskop

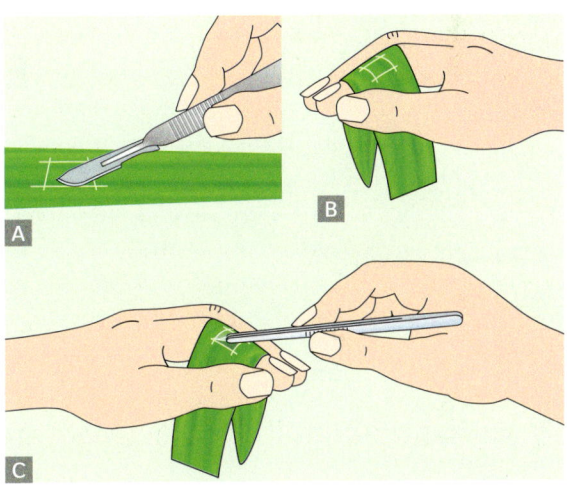

4 Blatt präparieren: **A** Blattunterseite einritzen, **B** Blatt über den Finger biegen, **C** Haut abziehen

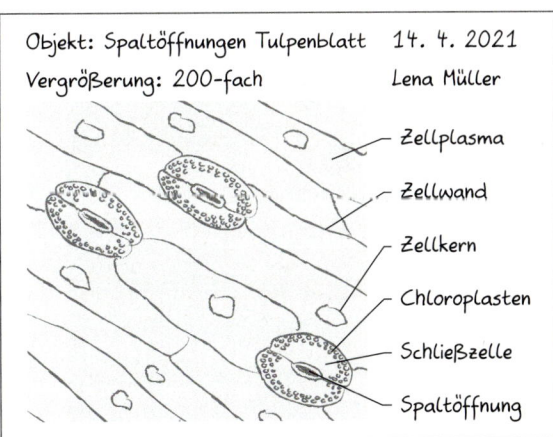

5 Spaltöffnung: Zeichnung

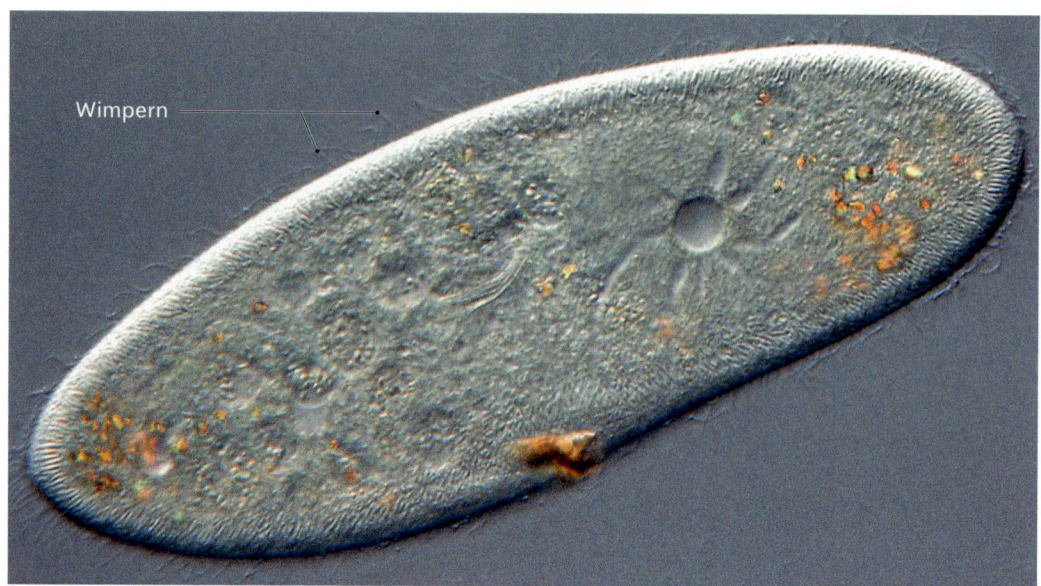

1 Einzeller: Pantoffeltierchen

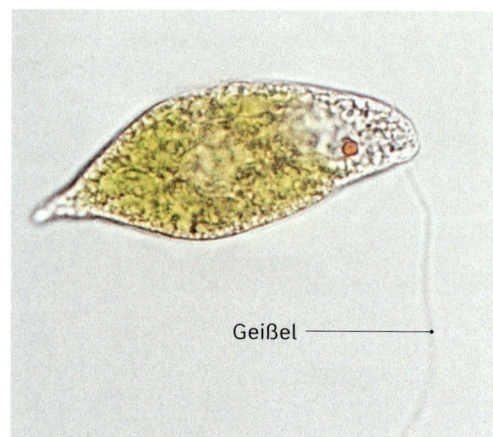

2 Einzeller: Augentierchen

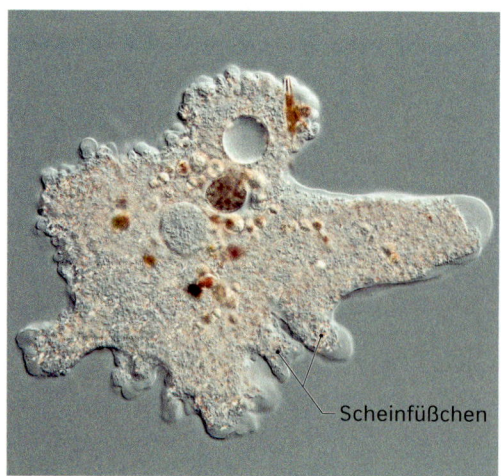

3 Einzeller: Amöbe

Einzeller

Lebewesen aus einer Zelle

Der Mensch besteht aus etwa 100 Billionen Zellen. Es gibt auch Lebewesen, die aus einer einzigen Zelle bestehen. Diese Einzeller wie das Pantoffeltierchen zeigen auch die Kennzeichen aller Lebewesen: Bewegung, Stoffwechsel, Reaktion auf Reize, Fortpflanzung, Wachstum und Entwicklung.

Bewegung

Einzeller haben unterschiedliche Möglichkeiten zur Bewegung entwickelt.
Das **Pantoffeltierchen** hat an seiner Zellmembran kleine Wimpern. Die Wimpern können wie Ruder schlagen (→ Bild 1).
Das **Augentierchen** hat eine Geißel am vorderen Ende der Zelle. Wenn die Geißel kreisförmig schlägt, bewegt sich das Augentierchen (→ Bild 2). Die Zellmembran der **Amöbe** entwickelt Ausstülpungen. Das Zellplasma fließt hinter diesen Scheinfüßchen her. So bewegt sich die Amöbe. Da sie ständig ihre Form verändert, wird sie auch Wechseltierchen genannt (→ Bild 3).

Stoffwechsel

Das **Pantoffeltierchen** hat ein Mundfeld. Dort spülen die Wimpern Nahrung in die Zelle ein. Zur Ausscheidung der Nahrungsreste gibt es den Zellafter.

Das **Augentierchen** hat Chloroplasten. Unter Lichteinwirkung kann es sich damit selbst ernähren.

Die **Amöbe** umfließt ihre Beute. Die Nahrung ist dann in einer Blase eingeschlossen. Diese Blase wird Nahrungsvakuole genannt. Wenn die Nahrung verdaut ist, werden die Reste nach außen abgegeben (→ Bild 4).

Reaktion auf Reize

Das **Pantoffeltierchen** kann im Weg liegenden Pflanzenresten ausweichen. Es reagiert also auf einen Berührungsreiz.

Das **Augentierchen** kann sich mithilfe seines Augenflecks zum Licht hin bewegen. Es reagiert auf Lichtreize (→ Bild 5).

Die **Amöbe** kann Hindernisse wahrnehmen. Ein Berührungsreiz bewirkt, dass sich die Scheinfüßchen zurückziehen.

Fortpflanzung, Wachstum und Entwicklung

Das **Pantoffeltierchen** vermehrt sich meistens ungeschlechtlich durch Querteilung. Alle wichtigen Bestandteile der Zelle, also auch der Zellkern, werden dabei verdoppelt (→ Bild 6).

Auch das **Augentierchen** und die **Amöbe** pflanzen sich durch Teilung fort.

Nach der Teilung wachsen die zunächst kleineren Zellen wieder auf die ursprüngliche Größe heran.

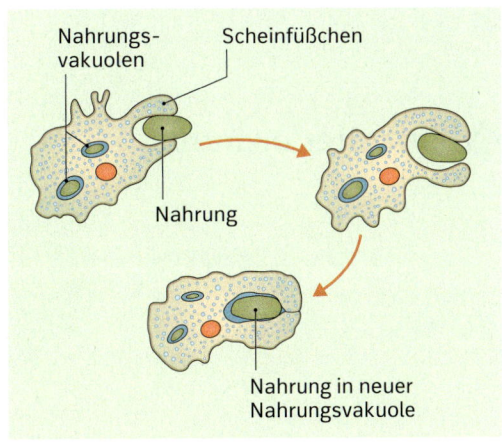

4 Amöbe umfließt Nahrung

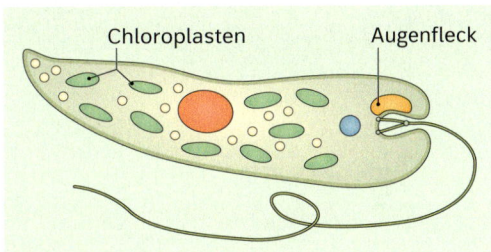

5 Augentierchen

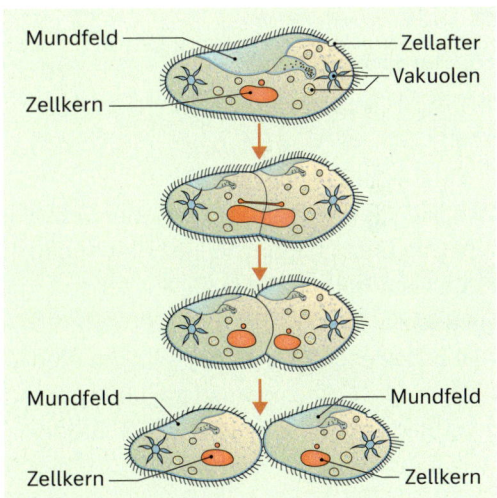

6 Pantoffeltierchen: Querteilung

① Erkläre anhand eines Beispiels, warum Einzeller Lebewesen sind.

② Beschreibe drei verschiedene Bewegungsarten von Einzellern.

③ **a)** Erkläre, wie sich die Amöbe ernährt.
   b) Vergleiche die Ernährung von Pantoffeltierchen, Augentierchen und Amöbe.

④ ‖ Erkläre, welche Funktion der Augenfleck bei den Augentierchen hat.

⑤ ‖ Beschreibe die Fortpflanzung der Pantoffeltierchen.

Ⓐ Einzeller ordnen

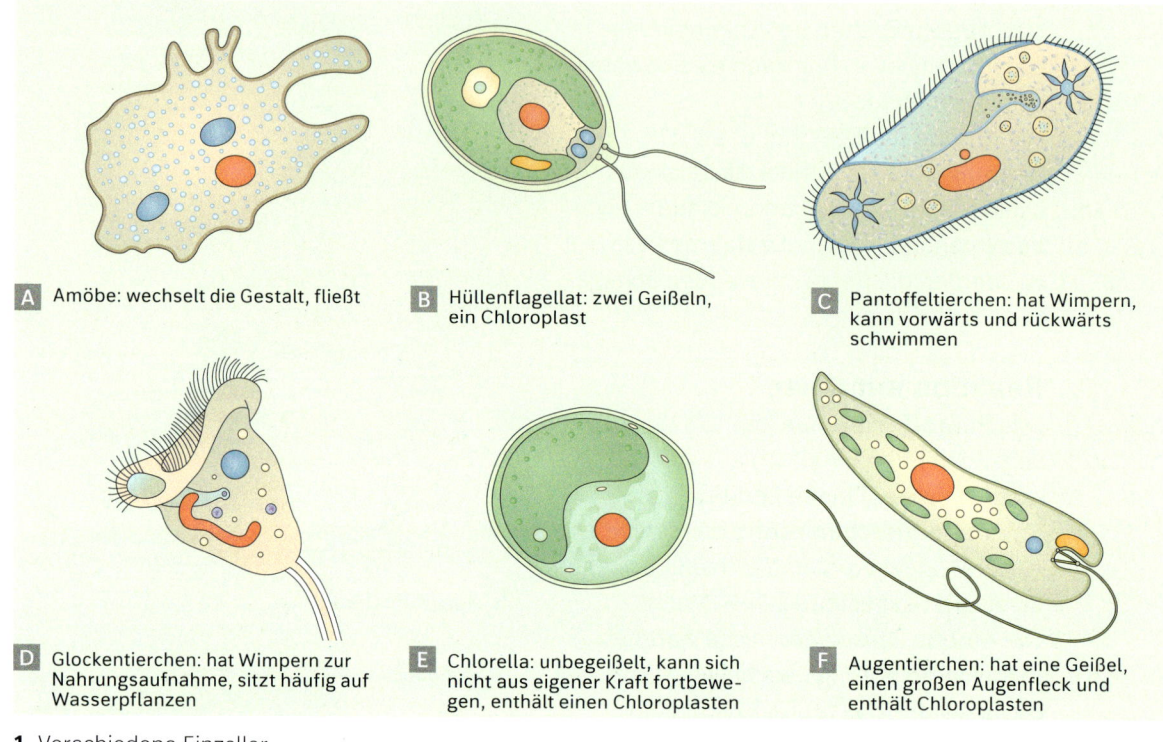

A Amöbe: wechselt die Gestalt, fließt

B Hüllenflagellat: zwei Geißeln, ein Chloroplast

C Pantoffeltierchen: hat Wimpern, kann vorwärts und rückwärts schwimmen

D Glockentierchen: hat Wimpern zur Nahrungsaufnahme, sitzt häufig auf Wasserpflanzen

E Chlorella: unbegeißelt, kann sich nicht aus eigener Kraft fortbewegen, enthält einen Chloroplasten

F Augentierchen: hat eine Geißel, einen großen Augenfleck und enthält Chloroplasten

1 Verschiedene Einzeller

Wie alle Lebewesen hat auch jeder Einzeller eine typische Gestalt. Manche Einzeller haben ihren deutschen Namen durch ihr Aussehen erhalten (→ Bild 2).
Alle Lebewesen können nach Merkmalen geordnet werden. Gemeinsamkeiten und Unterschiede zwischen Lebewesen helfen beim Ordnen.

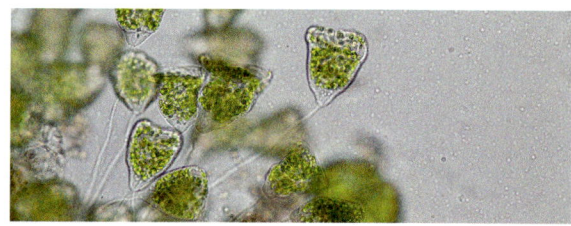

2 Glockentierchen

① **a)** Ordne die Einzeller auf den Fotos nach ihrer Fortbewegungsart in einer Tabelle.

Starthilfe zu 1a:

Bewegung durch Wimpern	Bewegung durch Geißeln	Bewegung durch Fließen

b) Erkläre, wieso Chlorella und das Glockentierchen nicht in die Tabelle eingeordnet werden können.

② Erkläre, warum Pantoffeltierchen und Glockentierchen diese Namen tragen.

③ ‖ Erkläre, welche Einzeller von ihrem inneren Aufbau einer Pflanzenzelle ähneln.

④ ‖‖ Erläutere, warum es schwierig ist, Augentierchen als Pflanzen zu bezeichnen. Beziehe dich dabei auf folgende Aussage: „Das Augentierchen kann seine Chloroplasten zurückbilden. In diesem Fall nimmt es Nahrung von außen auf."

Ⓐ Einzeller im Heuaufguss

In einem Heuaufguss kannst du viele verschie-
dene Einzeller finden. Sie sind weniger als einen
Millimeter groß. Deshalb brauchst du ein
Mikroskop, um sie sehen zu können.
Im Heuaufguss entsteht eine Schicht an der
Wasseroberfläche. Diese Schicht heißt Kahm-
haut. Direkt darunter halten sich die meisten
Einzeller auf.

Material: zwei Wochen alter Heuaufguss,
Mikroskop, Pipette, Objektträger, Deckglas

Kahmhaut

3 Heuaufguss mit Kahmhaut

Durchführung:

Schritt 1: Entnimm mit der Pipette Wasser aus
dem Heuaufguss direkt unter der
Kahmhaut. Gib einen Tropfen davon auf
einen Objektträger.

Schritt 2: Setze das Deckglas seitlich schräg an
den Wassertropfen an. Lege das
Deckglas vorsichtig ab.

Schritt 3: Mikroskopiere den Wassertropfen.
Wenn das Bild scharf gestellt ist,
verändere den Lichteinfall.
Probiere dafür verschiedene Einstel-
lungen der Blende aus.
Tipp: Manchmal sind die Einzeller
besser zu sehen, wenn das Mikroskop
dunkler eingestellt ist.

Schritt 4: Verschiebe vorsichtig den Objektträger
unter dem Objektiv. Suche an verschiedenen Stellen im Wassertropfen nach
Lebewesen.

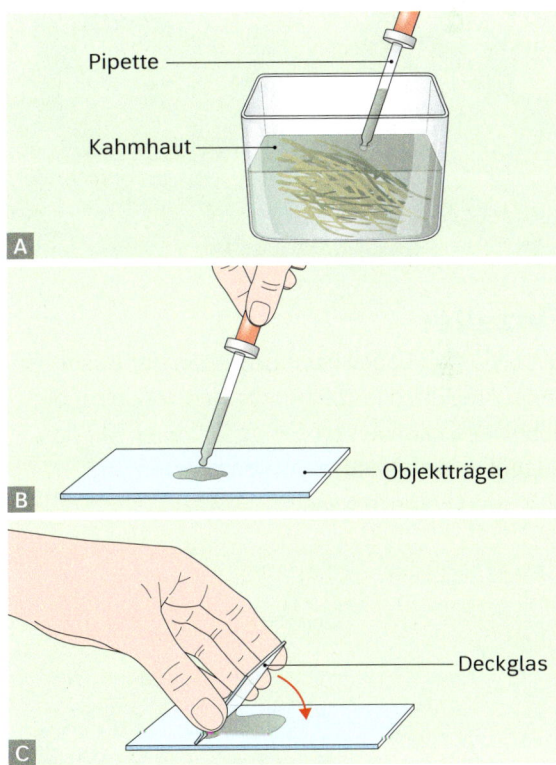

Pipette

Kahmhaut

Ⓐ

Objektträger

Ⓑ

Deckglas

Ⓒ

4 Präparat herstellen

> **Wichtig!**
> Wasche dir nach der Arbeit mit dem Wasser
> aus dem Heuaufguss sorgfältig die Hände.

❶ **a)** Beobachte die Einzeller aus dem Heuaufguss durch das Mikroskop.
b) Beschreibe das Aussehen der Einzeller.

❷ ‖ Beschreibe das Verhalten eines Einzellers.

❸ ‖ Fotografiere mit deinem Smartphone
einen Einzeller durch das Okular. Zeichne
den Einzeller von deinem Smartphone-
Display ab. Beschrifte die Zeichnung.

Auf einen Blick: Lebewesen bestehen aus Zellen

Lebewesen bestehen aus Zellen

Pflanzen, Tiere und Menschen bestehen aus Zellen. Die Zellen aller Lebewesen besitzen den gleichen Grundbauplan. Alle haben eine Zellmembran, ein Zellplasma und einen Zellkern.

Bauplan von Pflanzenzellen

Pflanzenzellen haben Besonderheiten in ihrem Bauplan. Sie sind von einer festen Zellwand umhüllt, die den Zellen Festigkeit gibt. Außerdem haben Pflanzenzellen Chloroplasten und Vakuolen in ihren Zellen.

Aufgaben der Zellbestandteile

Die einzelnen Zellbestandteile haben unterschiedliche Funktionen.
- Die Zellwand macht Pflanzen stabil.
- Die Zellmembran lässt nur ausgewählte Stoffe in die Zelle eindringen oder austreten.
- Im Zellplasma findet die Umwandlung von Stoffen statt.
- Der Zellkern steuert die Vorgänge in der Zelle.
- Die Vakuole ist ein Speicherort für Zellsäfte.
- In den Chloroplasten der Pflanzenzellen findet die Fotosynthese statt.

Einzeller

Die kleinsten Lebewesen bestehen nur aus einer Zelle. Alle Einzeller zeigen die Kennzeichen, die Lebewesen aufweisen. Einige Einzeller wie das Augentierchen besitzen Chloroplasten und betreiben Fotosynthese.

Von der Zelle zum Organismus

In mehrzelligen Lebewesen schließen sich viele gleichartige Zellen zu einem Gewebe zusammen. Verschiedene Gewebe sind zu einem Organ verbunden. Alle Organe zusammen bilden den Organismus.

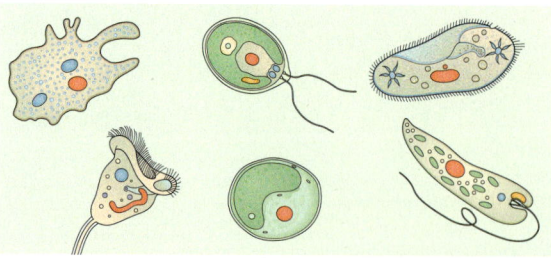

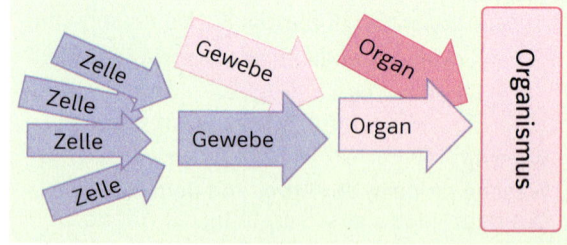

WICHTIGE BEGRIFFE
- Zellkern, Zellmembran, Zellplasma
- Zellwand, Chloroplasten, Vakuole

WICHTIGE BEGRIFFE
- Einzeller, Kennzeichen von Lebewesen
- Zelle, Gewebe, Organ, Organismus

Lerncheck: Lebewesen bestehen aus Zellen

Lebewesen bestehen aus Zellen

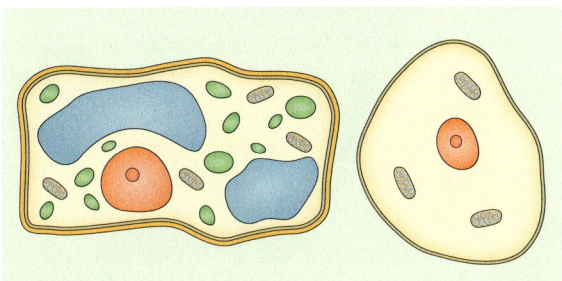

1 Benenne alle im obigen Bild gezeichneten Zellbestandteile von Pflanzenzellen und Tierzellen.

2 Vergleiche die Bestandteile von Tierzelle und Pflanzenzelle.

3 Beschreibe die Funktionen folgender Zellbestandteile:
A: Zellmembran
B: Zellwand und Vakuole
C: Zellkern

4 **a)** Erkläre, warum die Blätter auf dem Foto grün aussehen.
b) Erkläre die Bedeutung des grünen Farbstoffs in den Blättern.

Von der Zelle zum Organismus

5 **a)** Benenne die Bausteine, aus denen ein Lebewesen aufgebaut ist.
b) Erkläre, was ein Gewebe ist.
c) Beschreibe, woraus sich ein Organ zusammensetzt.
d) Erkläre, wann ein Organismus lebensfähig ist.

Das Mikroskop

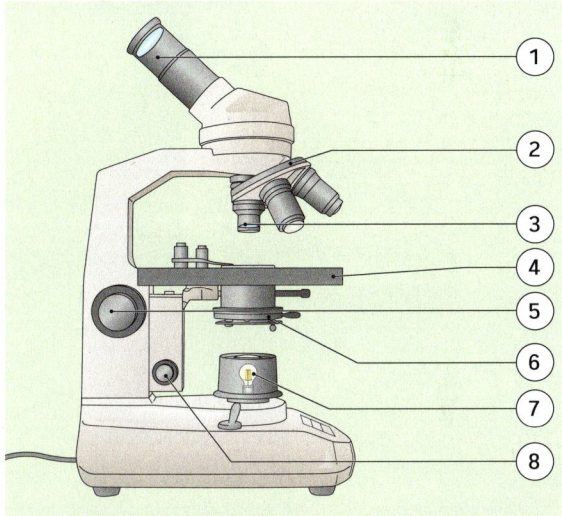

6 **a)** Benenne die Teile des Mikroskops.
b) Ordne den Bauteilen ihre Funktioen zu.
c) Begründe die Notwendigkeit unterschiedlicher Objektive.
d) Erkläre den Nutzen der Blende.

DU KANNST JETZT ...

- ... die Bestandteile von Tierzellen benennen.
- ... die Bestandteile von Pflanzenzellen benennen und ihre Funktionen beschreiben.
- ... Gemeinsamkeiten und Unterschiede von pflanzlichen und tierischen Zellen benennen.
- ... die Bedeutung des Zellkerns erklären.

DU KANNST JETZT ...

- ... beschreiben, aus welchen Bausteinen mehrzellige Lebewesen bestehen.
- ... den Aufbau von Geweben und Organen beschreiben.
- ... die Teile des Mikroskops benennen.
- ... die Bedienung des Mikroskops beschreiben.

Lerncheck

Der Stoffwechsel

Es gibt viele verschiedene Nahrungsmittel. Welche brauche ich wirklich?

Bewegung macht hungrig. Warum ist das eigentlich so?

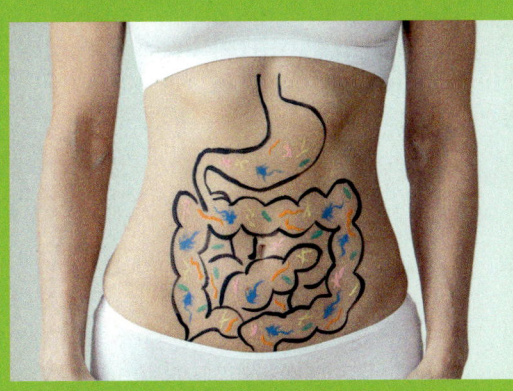

Lunge, Herz, Leber, Nieren und Darm arbeiten zusammen. Wie funktioniert das?

1 Das Frühstück ist wichtig.

Essen ist lebensnotwendig

Nahrungsmittel liefern Nährstoffe

Essen ist lebensnotwendig. Gerade Jugendliche brauchen eine ausgewogene Ernährung. Weil der Körper noch wächst, sind viele Baustoffe für Muskeln, Haut und Organe notwendig. Die Baustoffe gewinnt der Körper im **Baustoffwechsel** aus den Nährstoffen. Der Körper braucht auch Energie. Damit können die Muskeln, das Gehirn und alle Organe funktionieren. Energie wird im **Energiestoffwechsel** aus den Nährstoffen gewonnen. Nährstoffe sind **Kohlenhydrate, Proteine** und **Fette.** Sie stecken in den Nahrungsmitteln.

Enzyme zerlegen die Nährstoffe

Alle Nährstoffe müssen über den Darm ins Blut aufgenommen werden. Dafür müssen sie die Zellen der Darmwand durchqueren. Die Nährstoffe aus der Nahrung sind dafür aber zu groß. Deshalb werden sie bei der Verdauung in kleinere Bestandteile zerlegt. Dies geschieht durch **Enzyme.**

Nahrungsmittel liefern auch Mineralstoffe

Eine Gurkenscheibe enthält nicht viele **Nährstoffe**. Sie enthält aber wichtige **Mineralstoffe.** Mineralstoffe sind zum Beispiel Calcium, Natrium, Kalium oder Eisen. Der Körper benötigt Calcium zum Beispiel für den Knochenbau. Natrium und Kalium werden für die Funktion von Nerven gebraucht. Eisen ist wichtig für den Sauerstofftransport im Blut. Gurken enthalten Eisen und Kalium.

Nahrungsmittel liefern auch Vitamine

Vitamine sind Stoffe, die der Körper nicht selbst herstellen kann. Sie werden für das Immunsystem, den Bau der Knochen, die Blutbildung oder auch die Zellteilung gebraucht. Außerdem werden Vitamine oft in Enzyme eingebaut. Bei einer ausgewogenen Ernährung brauchen wir normalerweise keine Vitamintabletten.

Nahrungsmittel liefern auch Ballaststoffe

Pflanzliche Nahrung enthält **Ballaststoffe.** Diese liefern weder Energie noch werden sie als Baustoffe genutzt. Trotzdem sind sie sehr wichtig. Die Ballaststoffe quellen im Darm auf. Dadurch kann der Darm besser arbeiten. Außerdem fühlst du dich nach einer Mahlzeit länger satt.

2 Vollkornbrot und Gemüse enthalten viele Ballaststoffe.

Grundumsatz und Leistungsumsatz

Auch wenn du nicht aktiv bist, benötigen Herzschlag, die Verdauung oder das Gehirn Energie. Der Energieaufwand, der für deinen Körper in Ruhe nötig ist, heißt **Grundumsatz.** Wenn du wach bist, Sport machst oder für die Schule lernst, braucht dein Körper mehr Energie als beim Grundumsatz. Dieser Energieaufwand heißt **Leistungsumsatz.** Grundumsatz und Leistungsumsatz zusammen ergeben den **Gesamtumsatz.**

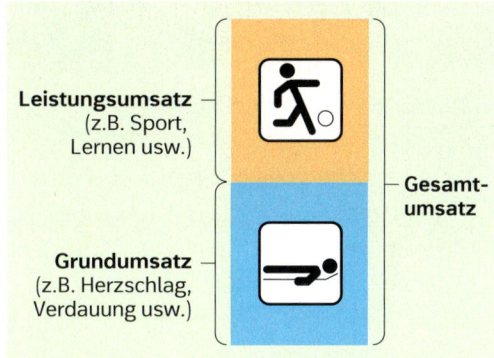

3 Grundumsatz und Leistungsumsatz

Energie wird in Kilojoule gemessen

Die Energie, die in den Nährstoffen von Nahrungsmitteln steckt, wird in **Kilojoule** angegeben. Je mehr Kilojoule ein Nahrungsmittel enthält, desto mehr Energie kann der Körper daraus gewinnen. Ein erwachsener Mann braucht am Tag ungefähr 10 000 Kilojoule, eine erwachsene Frau braucht ungefähr 8000 Kilojoule. Auf Lebensmittelverpackungen kannst du diese Angaben unter dem Stichwort Brennwert finden.

4 Nährwertangaben auf einem Glas Apfelmus

1 Nenne die drei Nährstoffe.

2 Erkläre die Begriffe Baustoffwechsel und Energiestoffwechsel.

3 Erkläre die Bedeutung von Mineralstoffen, Vitaminen und Ballaststoffen.

4 Beschreibe, wie sich der Gesamtumsatz eines Menschen zusammensetzt.

5 **a)** Gib an, wie viel Kilojoule 100 g Apfelmus enthalten (→ Bild 4).
b) Du isst ein ganzes Glas Apfelmus mit 355 g. Berechne, wie viel Kilojoule du damit aufgenommen hast.

Starthilfe zu 5 b:
Der Kilojoule-Wert für 100 g Apfelmus muss dazu mit 3,55 multipliziert werden.

6 Erläutere, warum Kinder und Jugendliche nicht lange fasten sollten.

A Vegetarisch? Vegan? Was soll das denn?

1 Verschiedene Ernährungsweisen

Anne hat schon seit 6 Jahren kein Fleisch mehr gegessen. Seit sie mit 13 Jahren einen Film über Nutztierhaltung und Tiertransporte gesehen hat, möchte sie keine Tiere mehr essen. Sie wurde Vegetarierin. Vor zwei Jahren hat sie angefangen, nach und nach auch alle anderen Produkte von Tieren zu vermeiden. Sie trägt keine Schuhe aus Leder, isst keine Eier und trinkt keine Milch. Anne ist jetzt Veganerin. Sie hat diese Entscheidungen nicht getroffen, weil sie kein Fleisch mag. Sie fand einfach, dass die Tiere zu schlecht behandelt werden.

1 **a)** Beschreibe Unterschiede zwischen Allesessern, Vegetariern und Veganern.
b) Ordne die Bilder 1 A – C den verschiedenen Ernährungsweisen zu.

2 **a)** Wenn du kein Vegetarier oder keine Vegetarierin bist: Beschreibe, wie dein Tagesablauf sich ändern würde, wenn du vegetarisch leben würdest.
b) Wenn du Vegetarier oder Vegetarierin bist: Beschreibe, warum du diese Entscheidung getroffen hast und wie deine Familie und Freunde darauf reagieren.

B Essen in anderen Ländern

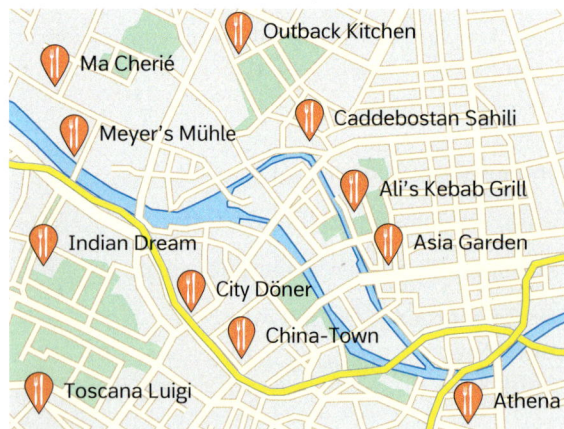

2 Restaurants in einer Großstadt

1 Die Karte in Bild 2 zeigt einige Restaurants in einer Großstadt. Nennt die Länder und Kontinente, die vertreten sind.

2 Nennt aus eigener Erfahrung Gerichte oder Spezialitäten, die in solchen Restaurants angeboten werden.

3 Erstellt Plakate mit landestypischen Gerichten aus verschiedenen Ländern. Recherchiert dazu auch die Geschichte einiger Gerichte. Dafür könnt ihr in eine Suchmaschine das Stichwort Geschichte kombiniert mit dem Gericht eingeben, zum Beispiel „Geschichte Pizza".

C Nahrungsmittel enthalten verschiedene Vitamine

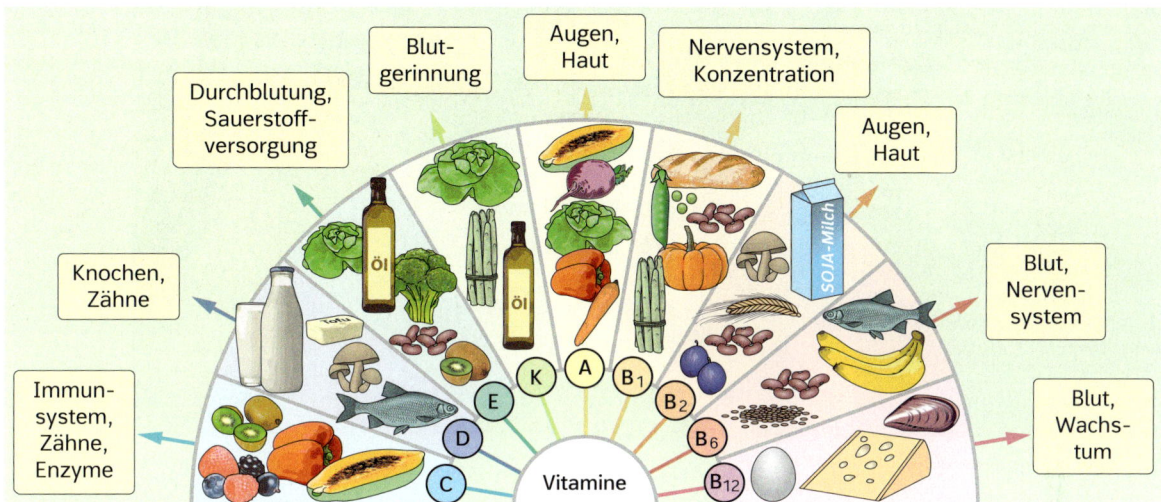

3 Vitamine in Nahrungsmitteln

1 Nenne Nahrungsmittel, die besonders viel Vitamin K enthalten.

2 Begründe, warum Veganer Vitamin-B12-Tabletten einnehmen müssen.

3 Begründe, warum du viel Obst und Gemüse essen solltest.

4 Erkläre, worauf Schwangere bei ihrer Ernährung achten sollten, damit sich das Kind gut entwickelt.

5 Stelle Mahlzeiten für einen Tag zusammen, die alle Vitamine abdecken.

6 Recherchiere, welche Vitamine nur mit Fett vom Dünndarm ins Blut aufgenommen werden können.

D Mineralstoffe sind wichtig

Mineralstoff	Aufgaben	Nahrungsmittel
Calcium	Knochen, Nervensystem, Blutbildung	Milch, Käse, Brokkoli, Nüsse, Vollkornbrot
Magnesium	Muskeln, Knochen, Zähne, Nerven	Weißkohl, Milch, Käse, Fisch
Eisen	Blutbildung	in vielen Lebensmitteln, außer in Milchprodukten
Fluor	Knochen, Zähne	Meeresfische
Iod	Schilddrüse	Meeresfische, Salz mit Iod

4 Wichtige Mineralstoffe

5 Käse enthält viele Mineralstoffe.

1 Nenne die Mineralstoffe, die Käse enthält.

2 Stelle Lebensmittel für eine Mahlzeit zusammen. Sie sollen alle Mineralstoffe enthalten.

3 Erstelle eine Zeichnung wie in Bild 3 zu den Mineralstoffen aus der Tabelle in Bild 4.

4 ‖ Erkläre, warum im Supermarkt auch Salz mit Fluor und Iod angeboten wird.

1 Läufer essen Bananen.

Kohlenhydrate liefern Energie

Sportler brauchen viele Kohlenhydrate

Bei einem Marathonlauf gibt es unterwegs Versorgungsstände mit Bananen. Die Läuferinnen und Läufer müssen ihren Körper auf der langen Strecke mit Energie versorgen. **Kohlenhydrate** liefern Energie, die der Körper schnell nutzen kann. Bananen enthalten viele Kohlenhydrate.

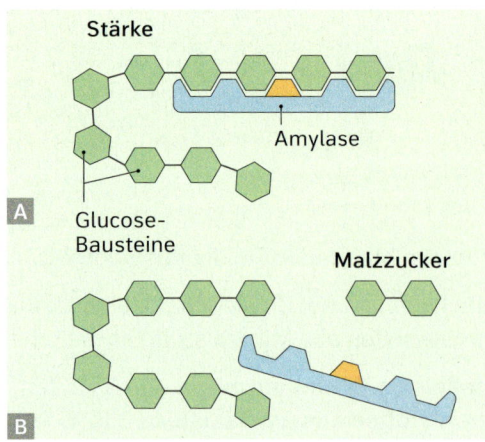

2 Amylase spaltet Stärke: **A** Amylase bindet an die Stärke, **B** abgespaltener Malzzucker

In Bananen steckt Stärke

Stärke ist ein **Kohlenhydrat**, das aus vielen Glucose-Bausteinen besteht. Glucose ist ein **Einfachzucker**. Stärke ist ein **Mehrfachzucker**.

Die einzelnen Glucose-Bausteine bilden lange Ketten. Energie kann in den Muskelzellen aber nur aus den einfachen Glucose-Bausteinen gewonnen werden. Sie dürfen keine Kette mehr bilden. Bei der Verdauung muss also die lange Kette der Stärke in **Glucose** gespalten werden. Dafür gibt es unterschiedliche Enzyme.

Die Verdauung beginnt im Mund

Wenn du die Banane isst, zerkaust du sie mit deinen Zähnen. Dabei wird die Banane mit Speichel vermischt. Im Speichel ist das Enzym **Amylase** enthalten.
Amylase spaltet die Stärke in kleinere Stücke (→ Bild 2). Dabei entsteht Malzzucker. Malzzucker ist ein **Zweifachzucker** und besteht aus zwei Glucose-Bausteinen.

Amylase spaltet nur Stärke

Die Amylase ist so gebaut, dass sie genau zu der Stärke passt. Amylase und Stärke passen zusammen wie Schlüssel und Schloss (→ Bild 2). Dieses **Schlüssel-Schloss-Prinzip** bedeutet, dass sich nur Stärke passend an die Amylase binden kann. Amylase kann auch nur Stärke spalten. So entsteht **Malzzucker.** Die Amylase kann den Malzzucker nicht weiter zerlegen.

Maltase spaltet Malzzucker

Malzzucker ist kein Einfachzucker. Für unsere Muskelzellen muss er noch einmal gespalten werden. Diese Aufgabe übernimmt das Enzym **Maltase**. Es zerlegt den Malzzucker in zwei Glucose-Bausteine. Die Maltase wird in der Bauchspeicheldrüse gebildet und dann in den Dünndarm abgegeben. Sie bindet Malzzucker nach dem Schlüssel-Schloss-Prinzip und spaltet ihn.

Traubenzucker gelangt ins Blut

Jetzt ist die Stärke aus der Banane so weit zerlegt, dass sie zu den Muskelzellen transportiert werden kann. Über die Zellen in der Dünndarmwand wird die Glucose ins Blut abgegeben. Die Dünndarmwand hat eine stark vergrößerte Oberfläche. So kann viel Glucose auf einmal ins Blut aufgenommen werden. Das Blut transportiert die Glucose zu den Muskelzellen. Dort wird aus der Glucose Energie gewonnen. So kann unser Körper die Stärke der Banane als Energielieferant nutzen.

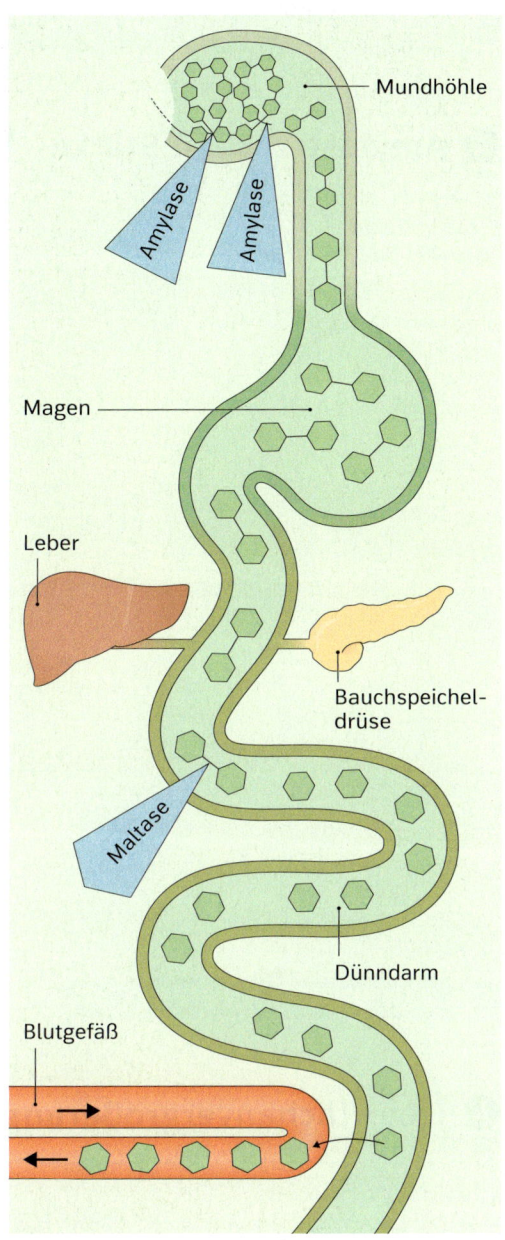

3 Kohlenhydrate werden verdaut.

1. Erkläre die Begriffe Mehrfachzucker, Zweifachzucker, Einfachzucker. Nenne jeweils ein Beispiel.

2. Beschreibe mithilfe von Bild 3, wie aus Stärke Traubenzucker wird.

3. Zeichne die Spaltung des Malzzuckers in Glucose. Nimm Bild 2 zur Hilfe. Beschrifte deine Zeichnung.

Starthilfe zu 3:

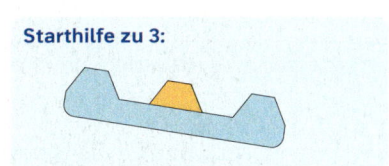

4. ❙❙ Erkläre, warum die Stärke in kleinere Bausteine zerlegt werden muss.

5. ❙❙ Erkläre, was das „Schlüssel-Schloss-Prinzip" bedeutet.

A Amylase zerlegt Stärke

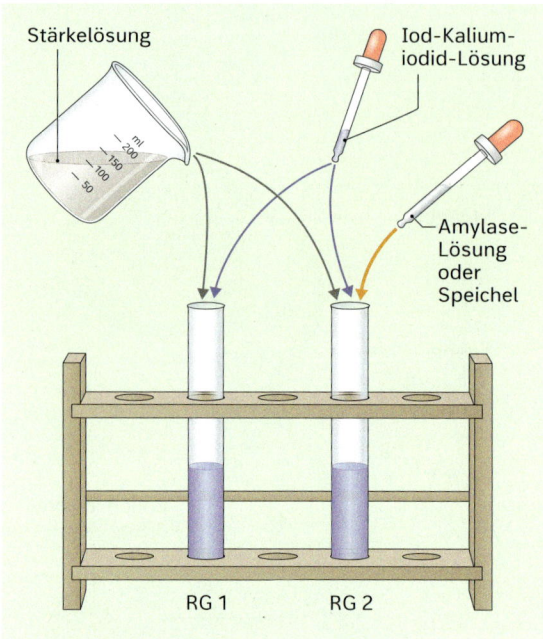

Stärkelösung

Iod-Kalium-iodid-Lösung

Amylase-Lösung oder Speichel

RG 1   RG 2

1 Versuch mit Stärke und Amylase

Material: Iod-Kaliumiodid-Lösung, Amylase-Lösung, Speisestärke, 2 Reagenzgläser, 1 Reagenzglas-Ständer, 1 Becherglas, Wasser, Pipette
Tipp: Du kannst statt Amylase-Lösung auch Speichel nehmen. Speichel wird nicht verdünnt.

Durchführung:

Schritt 1: Gib eine Messerspitze Stärke in 100 ml Wasser in einem Becherglas. Fülle zwei Reagenzgläser je zu einem Drittel damit.

Schritt 2: Gib vorsichtig einige Tropfen Iod-Kaliumiodid-Lösung in jedes Reagenzglas. Die Lösung in den Reagenzgläsern sollte noch durchscheinend sein.

Schritt 3: Gib in eines der Reagenzgläser etwas Amylase-Lösung oder Speichel.

❶ Führe den Versuch durch und erstelle ein Versuchsprotokoll.

A Oberflächenvergrößerung

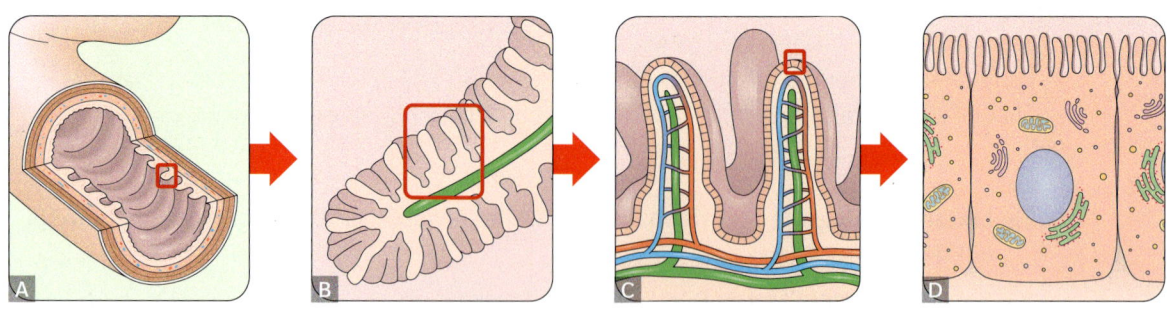

2 Bau der Dünndarmwand: **A** Dünndarm, **B** Darmfalten, **C** Darmzotten, **D** Darmzellen

Der Dünndarm eines Erwachsenen ist ungefähr vier Meter lang und und hat einen Durchmesser von zwei bis drei Zentimetern. Die Darmfalten vergrößern die Oberfläche.

❶ Erkläre, wie es zu der Oberflächenvergrößerung des Dünndarms kommt (→ Bild 2 A –D).

❷ ‖ Erläutere die Funktion der Oberflächenvergrößerung beim Dünndarm.

ÜBEN UND ANWENDEN

B Zu viel Zucker ist ungesund

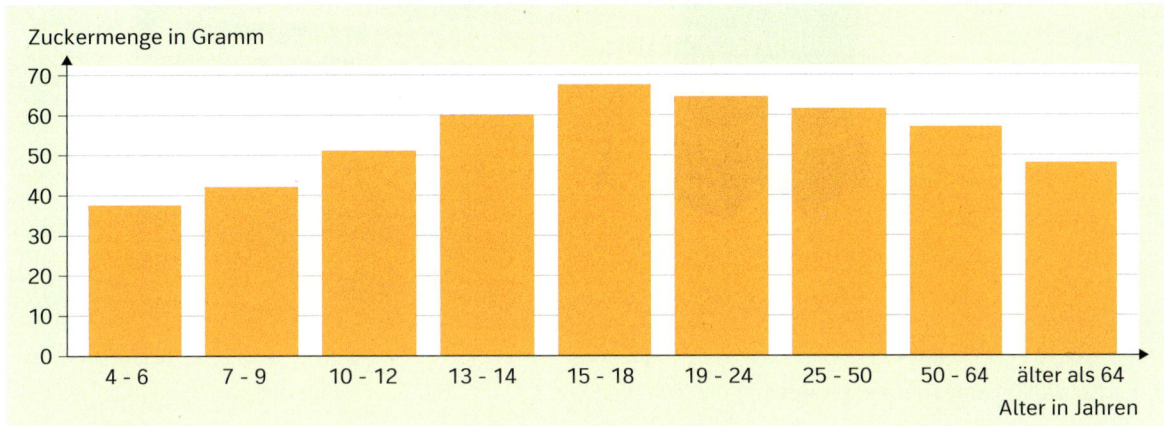

3 Mehr Zucker solltest du pro Tag nicht essen.

3 Esslöffel Ketchup
12 g Zucker

Fruchtjoghurt 150 g
12 g Zucker

mit Schoko-streuseln bis zu
30 g Zucker

Glas Cola 200 ml
18 g Zucker

Becher Instant-Kakao
13,5 g Zucker

kleine Portion Schokomüsli
15 g Zucker

Glas Apfelsaft 200 ml
19,5 g Zucker

Ein Stück Zucker wiegt drei Gramm.

4 Viele Nahrungsmittel enthalten Zucker.

1 **a)** Beschreibe das Diagramm in Bild 3.
b) Formuliere eine begründete Vermutung, warum die erlaubte Zuckermenge nicht in jedem Alter gleich groß ist.

2 Berechne für die Nahrungsmittel in Bild 4, wie viele Würfel Zucker jeweils in den Portionen enthalten sind.

3 **a)** Vergleiche die Angaben in Bild 3 für dein Alter mit den Angaben in Bild 4.
b) Liste auf, welche Mengen von den einzelnen Nahrungsmitteln aus Bild 4 du am Tag höchstens essen solltest.

1 Burger und Pommes vor dem Sport?

Fette liefern sehr viel Energie

Sportler essen wenig Fett

Hast du schon einmal versucht, nach einer sehr fettreichen Mahlzeit mit Pommes und Burger Sport zu machen? Sicher hast du festgestellt, dass du dann schnell erschöpft bist (→ Bild 1). Das liegt daran, dass unser Körper viel länger als bei Kohlenhydraten braucht, um fetthaltige Nahrungsmittel zu verdauen. Deshalb steht die Energie aus Fett erst nach längerer Zeit in den Muskelzellen zur Verfügung. Dazu sind viele Schritte notwendig.

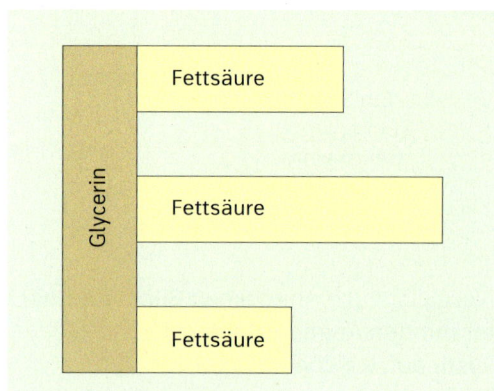

2 Aufbau von Fetten

Fettsäuren bestimmen die Eigenschaften

Es gibt feste Fette wie Butter und flüssige Fette wie Öl.

> Alle **Fette** bestehen aus einem Glycerin-Gerüst. Daran sind drei Fettsäuren gebunden (→ Bild 2).

Meistens sind drei unterschiedliche Fettsäuren an das Glycerin gebunden. Sie bestimmen die Eigenschaften des Fettes und ob es für uns gesund ist. **Ungesättigte** Fettsäuren sind dabei gesünder als **gesättigte** Fettsäuren. Die ungesättigten Fettsäuren sind vor allem in pflanzlichen Nahrungsmitteln und Fisch enthalten.

Fette sind wichtig

Fette sind vor allem für den Energiestoffwechsel wichtig. Fette liefern doppelt so viel Energie wie Kohlenhydrate. Manche Vitamine können wir nur zusammen mit Fett verdauen. Einige Fette werden auch zum Aufbau der Zellmembranen in den Zellen benötigt. Fette sind daher auch Baustoffe.

Lipase spaltet Fette

Die Verdauung von Fetten beginnt im Magen. Dort spaltet das Enzym **Lipase** eine Fettsäure von einigen Fetten ab. Die meisten Fette werden aber erst im Dünndarm verdaut. Die Lipase wird in der Bauchspeicheldrüse gebildet und in den Dünndarm abgegeben. Im Dünndarm werden die Fette und die Lipase mit **Gallenflüssigkeit** gemischt. Diese wird von der Leber in den Dünndarm abgegeben. Dort bewirkt die Gallenflüssigkeit, dass sich sehr viele, sehr kleine Fett-Tröpfchen bilden. An diesen kleinen Fett-Tröpfchen kann die Lipase gut wirken. Sie zerlegt die Fette in Fettsäuren und Glycerin.

Weitertransport zu den Zellen

Fettsäuren und Glycerin verlassen den Dünndarm und werden später ins Blut aufgenommen. Das Blut transportiert die Fettbestandteile zu allen Zellen des Körpers. Dort werden sie entweder gespeichert, als Baustoffe verwendet oder als Energielieferant genutzt.

Fette werden gespeichert

Unser Körper speichert Fett, das nicht sofort verarbeitet wird. Nimmt der Körper zu viel Fett über die Nahrung auf, legt er es in Form von Fettpolstern an. Auch Organe wie die Leber speichern Fett. Die Leber baut auch überschüssige Kohlenhydrate in Fett um. So bekommen wir von fettarmer, aber sehr zuckerhaltiger Ernährung Fettpolster. Zu viel Fett kann zu Herz-Kreislauf-Erkrankungen oder zu Diabetes führen.

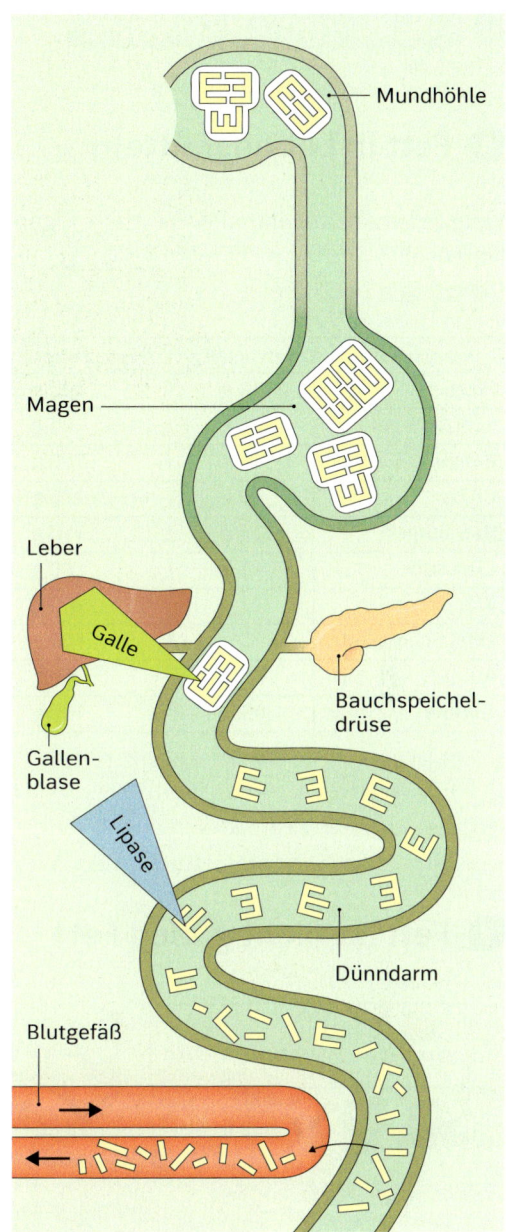

3 Fette werden verdaut.

1. Erkläre, warum du vor dem Sport nicht fettreich essen solltest.
2. Beschreibe, wie Fette aufgebaut sind.
3. Nenne Funktionen von Fetten im menschlichen Körper.
4. Beschreibe die Verdauung von Fett.
5. Erkläre die Bedeutung des Enzyms Lipase.
6. ‖ Erkläre, warum du nicht zu viel Fett essen solltest.
7. ‖ Erkläre, warum du nicht vollständig auf Fett verzichten solltest.

Starthilfe zu 4:
Nimm Bild 3 zur Hilfe.

A Fett in Lebensmitteln

Viele Lebensmittel enthalten Fett. Ein Jugendlicher sollte am Tag nicht mehr als 80 g – 95 g Fett zu sich nehmen.

Nahrungsmittel	Fett in 100 g	Gewicht einer Portion
Pizza	13 g	400 g
Schokoriegel	28 g	60 g
Pommes	10 g	150 g
Chips	39 g	175 g
Hamburger	14 g	110 g
Croissant	21 g	80 g
Würstchen	27 g	100 g
Tafel Schokolade	30 g	100 g
Apfel	0,1 g	150 g
Tomate	0,2 g	100 g

1 Fettgehalt verschiedener Lebensmittel

1 a) Berechne für die Lebensmittel in der Tabelle den Fettgehalt einer Portion.

> **Starthilfe zu 1a:**
> Für die Rechnung musst du den Fettgehalt in 100 g mit dem Gewicht der Portion multiplizieren. Das Ergebnis teilst du dann durch 100 g. Für die Pizza ergibt sich dann: 13 g · 400 g : 100 g = 52 g

b) Vergleiche die Ergebnisse aus Aufgabe 1a mit der empfohlenen Fettmenge für Jugendliche.

2 a) Berechne, wie viele Tomaten du essen müsstest, um auf die empfohlene Menge an Fett zu kommen.

> **Starthilfe zu 2a:**
> Teile dafür die empfohlene Menge an Fett durch den Fettanteil einer Tomate.

b) Erkläre, warum Jugendliche aber auch nicht nur von Obst und Gemüse leben sollten.

B Fett ist nicht gleich Fett

2 Nahrungsmittel und ihre hauptsächlichen Fettsäuren

Es gibt unterschiedliche Fettsäuren. Dies sind gesättigte, einfach ungesättigte und mehrfach ungesättigte Fettsäuren. Wertvoll für den Körper sind vor allem die einfach ungesättigten und die mehrfach ungesättigten Fettsäuren. Die verschiedenen Nahrungsmittel enthalten unterschiedliche Fettsäuren.

1 Erstelle eine Ankreuztabelle für die Nahrungsmittel und ihre Fettsäuren.

> **Starthilfe zu 1:**
>
> | Nahrungs- mittel | gesättigte | einfach ungesättigt | mehrfach ungesättigt |
> |---|---|---|---|
> | Wurst | + | – | – |

2 Stelle Gerichte zusammen, die ungesättigte, einfach ungesättigte und mehrfach gesättigte Fettsäuren enthalten.

3 Recherchiere auf verschiedenen Internetseiten zur Gesundheit von Kokosöl. Berichte.

C Zucker wird zu Fett

Immer mehr Kinder und Jugendliche in Deutschland sind zu dick. Sie bewegen sich zu wenig und essen zu viel ungesunde Lebensmittel.
Ein zu hoher Zuckergehalt von Getränken führt zu mehr Fett im Körper. In der Leber werden überflüssige Zuckerbausteine in Fett umgebaut. Auch viele Lebensmittel mit hohem Fettgehalt tragen zu mehr Körperfett bei.

1 Erkläre, warum Gummibärchen, Cola und andere Süßigkeiten zu Fettleibigkeit führen können.

2 Beschreibe andere Essgewohnheiten und Verhaltensweisen, die zu Fettleibigkeit bei Kindern und Jugendlichen führen können.

3 Gib drei Tipps für eine gesunde Lebensweise.

4 ▌ **a)** Erstelle aus den Werten in der Tabelle in Bild 4 eine Grafik.
▌ **b)** Beschreibe die Entwicklung, die aus der Grafik erkennbar ist.
▌ **c)** Stelle eine Vermutung auf, wie diese Entwicklung zu erklären ist.

3 Süß und fettig essen

Alter	Übergewichtige Kinder in Prozent
3 – 6 Jahre	9,0
7 – 10 Jahre	15,5
11 – 13 Jahre	20,6
14 – 17 Jahre	17,4

4 Übergewicht bei Kindern und Jugendlichen

D Gallensäure hilft bei der Fettverdauung

In einem Reagenzglas werden Öl und Wasser vermischt, in einem anderen Reagenzglas werden Wasser, Öl und Gallenflüssigkeit miteinander vermischt. Anschließend werden beide Reagenzgläser leicht geschüttelt. Beide Reagenzgläser werden einige Zeit stehen gelassen.

1 **a)** Beschreibe den Unterschied zwischen Reagenzglas A und B in Bild 5.
b) Übertrage die Beschreibung auf die Verhältnisse im Darm.

2 Erkläre, warum die Gallenflüssigkeit bei der Fettverdauung hilfreich ist.

5 Fett: **A** mit Wasser, **B** mit Wasser und Gallenflüssigkeit

1 Muskeln werden aus Proteinen aufgebaut.

Muskeln brauchen Proteine

Dein Körper braucht Proteine
Die Muskeln bestehen hauptsächlich aus Eiweißen. Du erhältst die Eiweiße über die Nahrung. Eiweiße werden auch als **Proteine** bezeichnet. Aus den Proteinen der Nahrung baut der Körper körpereigene Proteine auf. Proteine sind Baustoffe.

Kinder brauchen mehr Proteine
Kinder und Jugendliche brauchen mehr Proteine als Erwachsene, weil sie noch wachsen und sich entwickeln. Proteine können im Körper nicht gespeichert werden. Sie müssen täglich mit der Nahrung aufgenommen werden.

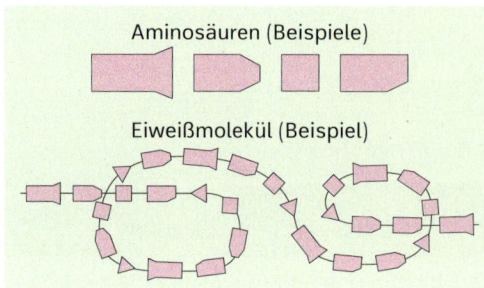

2 Proteine bestehen aus Aminosäuren.

Proteinreiche Nahrungsmittel
Fleisch und Fisch sind sehr proteinreiche Nahrungsmittel. Wir essen vorwiegend das Muskelfleisch von Tieren. Pflanzen haben keine Muskeln. Trotzdem gibt es sehr proteinreiche Pflanzenteile. In Pflanzensamen sind sehr viele Proteine gespeichert. Mit ihrer Hilfe können die Samen keimen und zu neuen Pflanzen heranwachsen.

Aufbau der Proteine
Proteine aus den Nahrungsmitteln können wir nicht direkt in unsere Muskeln einbauen. Dafür müssen die Proteine erst in ihre Bestandteile zerlegt werden.

> Proteine bestehen aus **Aminosäuren.** Die Aminosäuren bilden lange Ketten.

Es gibt 20 verschiedenen Aminosäuren, aus denen alle unsere Proteine aufgebaut sind. Je nach Reihenfolge und Anzahl der Aminosäuren bilden sich unterschiedliche Proteine.

Die Verdauung beginnt im Magen

Zunächst gelangt die Nahrung vom Mund in den Magen. Im Magen werden die Proteine in der Nahrung durch die Magensäure freigelegt. So werden sie für die Spaltung durch Enzyme vorbereitet. Im Magen kommt das Enzym **Pepsin** vor. Es spaltet Proteine in kürzere Ketten.

Weitere Verdauung im Dünndarm

Im Dünndarm werden die Ketten durch das Enzym **Trypsin** weiter aufgespalten. Trypsin wird in der Bauchspeicheldrüse gebildet. Später werden von anderen Enzymen die kurzen Ketten noch in einzelne Aminosäuren zerlegt. Auch dies geschieht im Dünndarm.

Aminosäuren gelangen ins Blut

Die Aminosäuren werden ins Blut aufgenommen. Das Blut transportiert sie dann zum Beispiel zu den Muskelzellen. Jetzt kann dein Körper über den Baustoffwechsel Muskeln aufbauen.

Proteine sind im ganzen Körper wichtig

Proteine spielen in unserem Körper eine große Rolle. Zum Beispiel sind alle Enzyme aus Proteinen aufgebaut. Wichtige Teile des Immunsystems und einige Hormone bestehen ebenfalls aus Proteinen. So gibt es in allen Zellen des Körpers viele Proteine mit unterschiedlichen Aufgaben.

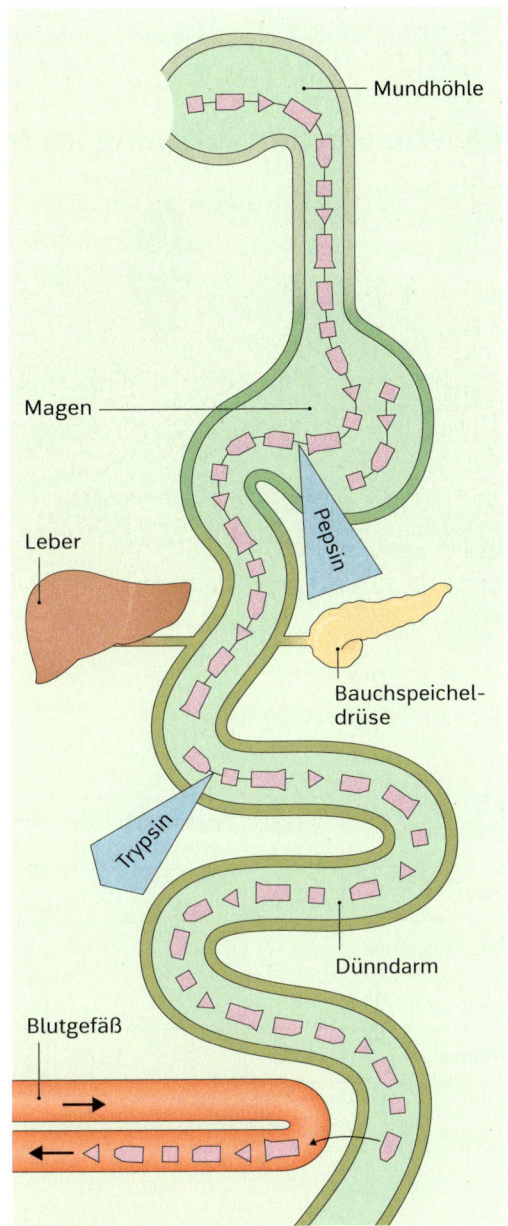

3 Die Verdauung von Proteinen

1. Nenne Nahrungsmittel, die viele Proteine enthalten.

2. Erkläre, warum Proteine für unsere Ernährung wichtig sind.

3. Beschreibe den Aufbau von Proteinen. Nimm dafür auch Bild 2 zur Hilfe.

4. Erkläre, warum Proteine verdaut werden müssen.

5. Beschreibe mithilfe von Bild 3 die Verdauung von Proteinen.

6. ▎▎ Philipp mag kein Fleisch und keinen Fisch. Erläutere, welche Nahrungsmittel er für eine proteinreiche Ernährung essen sollte.

7. ▎▎ Erläutere die Aussage: „Kinder brauchen mehr Proteine als Erwachsene."

Starthilfe zu 7:
Nutze folgende Begriffe: Baustoffwechsel, Wachstum

A Wie werden Proteine im Magen gespalten?

1 So trennst du das Eigelb vom Eiklar.

Im Magen treffen die Proteine auf die Magensäure. Mithilfe der Magensäure kann das Enzym Pepsin Proteine aufspalten.
Das Eiklar eines Hühnereies besteht zu einem hohen Anteil aus Proteinen. Anhand des Eiklars kannst du die Spaltung von Proteinen gut untersuchen.

Material: 4 Reagenzgläser, 4 Reagenzglasstopfen, Reagenzglasständer, 100 ml Becherglas, Messzylinder, Schutzbrille, Pipette, 1 Ei, Wasser, 5 %ige Salzsäure, Pepsin

Durchführung:

Schritt 1: Trenne das Ei in Eigelb und Eiklar. Nutze nur das Eiklar für den Versuch.

Schritt 2: Die Pepsinlösung wird einmal für alle Gruppen hergestellt. Dafür werden 1 g Pepsin in 100 ml Wasser gelöst.

Schritt 2: Gib je 10 ml Eiklar in ein Reagenzglas.

Schritt 3: Tropfe die Pepsinlösung, die Salzsäure und das Wasser mit einer Pipette in die Reagenzgläser. Nutze als Anleitung die Tabelle in Bild 2.

Schritt 4: Verschließe die Reagenzgläser mit einem Stopfen und schüttle vorsichtig.

	Reagenzglas 1	Reagenzglas 2	Reagenzglas 3	Reagenzglas 4
Eiklar	10 ml	10 ml	10 ml	10 ml
Pepsinlösung	–	–	2 ml	2 ml
Salzsäure	–	12 ml	–	10 ml
Wasser	12 ml	–	10 ml	–

2 So befüllst du die Reagenzgläser.

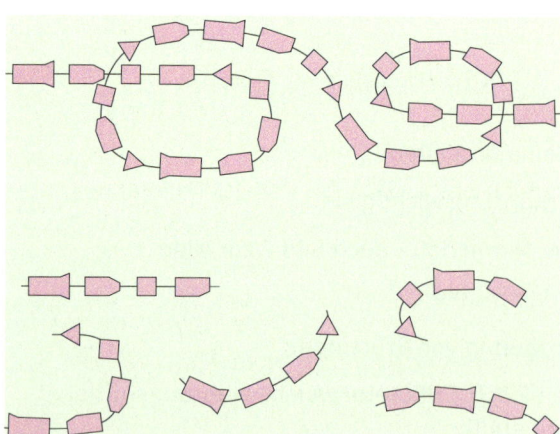

3 Proteine: **A** funktionstüchtiges Protein, **B** kurze Aminosäureketten

1 **a)** Protokolliere deine Beobachtungen. Entscheide auch, in welcher Form die Proteine aus dem Hühnereiweiß in jedem Reagenzglas anschließend vorliegen.

Starthilfe zu 1b:
Teile dazu jedem Reagenzglas entweder die Form aus Bild 3 A oder Bild 3 B zu.

b) Formuliere ein Versuchsergebnis.

2 **II** Bei der Verdauung werden die Proteine im Dünndarm weiter aufgespalten. Nenne ein beteiligtes Enzym und skizziere das Endergebnis der Proteinverdauung.

ÜBEN UND ANWENDEN

A Muskeln aufbauen mit Proteindrinks und Proteinriegeln?

Eine Professorin für Ernährung beantwortet als Expertin Fragen von Sportlern.
Die Sportler möchten wissen, ob Proteindrinks und Proteinriegel für ihre Ernährung gut sind.

Frage Sportler: Empfehlen Sie, Proteindrinks zu kaufen, wenn man viel Sport macht und Muskeln aufbauen möchte?
Antwort Expertin: Nein. Die Pulver für die Drinks und die Proteinriegel enthalten oft zu viel Zucker. Sie sind unnötig.
Frage Sportler: Wie sollten sehr sportliche Jugendliche denn ihren Eiweißbedarf decken?
Antwort Expertin: Jedes sportbegeisterte Mädchen und jeder sportbegeisterte Junge kann seinen Proteinbedarf sehr gut mit natürlichen Lebensmitteln decken. Das ist auch viel gesünder.
Frage Sportler: Also lieber Fleisch und Süßigkeiten als Proteinriegel?
Antwort Expertin: Fleisch sollten Jugendliche essen, aber nicht jeden Tag. Fleisch hat oft auch viel Fett. Süßigkeiten sind keine gute Idee. Sie enthalten kaum Proteine.
Frage Sportler: Wie viel Proteine sollte ein Jugendlicher denn pro Tag mit der Nahrung zu sich nehmen?
Antwort Expertin: Etwa 0,9 g pro kg Körpergewicht. Wenn ein Mädchen also 55 Kg wiegt, sollte es 55 x 0,9 = 49,5 g Proteine mit der Nahrung aufnehmen.

4 Proteindrinks für Sportler?

Nahrungsmittel	Proteingehalt in 100 g
Brokkoli	3 g
Kartoffeln	2 g
Haferflocken	13 g
Putenbrust	24 g
Rinderfilet	21 g
Lachsfilet	20 g
Hüttenkäse	13 g
Jogurt	3 g
Hühnerei	13 g
Kidney-Bohnen	22 g
Erbsen	7 g
Linsen	24 g
Tofu	16 g
Haselnüsse	12 g
Walnüsse	14 g

5 Proteingehalte in verschiedenen Nahrungsmitteln

1 a) Erkläre, warum Sportler die Proteindrinks und Proteinriegel kaufen.
b) Begründe, warum die Professorin die Produkte nicht empfiehlt.

2 a) Berechne deinen Tagesbedarf an Proteinen.
b) Gib Beispiele mit und ohne Fleisch und Fisch an, wie du den Tagesbedarf an Proteinen decken kannst. Nutze dafür die Tabelle in Bild 5.

1 Schwimmer beim Atemzug

Die Zellatmung

Bewegung braucht Energie

Muskeln sorgen für Bewegung. Für die Bewegung brauchen die Muskelzellen Energie. In den Muskelzellen wird aus den verdauten Nährstoffen nutzbare Energie gewonnen. Muskelzellen heißen auch **Muskelfasern.** Muskelfasern bestehen zum großen Teil aus **Muskelfibrillen** und **Mitochondrien** (→ Bild 2 B). Die Muskelfibrillen sorgen für die Bewegung. Die Mitochondrien liefern die nötige Energie.

Glucose enthält Energie

In den Mitochondrien wird die Energie für die Muskelbewegung hauptsächlich aus Glucose gewonnen. Deshalb liegen nah an den Muskelfasern auch Blutgefäße, die Glucose herantransportieren (→ Bild 2 B). Mitochondrien sind sozusagen die kleinen Kraftwerke, die die Energie aus der Glucose für die Bewegung nutzbar machen. Sie wandeln die Energie in der Glucose in nutzbare Energie für die Muskelzellen um.

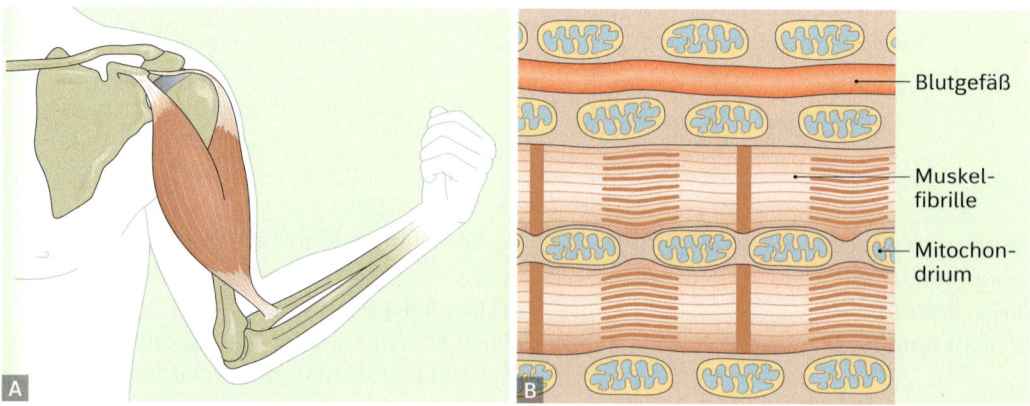

2 Arm: **A** Muskel, **B** Muskelfaser

3 Zellatmung: **A** Ablauf in der Muskelfaser, **B** Wortgleichung

Zellatmung in den Mitochondrien

Für die Zellatmung in den Mitochondrien wird **Sauerstoff** benötigt. Auch er gelangt mit dem Blut in das Mitochondrium. Bei der Reaktion von Sauerstoff mit Glucose wird viel Energie frei. Dieser Vorgang heißt **Zellatmung** (→ Bild 3). Die freiwerdende Energie wird zum einen als Wärme an die Umgebung abgegeben. Den anderen Teil können die Zellen für ihre Prozesse nutzen. Bei der Zellatmung entstehen **Kohlenstoffdioxid** und **Wasser.** Kohlenstoffdioxid ist giftig für die Zelle und wird schnell ins Blut abgegeben. Beim Ausatmen gelangt das Kohlenstoffdioxid in die Luft.

> Aus Glucose und Sauerstoff entstehen bei der Zellatmung Wasser und Kohlenstoffdioxid. Dabei wird nutzbare Energie und Wärme frei.

Nutzbare Energie für alle Zellen

Die Muskelfibrillen können mit der nutzbaren Energie aus der Reaktion in den Mitochondrien arbeiten. So wird der Muskel bewegt. Aber auch alle anderen Zellen im Körper benötigen Sauerstoff und Nährstoffe für die Zellatmung. Besonders die Gehirnzellen benötigen sehr viel Energie. Wenn eine Zelle längere Zeit nicht mit Sauerstoff versorgt wird und keine Zellatmung betreiben kann, stirbt sie.

Überschüssige Nährstoffe

Nährstoffe, deren Energie nicht für die Bewegung oder andere Funktionen im Körper genutzt werden, speichert der Körper vor allem als Fett. Dieses Fett kann dann später wieder in nutzbare Energie umgewandelt werden.

1 Erkläre, warum Muskelfasern viele Mitochondrien haben.

2 **a)** Beschreibe Bild 3.
b) Erkläre die Vorgänge, die in Bild 3 abgebildet sind.

3 ▌▌ Erkläre, warum regelmäßiges Essen wichtig für körperliche Leistung ist.

4 ▌▌ Erkläre den Zusammenhang zwischen Atmung und Zellatmung.

Starthilfe zu 2b:
Beginne so: In einem Blutgefäß werden Sauerstoff und Glucose zur Muskelfibrille transportiert.

A Die Energiebilanz muss stimmen

Der Energiegehalt von Nahrungsmitteln wird in Kilojoule gemessen. Kohlenhydrate, Fette und Proteine enthalten unterschiedlich viel Energie. Fette enthalten ungefähr doppelt so viel Energie wie Kohlenhydrate und Proteine. Die Zellen nutzen vor allem Kohlenhydrate und Fette zur Gewinnung nutzbarer Energie in der Zellatmung.

Wenn du ungefähr so viel Energie mit der Nahrung aufnimmst, wie du für den Stoffwechsel benötigst, ist die Bilanz ausgeglichen. Wenn du oft viel mehr oder viel weniger Energie mit der Nahrung aufnimmst, als der Körper für seine Aktivitäten benötigt, ist die Bilanz nicht ausgeglichen. Dann nimmst du ab oder der Körper speichert die Energie als Fett und du nimmst zu.

1 Jugendlicher beim Computerspiel

Aktivität	Bedarf an Kilojoule pro Stunde
Liegen	142
Radfahren	1298
Gehen	729
Lernen	343
PC-Spielen	343
Fußball	1767
Reiten	1432
Shoppen	745
Skateboarden	1055
Schwimmen	1893
Fernsehen	167

2 Aktivitäten benötigen unterschiedlich viel Energie.

Nahrungsmittel	Gewicht einer Portion	Kilojoule pro 100 g
Banane	100 g	368
Apfel	100 g	218
Pizza Salami	350 g	1025
Pommes	150 g	1220
Nudeln	150 g	600
Croissant	100 g	1644
Brötchen	50 g	1054
Salami	25 g	2121
Bratwurst	300 g	1569
Wasser	250 g	0
Cola	250 g	172

3 Nahrungsmittel enthalten unterschiedlich viel Energie.

1 Tina hat gerade zwei Stunden Fußballtraining gehabt. Lotta hat in der Zeit Computerspiele gespielt. Jetzt sind die beiden zu einer Bratwurst mit Pommes und Cola verabredet.
a) Berechne für beide, wie viel Kilojoule sie bei ihren Aktivitäten verbraucht haben.
b) Berechne für beide, wie viel Kilojoule sie mit der Nahrung wieder zu sich nehmen.
c) Erläutere die Energiebilanz der beiden.

2 Stellt selbstständig Aufgaben wie Aufgabe 1 zusammen. Nutzt dafür die beiden Tabellen auf dieser Seite. Tauscht die Aufgaben untereinander aus.

ÜBEN UND ANWENDEN

B Zu viel Kohlenstoffdioxid macht müde

Normalerweise enthält die Außenluft 0,04 % Kohlenstoffdioxid. Nach einer Unterrichtsstunde bei geschlossenem Fenster ist die Luft im Raum stickig. Bei der Zellatmung wird Kohlenstoffdioxid gebildet und ausgeatmet. So erhöht sich der Kohlenstoffdioxidgehalt im Klassenraum.
Zu viel Kohlenstoffdioxid schadet der Konzentration, vermindert die Leistungsfähigkeit und macht müde. Forscher haben beobachtet, dass Schülerinnen und Schüler häufiger krank werden, wenn der Kohlenstoffdioxidgehalt in Räumen über 0,13 % liegt.

4 Müde und unkonzentriert im Unterricht

① Beschreibe, was in der Grafik in Bild 5 auf der waagerechten x-Achse und auf der senkrechten y-Achse dargestellt ist.

② **a)** Beschreibe die Veränderung des Kohlenstoffdioxidgehaltes bei geschlossenem Fenster (blaue Kurve).
Formuliere einen Satz für die gesamte Zeit.

> **Starthilfe zu 2a:**
> Beginne so: Je mehr Zeit vergeht, desto…

b) Bestimme, nach wie viel Zeit sich bei geschlossenem Fenster der Kohlenstoffdioxidgehalt verdoppelt, verfünffacht und verzehnfacht hat.
c) Erkläre, wie es zu der Zunahme von Kohlenstoffdioxid im Raum kommt.

d) Erläutere die Folgen, die die Zunahme des Kohlenstoffdioxidgehaltes für die Schülerinnen und Schüler im Raum hat.

③ **a)** Beschreibe den Verlauf der Kurve bei regelmäßigem Lüften (grüne Kurve). Formuliere dafür einen Satz für die gesamte Zeit.

> **Starthilfe zu 3a:**
> Beginne so: Bei regelmäßigem Lüften schwankt der Kohlenstoffdioxidgehalt zwischen …

b) Erkläre anhand der beiden Kurven und des Textes, warum häufiges Lüften im Klassenraum wichtig ist.

④ ‖ Stelle begründete Vermutungen an, warum besonders im Winter oft zu hohe Kohlenstoffdioxidwerte in Klassenräumen gemessen werden.

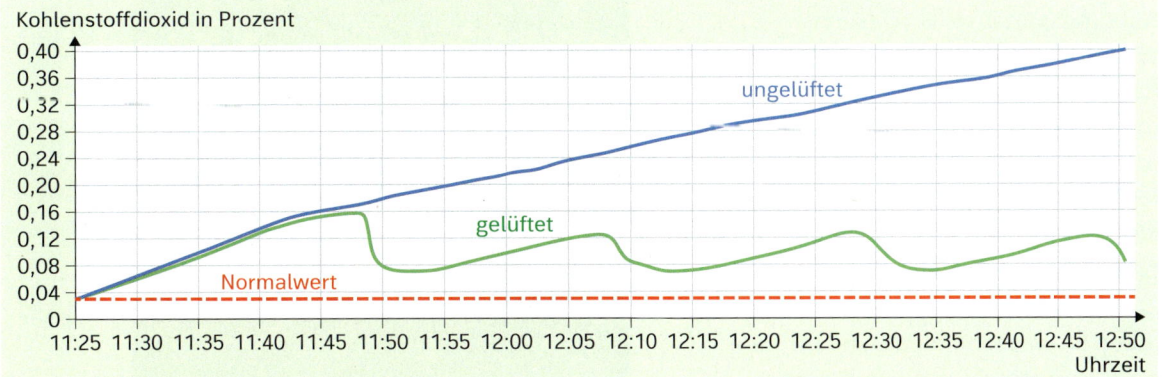

5 Veränderung des Kohlenstoffdioxidanteils in der Luft bei geschlossenem Fenster und bei regelmäßigem Lüften.

1 Im Supermarkt

Qualität von Nahrungsmitteln

Werbung gibt es überall

Bei einem Einkauf im Supermarkt begegnet dir jede Menge Werbung. Überall wird mit der hervorragenden Qualität der vielen Produkte geworben.

Die Nahrungsmittelkontrollen in Deutschland garantieren eine sehr gute Qualität. Aber was bedeutet Qualität eigentlich?

Qualität ist nicht nur Geschmack

Für die Qualität von Nahrungsmitteln ist nicht nur der Geschmack entscheidend. Nahrungsmittel sollten gesund sein. Weiterhin sollten Nahrungsmittel keine Rückstände von Chemikalien oder Medikamenten enthalten.

Wichtig ist aber auch, ob bei der Herstellung, dem Transport und der Lagerung der Nahrungsmittel menschenwürdige Arbeitsbedingungen herrschen.

Zudem sollte die Produktion der Nahrungsmittel umweltschonend sein und Tiere sollten artgerecht behandelt werden.

Menschenwürdige Bedingungen

Schokolade schmeckt gut. Für die Qualität der Schokolade sind aber die Bedingungen wichtig, unter denen sie hergestellt wird. Der Kakao für die Schokolade muss immer aus Südamerika oder Afrika nach Deutschland gebracht werden. In einigen Anbauländern müssen Kinder auf den Kakao-Plantagen arbeiten (→ Bild 2). Sie können dann nicht zur Schule gehen und arbeiten mit gefährlichen Werkzeugen.

2 Kinderarbeit auf einer Kakaoplantage

3 Schweine in Intensivtierhaltung

4 Lange Transportwege für Obst

Intensivtierhaltung für preiswertes Fleisch

Fleisch stammt von einem Tier, das einmal gelebt hat. Diese Tiere müssen aufgezogen, zum Schlachthof transportiert, geschlachtet und zu Fleisch verarbeitet werden. Dabei gibt es sehr viele Unterschiede in der Tierhaltung.

Das meiste Schweinefleisch, das in Deutschland gegessen wird, stammt aus Intensivtierhaltung. Durch diese Tierhaltung ist es preiswerter, als Fleischaus einer artgerechteren Haltung. Tiere in Intensivtierhaltung haben wenig Platz. Sie können sich oft nur wenig bewegen und geraten schneller unter Stress. Weil sie auf engem Raum leben, ist die Gefahr für die Ausbreitung von Krankheiten groß. Deshalb werden Schweine in Intensivtierhaltung schon vorsorglich mit Medikamenten behandelt. Diese Medikamente sind dann oft noch im Fleisch der Tiere enthalten. Das kann auf Dauer auch für Menschen gesundheitsschädlich sein.

Äpfel aus Neuseeland?

Ein Apfel kann aus der näheren Umgebung stammen oder zum Beispiel aus Neuseeland über einen langen Seeweg zu uns gebracht werden. Das kannst du im Supermarkt auf den Schildern nachlesen. Ein kurzer Transportweg ist für die Umwelt immer besser als ein langer Weg. Allerdings wird in Deutschland die Apfelernte im Oktober beendet. Eine lange Lagerung braucht viel Energie und schadet den Vitaminen der Äpfel. In Neuseeland gibt es fast das ganze Jahr frische Äpfel. Der Transport benötigt nicht viel mehr Energie als die lange Lagerung in Deutschland.

Alle Äpfel, die nicht aus ökologischem Anbau stammen, sind mit Chemikalien behandelt. Sie schützen die Äpfel vor Krankheiten und Insektenfraß. Am besten für die Umwelt und die Gesundheit ist es, einen Apfel direkt vom Baum zu essen. Sie müssen nicht lange transportiert werden und sind nicht mit Chemikalien behandelt.

1 Beurteile, ob es besser ist, im Winter Äpfel aus Neuseeland oder aus Deutschland zu kaufen.

2 Beschreibe die Haltungsbedingungen von Schweinen in Intensivtierhaltung.

3 Nenne drei Kriterien, die für die Qualität von Nahrungsmitteln wichtig sind.

4 Stelle Kriterien für gute Qualität von Fleisch zusammen.

5 Erkläre, warum sich die Qualität von Fleisch verbessern könnte, wenn alle Menschen weniger Fleisch essen.

»

Zu einem Thema im Internet recherchieren

1 Recherchieren zum Fairtrade-Siegel: **A** Fairtrade-Siegel, **B** Kombination von Suchworten bei der Recherche

Das Fair-Trade Siegel

Einige Produkte im Supermarkt haben ein Fairtrade-Siegel (→ Bild 1A). Es steht für fairen Handel. Was das Fairtrade-Siegel ist und ob es hält, was es verspricht, kannst du mithilfe einer Internetrecherche herausfinden.

Schritt 1: Fragen formulieren

Für eine Recherche im Internet musst du zuerst wissen, was du genau recherchieren möchtest. Für die Beurteilung des Fairtrade-Siegels musst du verschiedene Fragen beantworten:

- Welche Bedingungen muss ein Produkt für das Siegel erfüllen?
- Wie wird das Siegel von verschiedenen Seiten bewertet?

Schritt 2: Suchworte finden

Für die Recherche ist die Kombination an Suchworten für die Suchmaschine wichtig. Um die Fragen aus Schritt 1 zu beantworten, musst du verschiedene Kombinationen von Suchworten in die Suchmaschine eingeben.
Jedes Mal muss das Wort Fairtrade-Siegel vorkommen. Dann musst du es mit wenigstens einem wichtigen Wort aus deiner Frage kombinieren (→ Bild 1B).

Schritt 3: Auswählen der Seiten

Die Suchmaschine sucht mit den Wortkombinationen immer eine Menge Seiten, die dann zur Auswahl stehen. Nun ist es wichtig, die richtigen Seiten für deine Recherche zu finden.
Um die Bedingungen für ein Fairtrade-Siegel zu recherchieren, ist die Homepage des Fairtrade-Siegels sicher genau richtig.
Wenn du aber auch eine kritische Beurteilung lesen möchtest, wirst du sie auf dieser Seite wahrscheinlich nicht finden. Diese Beurteilungen findest du beispielsweise in Artikeln von Zeitungen oder Verbraucherschutzorganisationen.

Schritt 4: Ergebnisse zusammenfasen

Trage nützliche Informationen zusammen und ordne sie. Verfasse Antworten auf deine Fragen und gib dabei die Quellen der Informationen an.

1 a) Führe die Recherche zum Fairtrade-Siegel durch.
b) Berichte von deinen Ergebnissen.

2 a) Recherchiere nach ähnlichen Qualitätssiegeln wie zum Beispiel dem Bio-Siegel oder dem Nutri-Score.
b) Berichte von deinen Ergebnissen.

IM ALLTAG

Berufe im Bereich Ernährung

Fachkraft für Lebensmitteltechnik

Als Fachkraft für Lebensmitteltechnik kümmerst du dich um die Herstellung von Lebensmitteln wie Fertigpizza, Fischstäbchen oder Torten aus der Tiefkühltruhe. Es geht also um Nahrungsmittel, die in Fabriken hergestellt werden. Eine Fachkraft für Lebensmitteltechnik überwacht beispielsweise die Maschinen und kontrolliert die Qualität. Die Ausbildung im Betrieb und in der Schule dauert drei Jahre.

2 Fachkraft für Lebensmitteltechnik

Köchin/Koch

Wenn du gerne kochst, einen guten Geschmackssinn hast, aber auch Stress aushalten kannst, kannst du Köchin oder Koch werden. Köchinnen und Köche arbeiten in Kantinen, Großküchen und auch Restaurants. Wenn du diesen Beruf ergreifen möchtest, solltest du kein Problem damit haben, abends oder am Wochenende zu arbeiten. Außerdem gehört eine gute körperliche Fitness dazu. Die Ausbildung dauert drei Jahre und findet in der Schule und im Betrieb statt.

3 Köchinnen und Köche

Milchwirtschaftliche Laborantin/ milchwirtschaftlicher Laborant

Als milchwirtschaftliche Laborantin oder milchwirtschaftlicher Laborant arbeitest du im Labor einer Molkerei. Dort wird die Qualität der Milch und der Milchprodukte überprüft. Dies geschieht mit Labortechnik und Computern. Dazu müssen Proben entnommen, chemische und biologische Untersuchungstechniken angewendet und die Ergebnisse ausgewertet werden. Die Ausbildung dauert drei Jahre und findet in einer Molkerei und einer Schule statt.

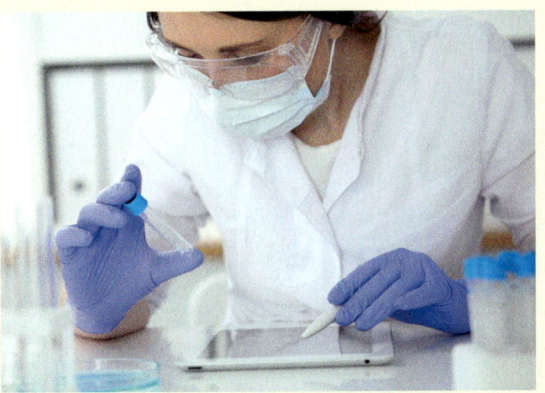

4 Milchwirtschaftliche Laborantin

1 Erkläre, was dir an den dargestellten Berufen gefällt und was dir nicht gefällt.

2 Recherchiere, welche Betriebe in deiner Nähe Ausbildungen in den Berufen anbieten.

Leber und Nieren entgiften den Körper

Nicht alles ist verwertbar

Bei der Verdauung entstehen außer Glucose, Fettsäuren und Aminosäuren auch Abfallstoffe und sogar Gifte. Gifte müssen möglichst schnell abgebaut oder ausgeschieden werden. Aber auch überschüssige Glucose, Aminosäuren und Fettsäuren der Nährstoffe können oft nicht verwertet werden. Sie müssen gespeichert, umgebaut oder sogar entsorgt werden. Die **Leber** und die **Nieren** sind in unterschiedlicher Weise für Speicherung, Umbau, Abbau und Ausscheidung zuständig.

Die Leber baut Stoffe um und speichert sie

Die Leber liegt auf der rechten Seite im Körper direkt unter dem Zwerchfell. Die **Pfortader** bringt das Blut vom Dünndarm zur Leber (→ Bild 2). Dieses Blut transportiert Glucose, Aminosäuren, Fettsäuren und Vitamine heran. Diese Stoffe wurden zuvor vom Dünndarm ins Blut aufgenommen. Die Leber baut Glucose in **Glycogen** um. Bei Bedarf kann Glycogen wieder zu Glucose umgebaut und ins Blut abgegeben werden. Fettsäuren werden in der Leber abgebaut und zu neuen Fettsäuren zusammengesetzt, die der Körper benötigt. Sie können in der Leber gespeichert werden. Vitamine werden ebenfalls in der Leber gespeichert.

Die Leber baut Gifte ab

Beim Abbau von Aminosäuren aus den Proteinen der Nahrung entsteht giftiges Ammoniak. Ammoniak wird in der Leber zu **Harnstoff** umgebaut und später über die Niere ausgeschieden. Die Leber baut auch Gifte wie Alkohol oder Inhaltsstoffe von Medikamenten ab.

1 Die Lage von Leber, Nieren und Blase im Körper

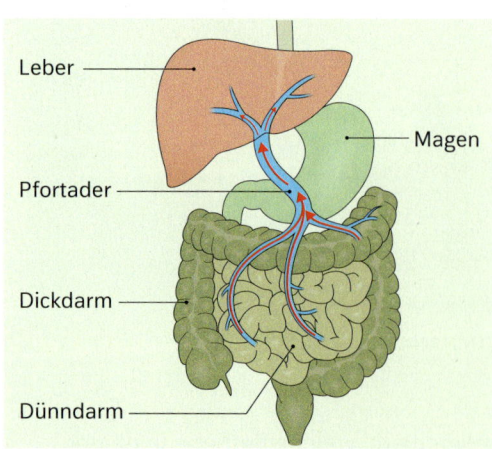

Leber

Magen

Pfortader

Dickdarm

Dünndarm

2 Die Pfortader bringt das Blut zur Leber.

3 Der Bau der Niere

Aufbau der Nieren

Die Nieren liegen auf der Körperrückseite links und rechts von der Wirbelsäule (→ Bild 1). Sie sind bohnenförmig gebogen. Die Nieren sind über die **Harnleiter** mit der **Blase** verbunden (→ Bild 3).
In der **Nierenrinde** befinden sich die **Nierenkörperchen.** Dies sind Blutgefäße, die mit den schmalen **Nierenkanälchen** in Verbindung stehen. Pro Niere befinden sich etwa 1 Million Nierenkörperchen in der Nierenrinde.
Das Herz pumpt das Blut zu den Nieren. Das ankommende Blut enthält Sauerstoff aus der Lunge und Nährstoffe aus dem Darm und der Leber. Auch Harnstoff und andere Abfallstoffe gelangen so zur Niere.

Die Niere produziert Harn

Die Funktion der Niere ist, die wichtigen von den unwichtigen Stoffen zu trennen. Die Nährstoffe müssen im Körper bleiben. Die giftigen Stoffe müssen ausgeschieden werden. Dabei soll möglichst wenig Wasser verloren gehen.
Das Blut wird mit hohem Druck in die Nierenkörperchen gepumpt und in die Nierenkanälchen gepresst. Im nächsten Schritt werden Nährstoffe und Wasser aus den Nierenkanälchen wieder in das Blut zurückgeholt. In den Nierenkanälchen bleiben Harnstoff, Abfallstoffe und etwas Wasser. Dieser **Harn** sammelt sich im Nierenbecken. Er wird in der Harnblase gespeichert und als **Urin** ausgeschieden.

1 **a)** Nenne Aufgaben der Leber.
b) Nenne Aufgaben der Nieren.

2 **a)** Nenne die Stoffe, in welche die Leber Glucose und Fettsäuren umbaut.
b) Erkläre, was mit den Aminosäuren geschieht.

3 Beschreibe, wie in der Niere Harn entsteht. Erstelle dazu ein Flussdiagramm.

Starthilfe zu 3:
Blut wird in Nierenkörperchen gepumpt ⇨

4 ▌▌▌ „Die Niere reinigt das Blut." Erkläre den Satz.

5 ▌▌▌ Erkläre, warum Leberschäden und Nierenschäden für Menschen gefährlich sind.

A Alkohol schädigt die Leber

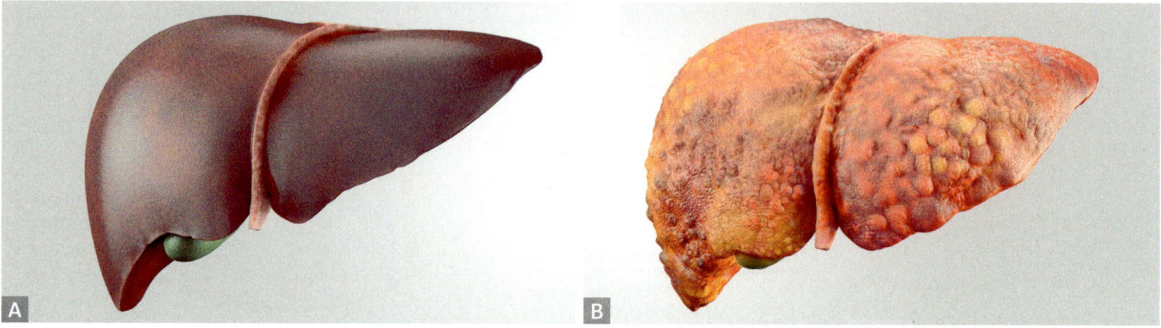

1 Die Leber kann durch Alkohol geschädigt werden: **A** gesunde Leber, **B** geschädigte Leber

Eine gesunde Leber hat eine glatte Oberfläche und ist dunkelrot gefärbt. Wer sehr oft und viel Alkohol trinkt, gefährdet seine Leber. Alkohol kann das Lebergewebe zerstören. Die Leber kann dann ihre wichtigen Aufgaben nicht mehr erfüllen. Diese Krankheit heißt Leberzirrhose.

1 **a)** Vergleiche die beiden Abbildungen in Bild 1 A und B.
b) Ordne zu, welche Leber die eines gesunden und welche die eines alkoholkranken Menschen ist.

2 Erkläre, welche Folgen es haben kann, wenn die Leber geschädigt ist.

B Wenn die Nieren versagen, hilft die Dialyse

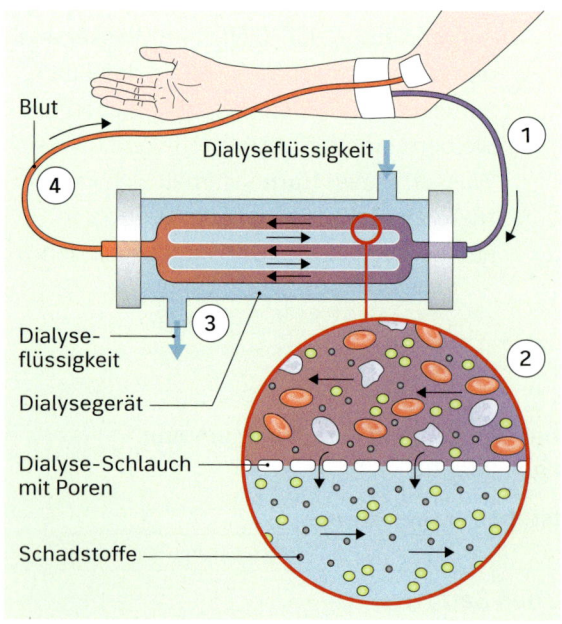

2 Das Prinzip der Dialyse

Es gibt Krankheiten, die die Nieren stark schädigen. Wenn beide Nieren versagen, kann die Dialyse helfen. Dabei wird das Blut gereinigt. Die Dialyse dauert mehrere Stunden.

1 Nenne mithilfe der Basisseite Probleme, die bei einem Funktionsverlust beider Nieren auftreten können.

2 Beschreibe, wie die Dialyse funktioniert (→ Bild 2). Nutze die Zahlen im Bild als Reihenfolge deiner Darstellung.

Starthilfe zu 2:
Beginne so:
1 Das Blut des Kranken wird in das Dialysegerät geleitet.
2 Im Dialysegerät...

● ● **ÜBEN UND ANWENDEN**

C Organtransplantationen retten Leben

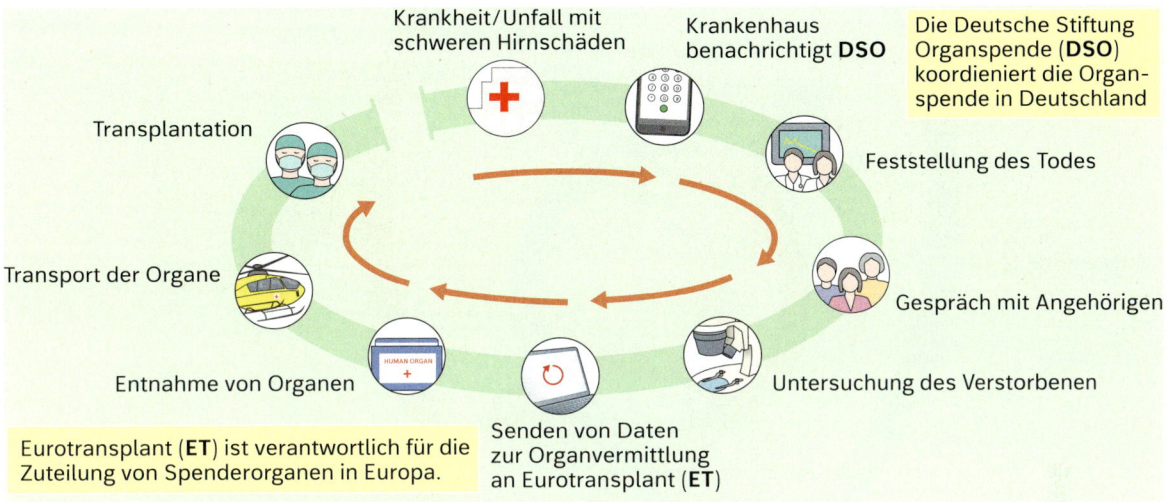

Krankheit/Unfall mit schweren Hirnschäden

Krankenhaus benachrichtigt **DSO**

Die Deutsche Stiftung Organspende (**DSO**) koordiniert die Organspende in Deutschland

Transplantation

Feststellung des Todes

Transport der Organe

Gespräch mit Angehörigen

Entnahme von Organen

Untersuchung des Verstorbenen

Eurotransplant (**ET**) ist verantwortlich für die Zuteilung von Spenderorganen in Europa.

Senden von Daten zur Organvermittlung an Eurotransplant (**ET**)

3 Ablauf einer Organtransplantation

Durch Krankheiten oder Unfälle können Organe so stark geschädigt werden, dass sie nicht mehr funktionieren. Dann kommt ein Mensch in eine lebensbedrohliche Lage. Wenn keine andere Hilfe mehr möglich ist, brauchen solche Menschen ein Spenderorgan.

Wenn ein Mensch stirbt und er als Organspender in Frage kommt, muss sein Hirntod festgestellt werden. Wenn ein Mensch hirntot ist, arbeitet das Gehirn nicht mehr. Dann ist ein Weiterleben ausgeschlossen. Wenn dieser Mensch oder seine Angehörigen einer Transplantation zugestimmt haben, kann er Organspender werden.

1 Beschreibe anhand von Bild 3, wie eine Organtransplantation abläuft.

2 Recherchiere Berichte von Menschen, die mit Organspende auf verschiedene Weise zu tun haben (z. B. Arzt, Angehöriger, Patient). Berichte aus unterschiedlichen Perspektiven.

3 Schreibe die rechte Seite des Organspendeausweises (→ Bild 4 B) ab. Entscheide, welche Aussagen im Organspendeausweis für dich zutreffend sind.

4 Nenne Gründe für und Gründe gegen eine Organspende.

Organspendeausweis

nach § 2 des Transplantationsgesetzes

Organspende

Name, Vorname   Geburtsdatum

Straße   PLZ, Wohnort

BZgA **Bundeszentrale für gesundheitliche Aufklärung**

Organspende schenkt Leben.

Antwort auf Ihre persönlichen Fragen erhalten Sie beim Infotelefon Organspende unter
A der gebührenfreien Rufnummer **0800 / 90 40 400.**

Für den Fall, dass **nach meinem Tod** eine **Spende** von Organen/Geweben zur **Transplantation** in Frage kommt, erkläre ich:

○ **JA**, ich gestatte, dass nach der ärztlichen Feststellung meines Todes meinem Körper Organe und Gewebe entnommen werden.

oder ○ **JA**, ich gestatte dies, mit **Ausnahme** folgender Organe/Gewebe:

oder ○ **JA**, ich gestatte dies, jedoch **nur** für folgende Organe/Gewebe:

oder ○ **NEIN**, ich widerspreche einer Entnahme von Organen oder Geweben.

oder ○ Über JA oder NEIN soll dann **folgende Person** entscheiden:

Name, Vorname   Telefon

Straße   PLZ, Wohnort

Platz für **Anmerkungen/Besondere Hinweise**

Erklärung zur Organspende

B DATUM   UNTERSCHRIFT

4 Organspendeausweis: **A** Vorderseite, **B** Rückseite

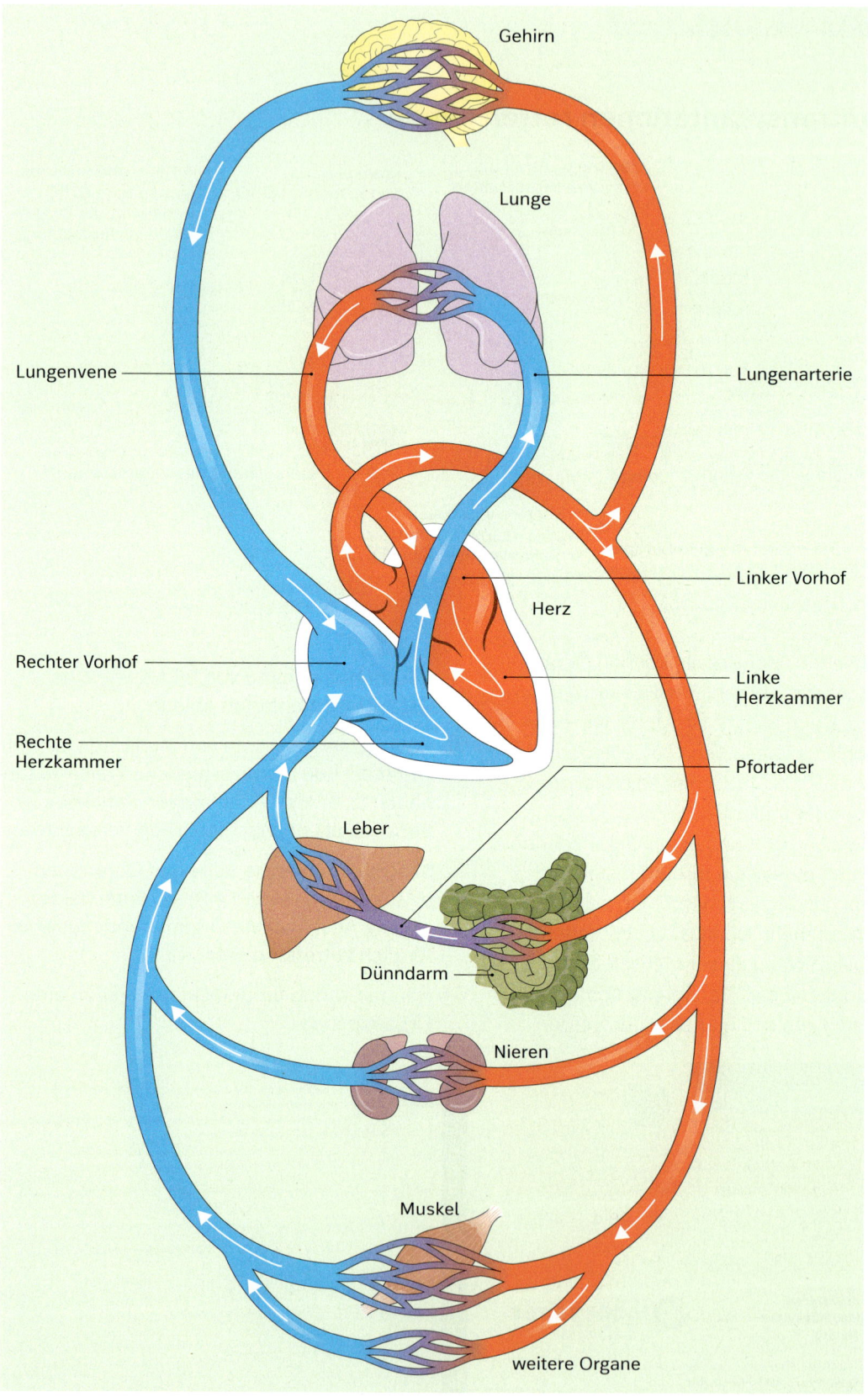

1 Der Blutkreislauf versorgt und verbindet die Organe.

Der Blutkreislauf verbindet alle Organe

Das Herz ist die zentrale Pumpe

Das **Herz** ist in eine linke und rechte Herzhälfte geteilt. Jede der beiden Hälften ist in einen Vorhof und eine Herzkammer unterteilt. Das Herz verteilt das Blut an alle Organe und Muskeln des Körpers. Das Blut fließt von den Vorhöfen in die Herzkammern. Aus den Herzkammern wird das Blut mit hohem Druck in die Arterien gepresst. **Arterien** sind Blutgefäße, die Blut vom Herz wegführen. Das Blut bringt so Nährstoffe aus den Nahrungsmitteln und Sauerstoff aus der Luft zu den einzelnen Zellen.

Aufnahme von Nährstoffen

Nach einem Essen werden die Nährstoffe aus den Nahrungsmitteln verdaut. Die Nährstoffe werden im Dünndarm ins Blut abgegeben. Das jetzt nährstoffreiche Blut fließt über die Pfortader zur Leber. Dort werden die Nährstoffe gespeichert, umgebaut und wieder an das Blut abgegeben. Von der Leber wird das Blut über Venen zur rechten Herzkammer transportiert.

Aufnahme von Sauerstoff

Von der rechten Herzkammer fließt das Blut in der Lungenarterie zur **Lunge**. Dort findet die Aufnahme von Sauerstoff aus der Luft ins Blut statt. Gleichzeitig wird der Abfallstoff Kohlenstoffdioxid ausgeatmet.

Vom Herz zu jeder Zelle

Das nun sauerstoffreiche und nährstoffreiche Blut gelangt von der Lunge über die Lungenvene zur linken Herzkammer. Das Herz pumpt es dort mit sehr hohem Druck in die Arterien. Diese bringen das Blut bis zu jeder einzelnen Zelle der Muskeln, der inneren Organe, der Haut und dem Gehirn. Dort werden die Nährstoffe und der Sauerstoff an alle Zellen abgegeben. In den Mitochondrien der Zellen werden sie für die Zellatmung benötigt. Dabei entsteht für die Zellen nutzbare Energie.

Zurück zum Herz

Bei der Zellatmung entsteht Kohlenstoffdioxid. Es muss aus den Zellen entsorgt werden und wird ins Blut abgegeben. Das Blut ist nun reich an Kohlenstoffdioxid und arm an Nährstoffen. Es fließt über die **Venen** zurück zum Herz. Auf diesem Weg zurück zum Herz wird das Blut wieder mit nährstoffreichem Blut gemischt, das aus den Venen vom Dünndarm und der Leber dazukommt. So schließt sich der Kreislauf.

> Der Blutkreislauf versorgt alle Organe mit Nährstoffen und mit Sauerstoff. In den Zellen der Organe wird daraus nutzbare Energie gewonnen.

1 **a)** Beschreibe mithilfe von Bild 1, wo die Nährstoffe in den Blutkreislauf gelangen und wie sie im Körper verteilt werden.
b) Beschreibe mithilfe von Bild 1, wo der Sauerstoff in den Blutkreislauf gelangt und wie er im Körper verteilt wird.

2 Erstelle ein Flussdiagramm zum Weg der Nährstoffe und des Sauerstoffs durch den Blutkreislauf. Beginne im Darm.

3 Erkläre die Farben der Blutgefäße in Bild 1.

4 ▮▮ Nenne Stoffe, die vom Blutkreislauf transportiert werden.

Starthilfe zu 2:

Im Dünndarm werden die Nährstoffe ins Blut abgegeben. ⟶

Starthilfe zu 3:
Eine Farbe steht für sauerstoffreiches Blut, eine Farbe steht für sauerstoffarmes Blut.

A Der Blutkreislauf versorgt die Organe

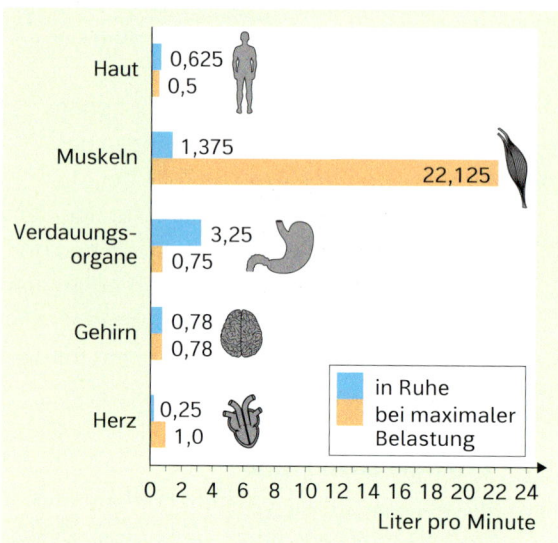

1 Durchblutung der Organe in Ruhe und bei maximaler Belastung

Alle Organe werden durch den Blutkreislauf mit Nährstoffen und Sauerstoff versorgt. Allerdings ist die Durchblutung der Organe nicht immer überall im Körper gleich.

1 Beschreibe die Grafik in Bild 1. Gib dazu für jedes Organ an, mit wieviel Milliliter Blut pro Minute es bei Ruhe und bei maximaler Belastung versorgt wird.

2 Erkläre die unterschiedlichen Werte bei den Muskeln.

3 ▐▌ Stelle Vermutungen auf, wie die Werte eines der weiteren hier dargestellten Organe in Bild 1 zu erklären sind.

Starthilfe zu 3:
Überlege beispielsweise, ob die Verdauungsorgane eher arbeiten, wenn der Mensch aktiv oder in Ruhe ist.

B Kreislaufprobleme

2 Bewegung hilft bei Kreislaufproblemen.

Du stehst schnell auf und plötzlich wird dir schwarz vor Augen. Alles dreht sich und du musst dich schnell wieder hinsetzen. Nach kurzer Zeit vergeht das Schwindelgefühl wieder und alles ist normal.
Gerade bei Jugendlichen kann es häufiger zu solchen Schwindelgefühlen kommen. Das kommt daher, dass dein Körper schnell wächst und das Herz und der Blutkreislauf sich daran nicht so schnell anpassen können.
Bei Kreislaufproblemen solltest du viel Wasser trinken, dich regelmäßig bewegen und dir auch Zeit zum Ausruhen gönnen. Wenn du große Probleme hast oder beunruhigt bist, solltest du das mit einer Ärztin oder einem Arzt besprechen.

1 Erkläre, wie es bei Jugendlichen zu Kreislaufproblemen kommen kann.

2 Erstelle zu allen Tipps bei Kreislaufproblemen kleine Zeichnungen.

FORSCHEN UND ENTDECKEN

Ⓐ Wie verändert Bewegung den Blutkreislauf und die Atmung?

Beim Sport verändern sich die Atmung und die Durchblutung.

Material: Uhr mit Sekundenanzeige oder Timer-Funktion des Smartphones

Durchführung:

Schritt 1: Setze dich ruhig hin und warte eine Minute. Lege dann den Zeigefinger an deinen Hals und ertaste die Hals-schlagader (→ Bild 4).

Schritt 2: Zähle die Schläge 15 Sekunden lang. Berechne die Schläge pro Minute. Notiere den Wert.

Schritt 3: Zähle deine Atemzüge 15 Sekunden lang. Berechne die Atemzüge pro Minute. Notiere den Wert.

Schritt 4: Mach in schneller Folge mindestens 15 Kniebeugen (→ Bild 5).

Schritt 5: Zähle deine Pulsschläge 15 Sekunden lang. Notiere den Wert.

Schritt 6: Zähle deine Atemzüge 15 Sekunden lang. Notiere den Wert.

3 Timer

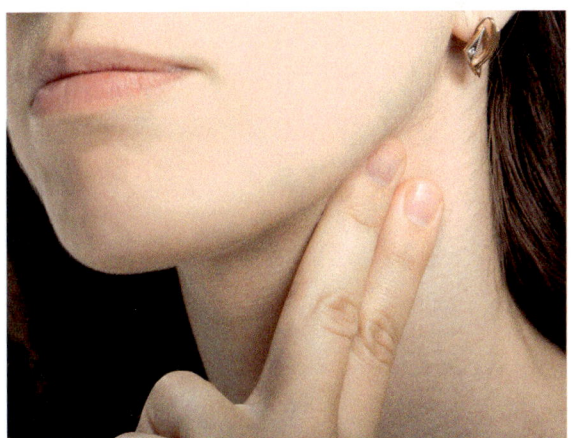

4 Den Puls an der Halsschlagader messen

❶ Vergleiche die Werte in Ruhe und nach den Kniebeugen in einer Tabelle.

Aktivität	Pulsschläge	Atemzüge
in Ruhe		
nach Kniebeugen		

Starthilfe zu 1:

❷ Erkläre, warum sich der Puls verändert.

❸ Erkläre, warum sich die Atmung verändert.

❹ a) Überlege dir weitere sportliche Übungen und führe sie durch.
b) Zähle auch bei diesen Übungen deine Pulsschläge und deine Atemzüge.

❺ ▎▎ Vergleiche die Ergebnisse der neuen Übungen miteinander. Erkläre die unterschiedlichen Ergebnisse.

5 Kniebeugen

Auf einen Blick: Der Stoffwechsel

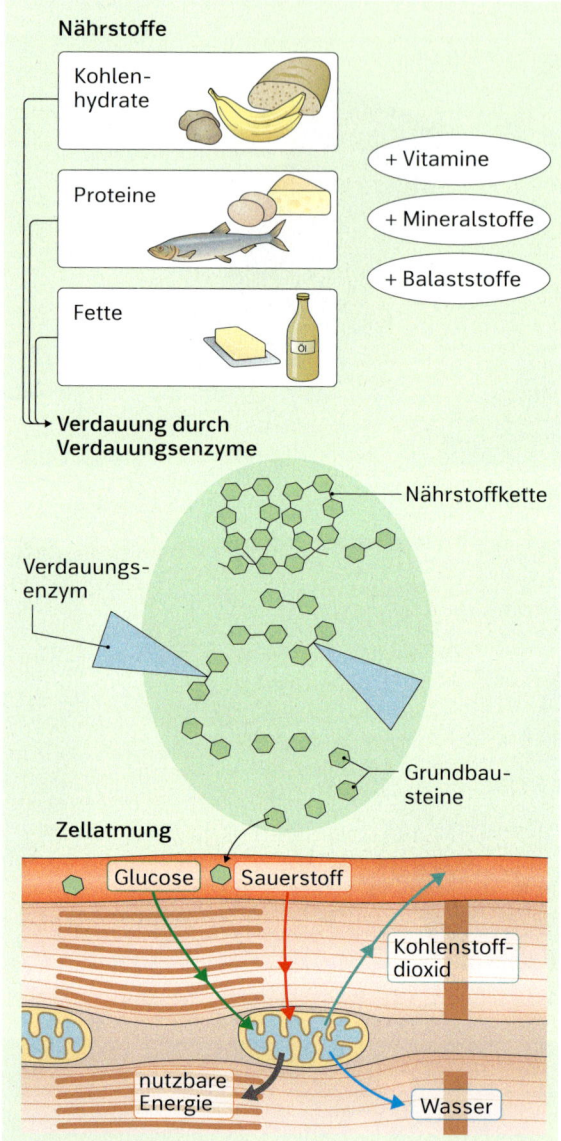

Nährstoffe

Kohlenhydrate

Proteine

Fette

+ Vitamine

+ Mineralstoffe

+ Balaststoffe

Verdauung durch Verdauungsenzyme

Nährstoffkette

Verdauungsenzym

Grundbausteine

Zellatmung

Glucose   Sauerstoff

Kohlenstoffdioxid

nutzbare Energie

Wasser

Nährstoffe zum Leben

Lebensmittel enthalten die Stoffe, die wir zum Leben brauchen. Kohlenhydrate, Fette und Proteine sind die Nährstoffe. Für den Energiestoffwechsel braucht der Körper Kohlenhydrate und Fette. Proteine werden vor allem im Baustoffwechsel benötigt. Außer den Nährstoffen braucht unser Körper auch Ballaststoffe, Vitamine, Mineralstoffe und Wasser.

Die Nährstoffe werden verdaut

Die Nährstoffe müssen im Körper in ihre Bestandteile zerlegt werden. Dafür sind die Verdauungsorgane zuständig.
Im Mund, Magen und Darm werden die Nährstoffe mithilfe von Enzymen zerkleinert. Das Blut transportiert die Nährstoff-Bausteine dann zu allen Zellen des Körpers. Dort werden sie für den Energiestoffwechsel oder den Baustoffwechsel verwendet.

Die Zellatmung

Bei der Zellatmung wird aus Glucose verwertbare Energie gewonnen. In den Mitochondrien der Zellen reagieren die Zucker-Bestandteile mit Sauerstoff zu Kohlenstoffdioxid und Wasser. Dabei entsteht nutzbare Energie. Diese Energie verwerten die Zelle für alle Lebensvorgänge. Das giftige Kohlenstoffdioxid wird mit dem Blut abtransportiert.

WICHTIGE BEGRIFFE

- Baustoffwechsel, Betriebsstoffwechsel
- Nährstoffe
- Kohlenhydrate, Glucose
- Fette, Glycerin, Fettsäuren
- Proteine, Aminosäuren
- Ballaststoffe
- Vitamine, Mineralstoffe

WICHTIGE BEGRIFFE

- Mund, Magen, Dünndarm
- Bauchspeicheldrüse
- Verdauungsenzyme
- Zellatmung
- Mitochondrium
- Energie
- Sauerstoff, Kohlenstoffdioxid

Der Kreislauf verbindet die Organe

Nicht nur Mund, Magen, Darm und Speicheldrüsen sind für die Verdauung der Nährstoffe wichtig. Auch andere Organe sind an der Verdauung beteiligt.

Die Leber speichert Nährstoffe, baut sie um und baut Gifte ab. Die Niere baut ebenfalls giftige Stoffe ab und reinigt das Blut.

Die Lunge liefert Sauerstoff für die Zellatmung und sorgt dafür, dass das giftige Kohlenstoffdioxid ausgeatmet wird.

Alle Organe sind durch den Blutkreislauf miteinander verbunden. Der Blutkreislauf wird vom Herz angetrieben. Im Blut werden Nährstoffe, Sauerstoff und Abfallstoffe transportiert. So bekommt jede Zelle die Nährstoffe für ihren Baustoffwechsel und den Betriebsstoffwechsel und kann Abfallstoffe ins Blut entsorgen.

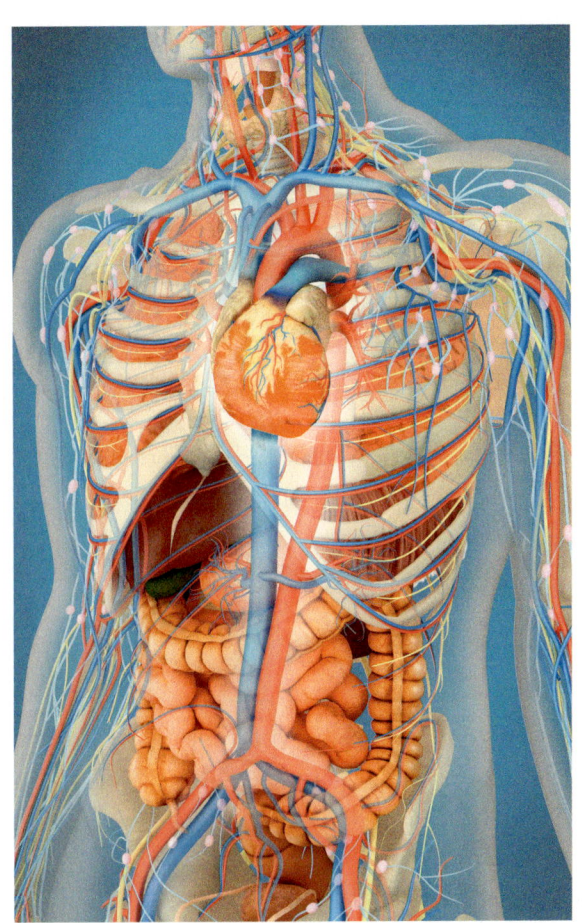

WICHTIGE BEGRIFFE

- Blutkreislauf
- Herz
- Leber
- Niere
- Lunge
- Abfallstoffe

WICHTIGE BEGRIFFE

- Lungenarterie
- Lungenvene
- linke Herzkammer, rechte Herzkammer
- linker Vorhof, rechter Vorhof
- Pfortader

Auf einen Blick

Lerncheck: Der Stoffwechsel

Die Nährstoffe

1 **a)** Nenne die drei Nährstoffe.
b) Nenne für jeden Nährstoff die Bestandteile, aus denen er besteht.

2 Nenne für fünf Lebensmittel den Nährstoff, der hauptsächlich darin enthalten ist.

3 Nenne Beispiele für Vitamine und Mineralstoffe.

4 Erkläre die Begriffe Baustoffwechsel und Betriebsstoffwechsel.

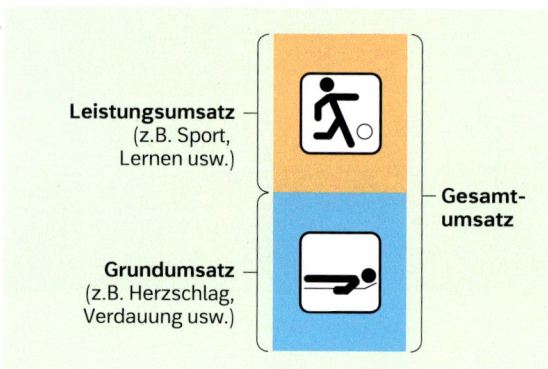

Leistungsumsatz (z.B. Sport, Lernen usw.)

Grundumsatz (z.B. Herzschlag, Verdauung usw.)

Gesamtumsatz

5 Erkläre die Abbildung.

Die Verdauung der Nährstoffe

6 **a)** Nenne den dargestellten Verdauungsvorgang.
b) Erkläre mithilfe des Bildes, wie der Nährstoff verdaut wird.

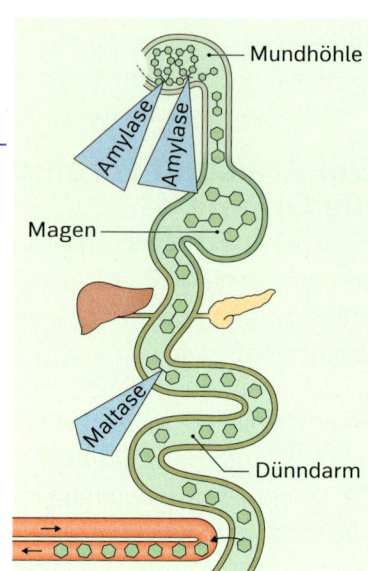

Mundhöhle

Amylase

Amylase

Magen

Maltase

Dünndarm

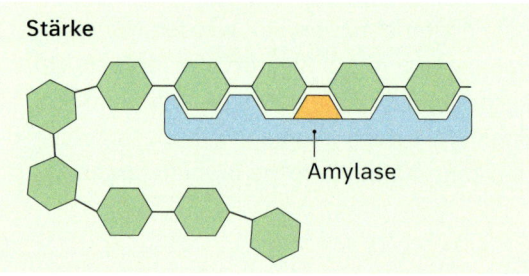

Stärke

Amylase

7 Erkläre am Beispiel der Amylase, wie ein Enzym arbeitet.

8 Erkläre, warum wir eine ausgeglichene Energiebilanz benötigen.

DU KANNST JETZT ...

- ... die Nährstoffe nennen.
- ... die Bestandteile der Nährstoffe nennen.
- ... die Begriffe Betriebsstoffwechsel und Baustoffwechsel erklären.
- ... den Zusammenhang von Leistungsumsatz, Grundumsatz und Gesamtumsatz erklären.

DU KANNST JETZT ...

- ... Verdauungsorgane nennen und ihre Funktion erklären.
- ... die Verdauung von Proteinen, Kohlenhydraten und Fetten beschreiben.
- ... einige Verdauungsenzyme nennen und ihre Funktion erklären.

Die Zellatmung sorgt für Energie

9 Nenne die Stoffe, die für die Zellatmung notwendig sind und die dabei entstehen.

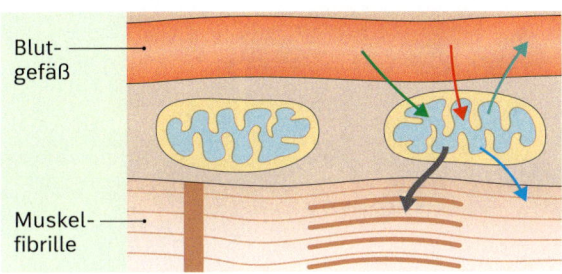

Blut-gefäß

Muskel-fibrille

10 **a)** Zeichne das Bild ab und ergänze es.
b) Erkläre das Bild.

11 Formuliere die Wortgleichung der Zell-atmung.

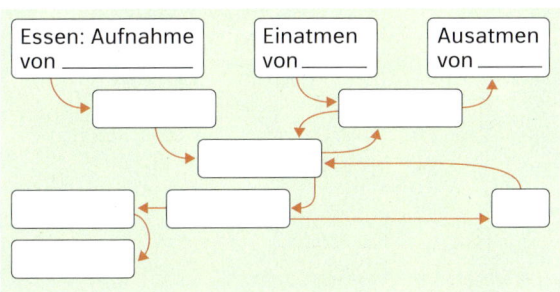

Essen: Aufnahme von _____

Einatmen von _____

Ausatmen von _____

12 **a)** Zeichne das Schema ab.
b) Fülle das Schema mit den folgenden Begriffen aus: Sauerstoff, Bewegung, Glucose, Kohlenstoffdioxid, Lunge, Blut, Mitochondrien der Muskelzelle, Energie, Verdauungsorgane, Kohlenstoffdioxid
c) Erkläre das ausgefüllte Schema.

> **DU KANNST JETZT ...**
> - ... den Begriff Zellatmung erklären.
> - ... die Bedeutung von Sauerstoff und Glucose für die Zellatmung erläutern.
> - ... die Wortgleichung der Zellatmung nennen.

Der Kreislauf versorgt die Organe

13 Beschreibe den Blut-kreislauf.

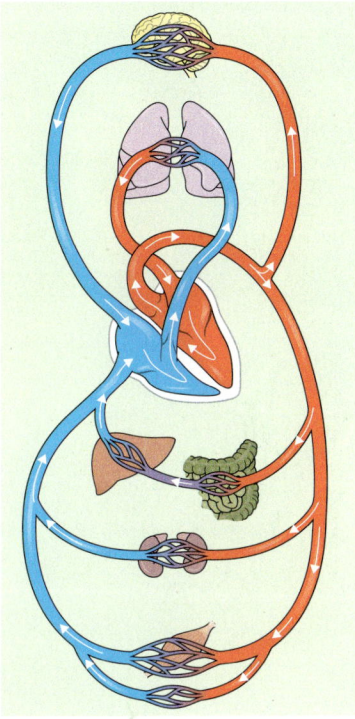

14 Erstelle eine Tabelle. Ordne darin jedem Organ aus dem obigen Bild wenigstens eine Funktion zu.

15 Nenne wichtige Funktionen der Leber.

16 Beschreibe, wie die Niere Urin bildet. Folgende Begriffe müssen in deiner Erklä-rung vorkommen:
Blut, hoher Druck, Nierenkörperchen, Nierenkanälchen, Nährstoffe, Wasser, Harnstoff, Abfallstoffe, Harnblase, Urin.

> **DU KANNST JETZT ...**
> - ... den Bau und die Funktion von Leber und Niere beschreiben.
> - ... den Ablauf des Blutkreislaufs beschrei-ben.
> - ... den Zusammenhang von Atmung und Verdauung erläutern.

Lerncheck

Wirbellose Tiere

Wie stellen Bienen
Honig her?

Warum ziehen
Regenwürmer
Blätter in ihre
Gänge?

Warum verletzt
sich eine Schnecke
nicht, wenn sie über
eine Messerklinge
kriecht?

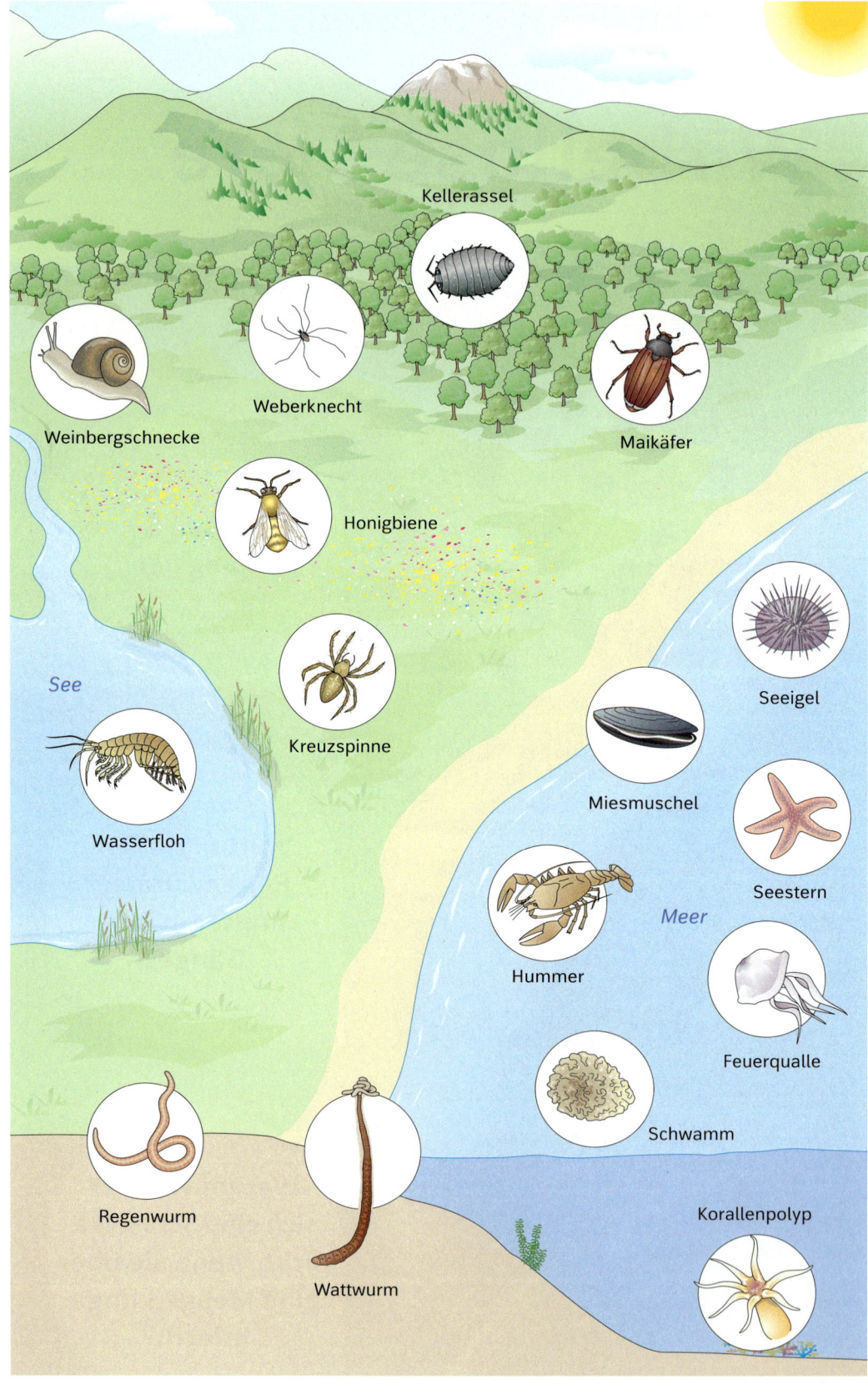

1 Wirbellose leben in unterschiedlichen Lebensräumen.

Die Vielfalt der Wirbellosen

Gemeinsamkeiten

Weltweit betrachtet gehören 96 Prozent aller Tiere zu den **Wirbellosen.** Sie kommen in fast jedem Lebensraum vor (→ Bild 1). Wirbellose werden nach gemeinsamen Körpermerkmalen in **Stämme** eingeteilt. Einige dieser Stämme werden im Folgenden näher betrachtet.

> Wirbellose sind Tiere ohne Wirbelsäule. Ihre Aktivität ist abhängig von der Umgebungstemperatur. Wirbellose sind wechselwarm.

Insekten

Insekten besitzen einen Panzer aus Chitin. Ihr Körper ist in Kopf, Brust und Hinterleib gegliedert. Alle Insekten besitzen sechs Beine und oft Flügel. Beispiele für Insekten sind Honigbienen und Maikäfer.

Spinnentiere

Auch Spinnentiere wie Kreuzspinnen und Weberknechte besitzen einen Panzer aus Chitin. Im Unterschied zu Insekten besitzen sie jedoch acht Beine. Viele Spinnentiere können aus speziellen Drüsen Spinnenfäden produzieren.

Krebstiere

Krebstiere besitzen einen Panzer aus Chitin. Sie atmen überwiegend mithilfe von Kiemen. Die meisten Krebstiere wie Hummer leben im Wasser. Kellerasseln sind Krebstiere, die an Land leben.

Stachelhäuter

Stachelhäuter besitzen eine mit Stacheln besetzte Körperoberfläche. Sie leben ausschließlich im Wasser. Seeigel und Seesterne gehören zu den Stachelhäutern.

Weichtiere

Weinbergschnecken gehören zu den Weichtieren. Viele Weichtiere besitzen ein Gehäuse aus Kalk. Weinbergschnecken ernähren sich mithilfe ihrer Raspelzunge. Miesmuscheln gehören auch zu den Weichtieren. Alle Muscheln filtern ihre Nahrung aus dem Wasser.

Schwämme

Schwämme kommen ausschließlich im Wasser vor. Sie besitzen keine Organe und sitzen fest am Boden verankert. Schwämme ernähren sich von Kleinstlebewesen, die sie aus dem Wasser filtern.

Ringelwürmer

Der Körper des Regenwurms ist in Abschnitte gegliedert. Er gehört zu den Ringelwürmern. Der Wattwurm ist ein Ringelwurm, der im Meeresboden vorkommt.

Hohltiere

Hohltiere wie die Feuerquallen oder Korallenpolypen bestehen überwiegend aus Wasser. Ihr Körper ist sehr einfach aufgebaut. Er besteht aus nur zwei Zellschichten.

---

1 Ordne alle Lebewesen aus dem Text ihrem Stamm und ihrem Lebensraum zu. Nutze dazu auch Bild 1.

Starthilfe zu 1:

Lebewesen	Stamm	Lebensraum
Honigbiene	Insekten	Land/Luft

2 Nenne eine Gemeinsamkeit von Spinnentieren, Insekten und Krebstieren.

3 Stellt euch gegenseitig Fragen zu den Wirbellosen.

4 ▮▮ Erkläre Unterschiede zwischen den wirbellosen Tieren und den Wirbeltieren.

Ⓐ Wirbellose im Fließgewässer

1 Köcherfliege: **A** Larve, **B** Geschlechtsreife Köcherfliege

Die Larven der Köcherfliegen leben im Wasser von Bächen. Sie bauen aus kleinen Steinen, Schilfstängeln oder Holzstückchen eine Wohnröhre (→ Bild 1 A). Diese Röhre wird Köcher genannt. Der Köcher schützt und tarnt die Köcherfliegenlarven.

Nach einem Jahr verpuppen sich die Larven. Zwei Wochen später schlüpft die geschlechtsreife Köcherfliege. Nach der Paarung legt das Weibchen seine Eier ins Wasser ab.

❶ Erkläre, wie sich die Köcherfliegenlarve vor Fressfeinden schützt.

❷ ‖ Stelle begründete Vermutungen auf, warum Köcherfliegenweibchen zunächst ein Stück den Bach hinauffliegen, bevor sie ihre Eier ablegen.

Ⓑ Gefährdete Korallen

2 Korallenriff: **A** gesunde Polypen, **B** abgestorbene Polypen

Korallen bestehen aus sehr vielen, winzigen Polypen. Sie gehören zu den Hohltieren. Sie ernähren sich, indem sie Nahrungsteilchen aus dem Wasser filtern.

Bei vielen Korallenarten leben die Polypen in Gebilden aus Kalk, den sie selbst ausscheiden. Auf diese Weise entstehen große Korallenriffe. Diese sind wichtig als Brutstätten und Lebensraum für viele Fischarten. Zudem schützen sie die Küsten vor Stürmen.

Durch den Klimawandel erwärmt sich das Meerwasser immer stärker. Dies führt dazu, dass viele Korallen sterben.

❶ Beschreibe die Unterschiede zwischen Bild 2 A und Bild 2 B.

❷ Erläutere, warum der Schutz der Korallenriffe wichtig ist.

IM ALLTAG

Begegnungen am Strand

3 Verschiedene Muschelschalen

4 Fundstück am Meer: Sepiaschale

Harte Schale – weicher Kern

Am Strand kannst du oft Muscheln finden. Genau genommen findest du nur die Muschelschalen. Die Schalen werden an den Strand gespült, wenn die Muscheln gestorben sind. An der Muschelschale kannst du die Art der Muschel erkennen.

Lebende Muscheln erkennst du daran, dass sie ihre beiden Muschelschalen fest verschlossen halten. Innerhalb der schützenden Kalkschalen befindet sich der weiche Körper der Muscheln. Mit starken Muskeln halten sie die beiden Muschelschalen zusammen. Sie öffnen die Schalen, wenn sie atmen, fressen und um sich fortzubewegen.

Muscheln filtern winzige Nahrungsteilchen aus dem Wasser. Auf diese Weise sorgen Muscheln für klares Wasser.

Was ist denn das?

Neben Muscheln findest du am Strand manchmal feste, weiße Gebilde. Dabei handelt es sich um die Kalkschale einer Sepia. Die Sepia ist ein Tintenfisch und gehört zu den Weichtieren (→ Bild 5). Ihre Schale liegt innerhalb ihres Körpers. Sie gibt der Sepia ihre Körperform und hilft ihr dabei, ihre Tauchtiefe zu verändern.

In der Schale sind winzige Luftblasen eingeschlossen, die ihr Auftrieb verleiht. In Tierhandlungen kannst du Sepiaschalen kaufen. Sie werden als Kalkquelle für Vögel, Schildkröten oder Schnecken verwendet.

5 Sepia

1. Begründe, warum es eigentlich falsch ist zu sagen „Ich habe Muscheln gesammelt.".

2. Beschreibe die Ernährungsweise der Muscheln.

3. **a)** Nenne die Funktionen der Sepiaschale.
   b) Vergleiche die Funktion der Sepiaschale mit der Funktion der Muschelschalen.

4. **a)** Recherchiere im Internet die Lebensweise unterschiedlicher Muschelarten wie zum Beispiel Schwertmuschel, Miesmuschel und Herzmuschel.
   b) Präsentiere deine Ergebnisse deinen Mitschülern.

1 Ein Marienkäfer frisst eine Blattlaus.

Marienkäfer sind Insekten

Insekten

Es gibt weit mehr als eine Million Insekten-
arten auf der Welt. Zu ihnen gehören
beispielsweise Ameisen, Libellen, Heuschrecken und Käfer. Alle Insekten haben
bestimmte Gemeinsamkeiten. Diese lassen
sich am Beispiel des Marienkäfers gut
erkennen.

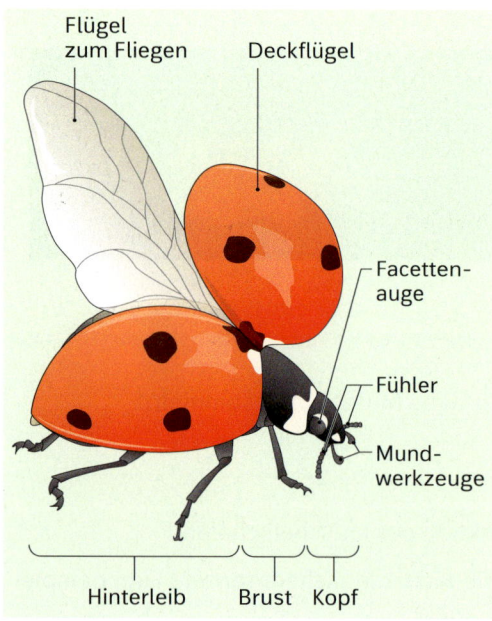

2 Körperbau eines Marienkäfers

Gepanzerter Körper

Der Körper des Marienkäfers ist von einem
harten Panzer aus Chitin umgeben. Dieses
Außenskelett gibt ihm seine Form und
schützt ihn. Wie bei allen Insekten ist der
Körper des Marienkäfers in **Kopf, Brust
und Hinterleib** gegliedert.

Körperbau

Am Kopf des Marienkäfers befinden sich
zwei **Facettenaugen.** Ein Facettenauge
setzt sich aus vielen Einzelaugen zusammen. Zwei **Fühler** zum Tasten und Riechen
befinden sich ebenfalls am Kopf. Mit den
Mundwerkzeugen fängt und frisst der
Marienkäfer Blattläuse (→ Bild 1).
Marienkäfer besitzen am Brustabschnitt
zwei Paar **Flügel.** Die festen Deckflügel
schützen ein dünnhäutiges Flügelpaar, das
der Käfer zum Fliegen benutzt.
Die **sechs Beine** des Marienkäfers sitzen
ebenfalls am Brustabschnitt.

> **Kennzeichen der Insekten:** Körper
> unterteilt in Kopf, Brust und Hinterleib,
> sechs Beine, Außenskelett

Atmung

Insekten wie der Marienkäfer atmen mithilfe von dünnen Röhren, die sich durch den ganzen Körper ziehen. In diese **Tracheen** gelangt Luft durch Atemöffnungen, die sich an den Seiten des Hinterleibs befinden (→ Bild 3). Der Sauerstoff kommt mit der Luft über die Tracheen so zu den Zellen des Körpers.

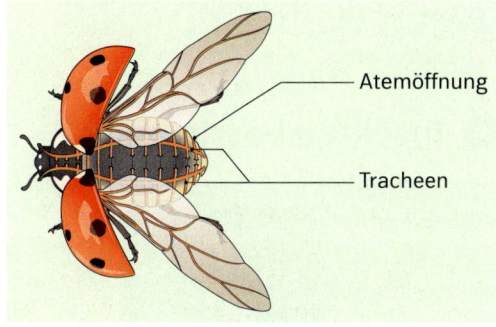

3 Atmungssystem

Offener Kreislauf

Marienkäfer besitzen ein schlauchförmiges Herz. Dieses pumpt eine farblose Flüssigkeit durch den Körper (→ Bild 4). Die Flüssigkeit fließt dabei nicht in Adern, sondern frei im Körper. Mit dieser Flüssigkeit werden die Nährstoffe im gesamten Körper des Käfers verteilt.

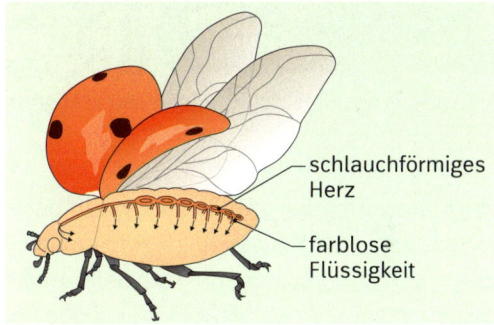

4 Herz und offener Kreislauf

Entwicklung

Nach der **Paarung** legen weibliche Marienkäfer **Eier** auf Blättern ab. Dabei achten sie darauf, dass die Pflanze von Blattläusen befallen ist. Aus den Eiern schlüpfen Larven. Diese sehen ganz anders aus als die erwachsenen Käfer. Sie ernähren sich von Blattläusen. Um wachsen zu können, müssen sich die Larven immer wieder häuten.

Wenn die Larven groß genug sind, entwickeln sie sich zu **Puppen.** In den Puppen findet die vollständige Verwandlung zum Käfer statt. Diese Verwandlung wird als **Metamorphose** bezeichnet. Aus der Puppe schlüpft der fertige Marienkäfer.

5 Entwicklung des Marienkäfers

---

① Beschreibe den äußeren Bau eines Insektenkörpers am Beispiel des Marienkäfers.

② Beschreibe, wie der Sauerstoff zu den Körperzellen der Insekten gelangt.

③ Erkläre, warum man den Kreislauf bei Insekten als offenen Kreislauf bezeichnet.

Starthilfe zu 3:
Nutze folgende Begriffe: Flüssigkeiten, keine Adern, frei im Körper

④ Beschreibe die Entwicklung eines Marienkäfers. Nimm Bild 5 zu Hilfe.

⑤ ▮▮ Beschreibe die Funktion des Panzers aus Chitin.

⑥ ▮▮ In großen Gewächshäusern werden Marienkäfer oder deren Larven ausgesetzt. Erläutere, was mit dieser Maßnahme bezweckt wird.

»

A Insekten bestimmen

1 Insekten aus unterschiedlichen Insektengruppen: **A** Gelbrandkäfer, **B** Heupferd, **C** Maulwurfsgrille

Die Maulwurfsgrille und das Heupferd besitzen jeweils zwei Paar Flügel. Beide Flügelpaare sind weich und durchscheinend. Der Gelbrandkäfer besitzt ebenfalls zwei Paar Flügel, jedoch sind ihre Vorderflügel hart und nicht durchscheinend.

1 Bestimme mithilfe des Bestimmungsschlüssels auf der rechten Seite, zu welcher Insektengruppe die Insekten in Bild 1 gehören. Nutze dazu auch den Text.

B Insektenbeine sind verschieden

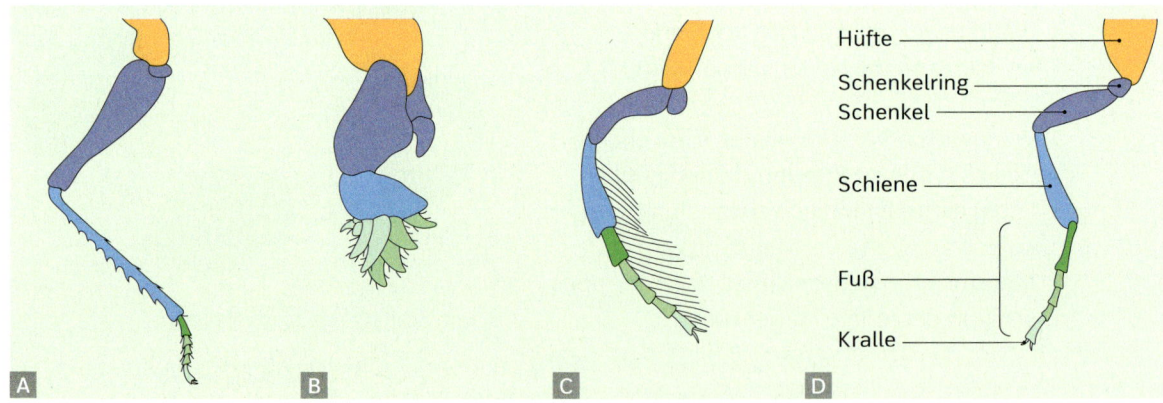

Hüfte
Schenkelring
Schenkel

Schiene

Fuß

Kralle

2 Insektenbeine: **A** Sprungbein, **B** Grabbein, **C** Schwimmbein, **D** Grundbauplan

Der Grundbauplan der Beine aller Insekten ist gleich (→ Bild 2 D). Sie sind aber immer an deren Lebensweise angepasst: Heupferde springen mit langen, kräftigen Sprungbeinen. Maulwurfsgrillen graben mit starken, breiten Grabbeinen Gänge in die Erde. Gelbrandkäfer schwimmen mit langen, haarigen Schwimmbeinen.

1 Ordne die abgebildeten Insektenbeine aus Bild 2 A – C den in Bild 1 oben dargestellten Insekten zu.

2 Erläutere, wie die Insektenbeine aus Bild 2 an die Lebensweise der jeweiligen Tiere angepasst sind.

Einen Bestimmungsschlüssel verwenden

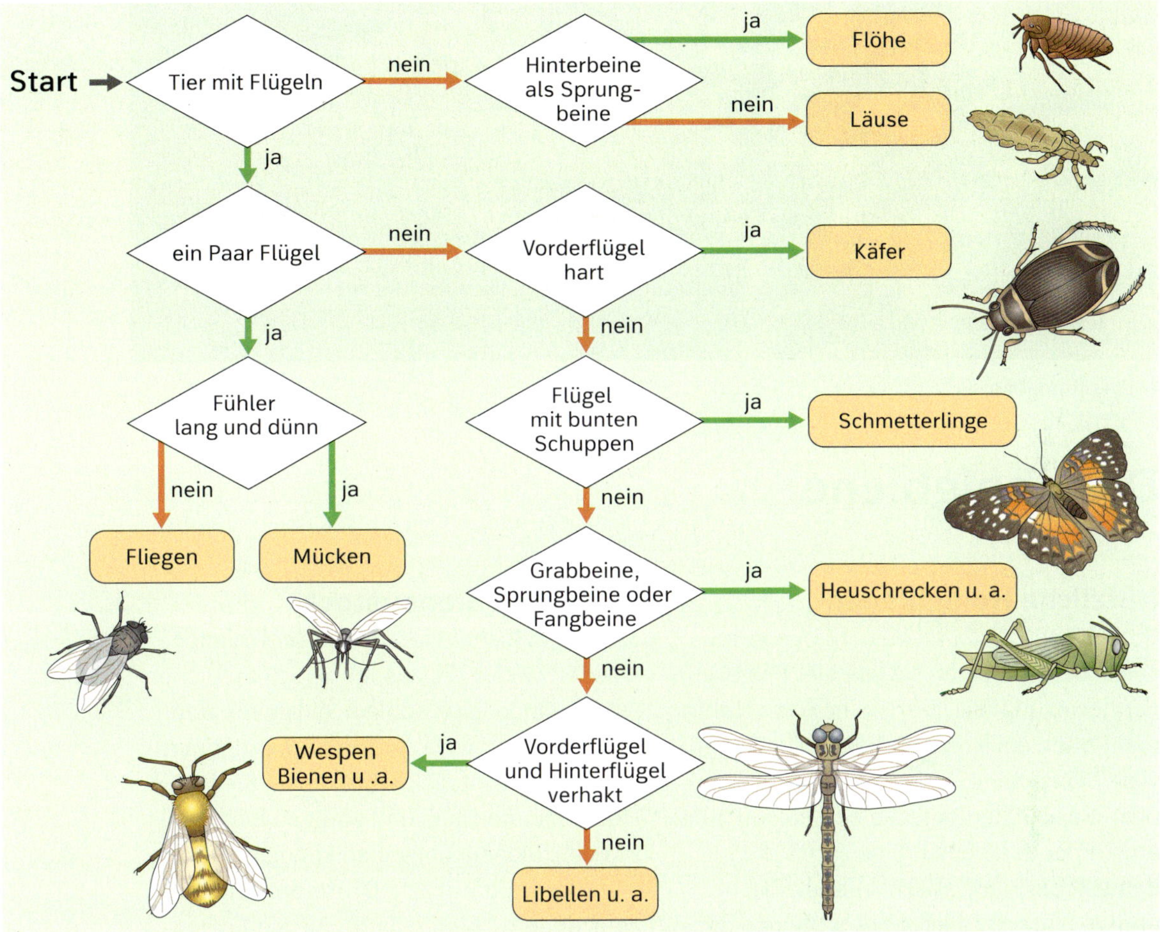

Start ➡ Tier mit Flügeln — nein → Hinterbeine als Sprung-beine — ja → Flöhe

Hinterbeine als Sprung-beine — nein → Läuse

Tier mit Flügeln — ja ↓

ein Paar Flügel — nein → Vorderflügel hart — ja → Käfer

ein Paar Flügel — ja ↓

Fühler lang und dünn — nein → Fliegen

Fühler lang und dünn — ja → Mücken

Vorderflügel hart — nein ↓

Flügel mit bunten Schuppen — ja → Schmetterlinge

Flügel mit bunten Schuppen — nein ↓

Grabbeine, Sprungbeine oder Fangbeine — ja → Heuschrecken u. a.

Grabbeine, Sprungbeine oder Fangbeine — nein ↓

Wespen Bienen u .a. ← ja — Vorderflügel und Hinterflügel verhakt

Vorderflügel und Hinterflügel verhakt — nein ↓

Libellen u. a.

3 Bestimmungsschlüssel für Insekten

Insekten zuordnen

Mithilfe eines Bestimmungsschlüssels kannst du Insekten ihrer jeweiligen Insektengruppe zuordnen. Dazu betrachtest du das Insekt, das du bestimmen möchtest. Beginne mit der ersten Frage beim Startpunkt.

4 Zu bestimmendes Insekt

Bestimmungsweg

Der Bestimmungsweg für das Insekt in Bild 4 ist der folgende:

- Hat das Tier Flügel? → Nein
- Hat es Hinterbeine als Sprungbeine? → Ja
- Es handelt sich um einen Floh.

① Notiere den Bestimmungsweg für eine Libelle.

1 Eine Honigbiene

Die Honigbiene

Nützliche Honigbienen

Honigbienen sind Insekten. Neben ihren sechs Beinen nutzen sie ihre vier Flügel zur Fortbewegung. Bei ihrer Suche nach **Nektar** und **Pollen** als Nahrung fliegen die Bienen viele Blüten an.

Beim Besuch der Blüte bleiben Pollenkörner am Körper der Biene hängen (→ Bild 1). Besucht die Biene anschließend eine andere Blüte der gleichen Art, bleiben die Pollenkörner an der Blüte kleben. So wird die Blüte bestäubt.

Imker halten Bienen als Nutztiere. Einen Teil des Honigs entnehmen Imker aus den Waben im Innern der Bienenstöcke. Außerdem werden Bienen auch gezielt zur Bestäubung von Blütenpflanzen genutzt.

Leben im Bienenstock

In einem Bienenstock leben verschiedene Bienenwesen, die zusammen einen Bienenstaat bilden: eine Königin, einige hundert Drohnen und viele tausend Arbeiterinnen. Die **Königin** ist die größte Biene. Sie legt in jeder Minute ein Ei und sorgt so für Nachwuchs. Bienenköniginnen können bis zu fünf Jahre alt werden. **Drohnen** schlüpfen aus unbefruchteten Eiern. Sie sind die männlichen Tiere im Bienenvolk. Ihre Aufgabe besteht darin, junge Königinnen zu begatten. Nach der Begattung sterben die Drohnen. Bei den **Arbeiterinnen** handelt es sich um unfruchtbare, weibliche Bienen. Im Laufe ihres kurzen Lebens übernehmen sie unterschiedliche Aufgaben.

2 Bienenwesen: **A** Bienenkönigin, **B** Drohne, **C** Arbeiterin

Vielseitige Arbeiterinnen

In den ersten Tagen ihres Lebens reinigen die Arbeiterinnen alte Waben und füttern die Bienenlarven. Am Ende dieses Lebensabschnitts entwickeln sie **Wachsdrüsen**. Diese Wachsdrüsen produzieren kleine Wachsplättchen.

Aus den Wachsplättchen bauen die Arbeiterinnen dann einige Tage lang neue Waben. In dieser Zeit verarbeiten sie auch den von anderen Arbeiterinnen gesammelten Nektar zu Honig. Der Honig wird zur Fütterung der Larven verwendet.

Im folgenden Lebensabschnitt verteidigen die Arbeiterinnen den Bienenstock gegen Angreifer. Dies können zum Beispiel Wespen oder Menschen sein.

In der letzten Phase ihres Lebens fliegen die Arbeiterinnen aus und sammeln in der Umgebung des Bienenstocks Nektar und Pollen. Den Nektar saugen sie aus den Blüten heraus und transportieren ihn in ihrem **Honigmagen**. Der Pollen wird in sogenannten Pollenhöschen transportiert. Arbeiterinnen werden etwa 35 Tage alt.

Verständigung

Bienen verständigen sich im Stock vor allem durch Gerüche und Bewegungen. Die Bienenkönigin verströmt den sogenannten Nestgeruch. Durch diesen Geruch erkennen die Bienen eines Bienenstockes, dass sie zum gleichen Volk gehören. Mithilfe von bestimmten Bewegungen teilen sich Bienen die Lage von Futterplätzen mit.

Tag 1
Die Arbeiterin schlüpft.

Tag 1 bis 12
Putzen der Waben
Füttern der Brut

Tag 13 bis 18
Bauen der Waben
Verarbeitung von
Nektar zu Honig

Tag 17 bis 21
Verteidigen des
Bienenstocks

Tag 22 bis 35
Sammeln von Nektar
und Pollen

ca. Tag 35
Die Arbeiterin stirbt.

3 Lebenszyklus einer Arbeiterin

4 Ein Imker kontrolliert seine Bienen.

① **a)** Nenne die unterschiedlichen Bienenwesen innerhalb eines Bienenstaates.
   b) Beschreibe, welche Funktion die Königin und die Drohnen im Bienenstock haben.

② Erkläre mithilfe von Bild 3 den Lebenszyklus einer Arbeiterin.

③ Nenne zwei Gründe, warum Bienen für den Menschen nützlich sind.

④ ▮▮ Stelle Vermutungen an, warum Imker nur einen Teil des gesammelten Honigs aus den Bienenstöcken entnehmen.

⑤ ▮▮ Oft stellen Imker ihre Bienenstöcke an den Rand von blühenden Rapsfeldern. Erkläre, welchen Nutzen die Imker und die Landwirte davon haben.

Ⓐ Entwicklung in der Wabe

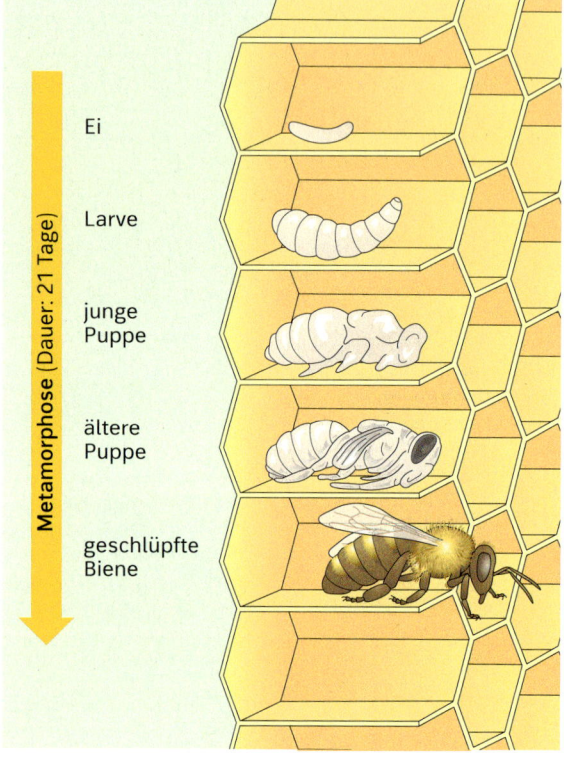

Metamorphose (Dauer: 21 Tage)

Ei

Larve

junge Puppe

ältere Puppe

geschlüpfte Biene

1 Entwicklung der Honigbiene

Im Bienenstock legt die Königin je ein einzelnes Ei in eine sechseckige Wabe. In dem Ei entwickelt sich eine Larve.

Nachdem die Larve geschlüpft ist, wird sie von Arbeiterinnen zunächst mit Futtersaft gefüttert. Anschließend bekommt sie Honig und Pollen als Nahrung. Die Larve wächst über einen Zeitraum von etwa neun Tagen heran.

Ist die Larve groß genug, verpuppt sie sich. In der Puppe wird der Körper der Larve zur fertigen Biene umgebaut.

Nach etwa zehn Tagen schlüpft aus der Puppe die Biene. In der Puppe macht sie eine sogenannte **vollständige Verwandlung** von der Larve zur erwachsenen Biene durch. Diese Entwicklung wird **Metamorphose** genannt.

❶ Beschreibe die einzelnen Entwicklungsstadien einer Honigbiene.

❷ ❚❚ Erläutere die Besonderheit des Entwicklungsschrittes von der Puppe zur erwachsenen Biene.

Ⓑ Pollentransport im Höschen

2 Arbeiterin mit gefüllten Pollenhöschen

Bienenarbeiterinnen sammeln an vielen Blüten Nektar und Pollen. Der Nektar wird in einem besonderen Honigmagen transportiert. Die Pollenkörner werden in Form von Pollenhöschen an den Hinterbeinen transportiert. Dazu streicht die Biene mit ihren Haarkämmen die an ihr haftenden Pollenkörner zusammen.

Aus dem Nektar produzieren Bienen zuckerhaltigen Honig. Pollenkörner dienen als Eiweißlieferanten. Mit beiden Stoffen werden die Bienenlarven gefüttert.

❶ Beschreibe, wie Bienen Nektar und Pollen transportieren.

❷ Erkläre die Bedeutung von Nektar und Pollen für die Bienen.

IM ALLTAG

Bienen sind Nutztiere

3 Bienenstöcke in einer Kirschbaum-Plantage

4 Ein Rapsfeld wird gespritzt.

Helfer bei der Bestäubung

Bienen leisten einen großen Beitrag in der Landwirtschaft. Sie bestäuben etwa ein Drittel aller Nutzpflanzen wie Raps, Erdbeeren oder Gurken. Ohne Bienen würden beispielsweise Apfelbäume, Kirschbäume und Birnenbäume nur etwa ein Viertel des normalen Ertrages bringen.

Daher werden Bienen auch gezielt eingesetzt, um Ernteerträge zu steigern. Imker stellen dazu die Bienenstöcke an den Rand von blühenden Feldern oder in Obstplantagen. Die Bienen sammeln dann überwiegend dort Blütenstaub und Pollen.

Auf diese Weise sind Bienen für den Menschen gleich in doppelter Hinsicht nützlich. Sie bestäuben Nutzpflanzen und produzieren gleichzeitig Honig.

Bedrohte Nützlinge

Weltweit kommt es seit Jahren zu einem massenhaften Bienensterben. Für dieses Sterben gibt es viele Ursachen.

Häufig wird in der Landwirtschaft nur eine Pflanzenart auf großen Flächen angebaut. Hier finden die Bienen nur kurz viel Nahrung. Nach der Blütezeit gibt es dann aber kaum noch Nektar und Pollen. Auch fehlende Wildblumen am Ackerrand und für Bienen gefährliche Spritzmittel machen ihnen das Leben schwer.

Eine weitere große Gefahr ist zum Beispiel die Varroamilbe. Diese Milbe ernährt sich von der Körperflüssigkeit der Larven und der ausgewachsenen Bienen. Dadurch werden die Bienen geschwächt und können schneller krank werden.

1. Nenne zwei Gründe, warum Bienen für den Menschen nützlich sind.
2. Erkläre, warum die Varroamilbe für Bienen gefährlich ist.
3. Erläutere, warum das Anlegen von Blühstreifen mit unterschiedlichen Wildpflanzen am Feldrand eine geeignete Maßnahme für den Schutz der Bienen darstellt.
4. ▌▌ Erläutere mögliche Auswirkungen auf Nutzpflanzen, wenn es keine Bienen gäbe.

1 Ein Regenwurm

Der Regenwurm

Nützliche Wühlarbeit in der Erde

Unter einem Quadratmeter Wiese leben etwa 200 Regenwürmer. Sie leben in selbstgegrabenen Gängen. Dort legen sie ihre Eier in **Kokons** ab. Ihre Gänge belüften und lockern den Boden. Wasser kann schneller versickern und die Wurzeln der Pflanzen wachsen besser. Regenwürmer sind **Bodenverbesserer**. Sie ziehen Laub in ihre Gänge und fressen es. Ihr Kot ist ein guter Dünger für Pflanzen.

Die Sinne des Regenwurms

Regenwürmer besitzen keine Augen oder Ohren. Sie sind mit anderen einfachen Sinnesorganen an das Leben in der Erde angepasst. Am Vorderende und am Hinterende liegen einfache Lichtsinneszellen. Damit können Regenwürmer allerdings nur hell und dunkel unterscheiden. Außerdem besitzen sie Sinneszellen zur Wahrnehmung von Druck und pflanzlichen Geschmacksstoffen.

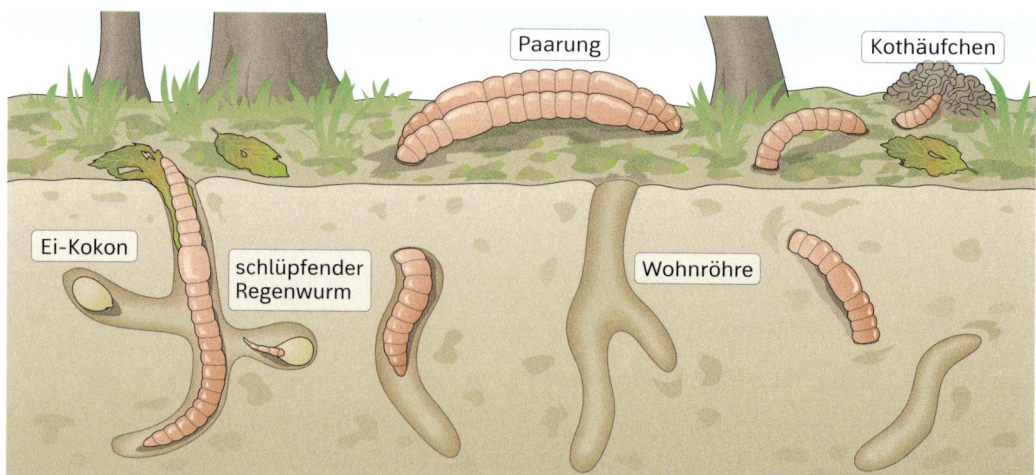

2 Regenwürmer im Boden

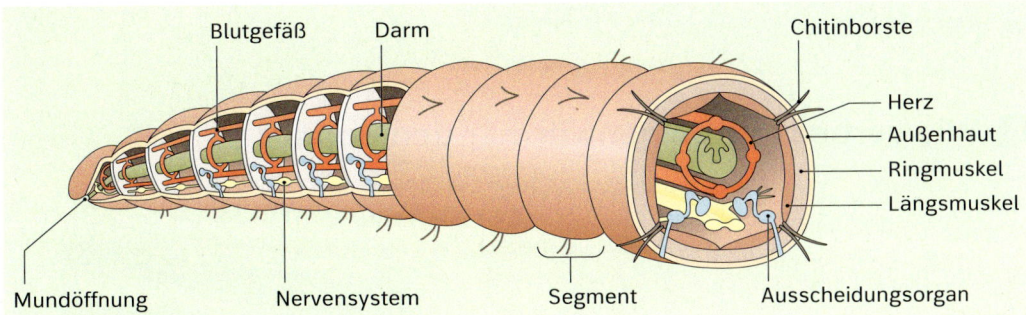

Blutgefäß Darm Chitinborste

Herz
Außenhaut
Ringmuskel
Längsmuskel

Mundöffnung Nervensystem Segment Ausscheidungsorgan

3 Innerer Bau eines Regenwurms

Körperbau

Der Körper des Regenwurms besteht aus
vielen Ringen, die als **Segmente** bezeichnet
werden. Daher zählt der Regenwurm zu den
Ringelwürmern. Regenwürmer besitzen
einen Bereich mit helleren, dickeren Seg-
menten, den sogenannten **Gürtel** (→ Bild 1).
Dieser Gürtel ist wichtig für ihre Fortpflanzung. Durch jedes Segment verlaufen der
Darm, die Blutgefäße und ein einfaches
Nervensystem. Mehrere Herzen pumpen
das Blut durch die Blutgefäße. Die Blutgefäße sind zu einem geschlossenen Blutkreislauf verbunden. Den Sauerstoff nehmen die
Regenwürmer über die feuchte Haut auf.

Fortbewegung

Der Regenwurm bewegt sich mithilfe seines
Hautmuskelschlauchs. Durch Ringmuskeln
und Längsmuskeln werden einzelne
Segmente zunächst gestreckt und dann
zusammengezogen. Nach hinten gerichtete
Borsten aus festem Chitin verhindern ein
Zurückrutschen.

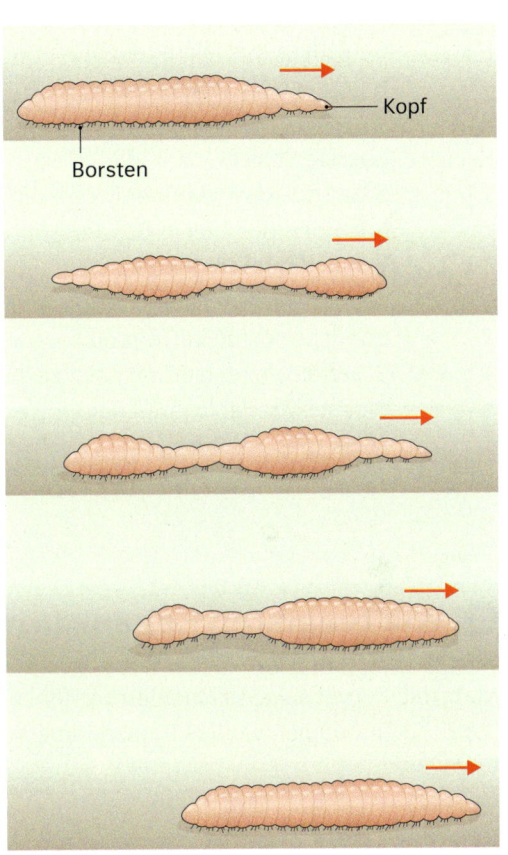

Kopf

Borsten

4 Fortbewegung des Regenwurms

① Erkläre, warum Regenwürmer als Bodenverbesserer bezeichnet werden.

② Nenne Vorteile, die sich für Pflanzen durch die
Arbeit der Regenwürmer im Boden ergeben.

③ Nenne die Reize, die Regenwürmer mit ihren Sinneszellen wahrnehmen können.

④ Beschreibe, wie Regenwürmer atmen.

⑤ Beschreibe mithilfe von Bild 4, wie sich Regenwürmer fortbewegen.

⑥ ▌▌ Erkläre, warum Regenwürmer am Körper nach hinten gerichtete Borsten besitzen.

Starthilfe zu 1:
Nutze folgende Begriffe:
belüften, auflockern, Gänge, Laub, Kot

»

Ⓐ Wie verbessern Regenwürmer den Boden?

Material: Regenwurm-Terrarium oder ein hohes Einmachglas, Sand, Gartenerde, welke Laubblätter, zehn Regenwürmer

Durchführung:

Schritt 1: Fülle das Terrarium abwechselnd locker mit zwei Zentimetern hohen Schichten aus leicht feuchtem Sand und frischer Gartenerde.

Schritt 2: Lege einige welke Laubblätter auf die oberste Schicht.

Schritt 3: Setze die Regenwürmer in das Terrarium. Halte das Innere des Terrariums nun immer leicht feucht.

Schritt 4: Fotografiere einmal pro Woche die Bodenschichten im Terrarium.

Schritt 5: Setze die Regenwürmer nach sechs Wochen wieder in ihren natürlichen Lebensraum zurück.

1 Ein Terrarium für Regenwürmer

❶ Beschreibe, wie sich die Schichtung des Bodens in den sechs Wochen verändert hat.

❷ Erläutere, warum Regenwürmer für den Lebensraum Boden wichtig sind.

Ⓑ Wie reagieren Regenwürmer auf Reize?

Material: Petrischale, Taschenlampe, Pinsel, Lupe, Küchenpapier, weißes Papier, Bleistift, Regenwurm

Durchführung:

Schritt 1: Lege einen Regenwurm in eine Petrischale auf ein feuchtes Küchenpapier.

Schritt 2: Berühre den Regenwurm sanft mit dem Pinsel.

Schritt 3: Leuchte den Regenwurm mit der Taschenlampe an.

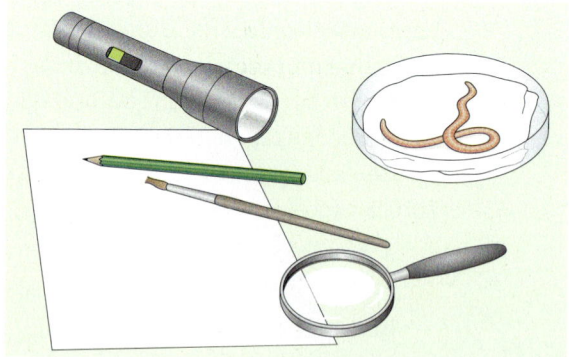

2 Untersuchungen an einem Regenwurm

> Halte den Regenwurm immer feucht und behandle ihn vorsichtig.
> Setze ihn nach den Untersuchungen wieder in seinem Lebensraum aus.

❶ Zeichne einen Regenwurm. Betrachte den Regenwurm dazu mit einer Lupe.

❷ Notiere deine Beobachtungen zu Schritt 2 und Schritt 3 der Durchführung.

A Die Bedeutung von Regenwürmern

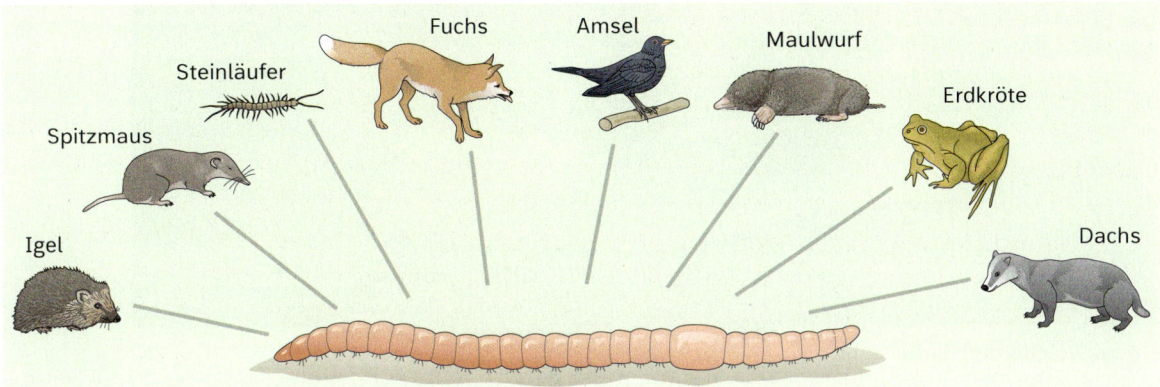

3 Fressfeinde des Regenwurms

Regenwürmer sind sehr wichtig für die Öko-systeme, in denen sie leben. Sie graben Gänge und belüften und lockern auf diese Weise den Boden. Sie zersetzen herabgefallenes Laub. Ihr Kot ist ein wichtiger Dünger für Pflanzen. Regenwürmer sind aber auch eine wichtige Nahrungsquelle für viele andere Tiere.

1 Nenne drei Gründe, warum Regenwürmer ein wichtiger Bestandteil von Ökosystemen sind.

2 Nenne den Fressfeind der Regenwürmer, der zu den Wirbellosen gehört.

B Regenwürmer sind Zwitter

Regenwürmer besitzen sowohl männliche als auch weibliche Geschlechtsorgane. Sie sind Zwitter. Bei der Paarung legen sich zwei Regen-würmer in entgegengesetzter Richtung nebenei-nander. Sie pressen ihre Bauchseiten aneinander und übertragen die männlichen Spermienzellen. Mit ihnen befruchten sie jeweils ihre weiblichen Eizellen Mehrere befruchtete Eizellen werden in Eikokons in der Erde abgelegt. Nach 20 bis 90 Tagen schlüpfen die jungen Regenwürmer.

1 Beschreibe die Fortpflanzung des Regen-wurms.

2 ❚❚ Erläutere, welche Vorteile sich für Regen-würmer dadurch ergeben, dass sie Zwitter sind.

4 Regenwürmer bei der Paarung

1 Eine Weinbergschnecke

Die Weinbergschnecke

Ein Gehäuse aus Kalk

Der Körper einer Schnecke ist weich und hat keine Knochen. Die Weinbergschnecke besitzt aber ein Gehäuse aus Kalk. Das **Kalkgehäuse** wächst mit dem Körper. Es schützt die Weinbergeschnecke vor Fressfeinden und vor Austrocknung. Bei Gefahr kann sie sich in ihr Gehäuse zurückziehen.

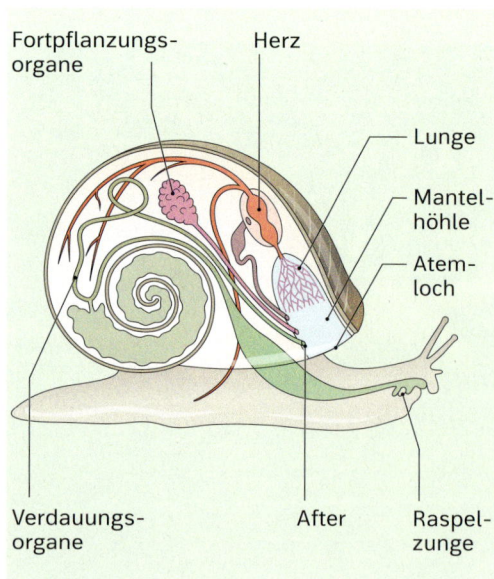

2 Der innere Körperbau einer Weinbergschnecke

Körperbau

Der eigentliche Körper der Weinbergschnecke wird in vier Teile unterteilt: einen **Kopf**, einen **Fuß mit Kriechsohle**, einen **Eingeweidesack** und einen **Mantel**. Der Mantel umschließt den Eingeweidesack. Darin liegen die inneren Organe.

Fortbewegung

Die Weinbergschnecke bewegt sich mithilfe ihres Fußes fort. Er besteht aus vielen Muskeln. Bei der Fortbewegung laufen wellenförmige Muskelbewegungen durch den Fuß. Die Weinbergschnecke produziert Schleim, der ihr das Kriechen erleichtert.

Atmung

Beim Atmen gelangt Luft durch das Atemloch in die Mantelhöhle der Weinbergschnecke. Mithilfe einer einfachen Lunge nimmt die Weinbergschnecke dort den Sauerstoff aus der Luft auf.

Offener Kreislauf

Das Herz der Schnecke pumpt eine farblose Flüssigkeit durch ganzen Körper. Diese fließt dabei frei im Körper der Schnecke.

Ernährung

Ihr Futter finden Weinbergschnecken mithilfe ihres guten Geruchssinns und mit ihren einziehbaren Stielaugen. Sie ernähren sich überwiegend von welken Blättern und Algen, die auf Steinen wachsen. Manchmal fressen sie auch frisches Grün (→ Bild 3). Auf ihrer Zunge befinden sich etwa 40000 kleine Zähnchen, mit denen sie Pflanzenmaterial abschaben kann. Die Weinbergschnecke hat eine **Raspelzunge**.

3 Eine Weinbergschnecke beim Fressen

Schnecken sind wechselwarm

Die Weinbergschnecke ist wie alle Wirbellosen wechselwarm. Wird es im Herbst zu kalt, graben sich die Schnecken ein und verschließen ihr Gehäuse mit einer Schicht aus Kalk. Da ihr Gehäuse aus Kalk besteht, sind Weinbergschnecken auf kalkhaltige Böden in ihrem Lebensraum angewiesen. Auch zum Schutz vor Trockenheit können die Tiere das Gehäuse verschließen. Auf diese Weise überdauern Weinbergschnecken auch längere Trockenzeiten.

4 Eine Weinbergschnecke mit Kalkdeckel

Fortpflanzung

Weinbergschnecken sind **Zwitter**. Bei der Paarung pressen sie ihre Unterseiten aneinander (→ Bild 5 A). Die dabei gegenseitig übertragenen Spermien befruchten die Eizellen. Einige Tage später gräbt die Weinbergschnecke ein Loch in die Erde. In dieses Loch legt sie etwa 50 Eier ab (→ Bild 5 B). Nach einem Monat schlüpfen die jungen Schnecken.

5 Fortpflanzung der Weinbergschnecke: **A** Paarung, **B** Eiablage

1 Beschreibe den Körperbau einer Weinbergschnecke.

2 Beschreibe, wie Weinbergschnecken überwintern.

3 Erkläre, warum Weinbergschnecken nur auf kalkhaltigen Böden vorkommen.

4 Erstelle ein Flussdiagramm zur Fortpflanzung der Weinbergschnecken.

Starthilfe zu 4:

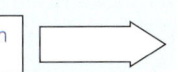
Pressen Unterseiten aneinander

5 ‖ Erkläre, wie Weinbergschnecken atmen.

6 ‖ „Weinbergschnecken sind Schädlinge im Garten." Beurteile diese Aussage aufgrund der Informationen zur Ernährung der Weinbergschnecken.

»

A Wie kriechen Schnecken?

Material: Weinbergschnecke, Glasscheibe

Durchführung:
Schritt 1: Setze eine Weinbergschnecke auf eine Glasscheibe.
Schritt 2: Richte die Scheibe langsam auf. Achte darauf, dass die Schnecke fest auf der Scheibe sitzt.
Schritt 3: Halte die Glasscheibe senkrecht und betrachte den Schneckenfuß.

1 Beschreibe mithilfe deiner Beobachtungen, wie sich Schnecken fortbewegen.

2 **a)** Filme die Bewegung der Schnecke aus verschiedenen Perspektiven.
b) Nimm einen kurzen Erklärungstext zu deiner Aufnahme auf.

1 Weinbergschnecke an einer Glasscheibe

Weinbergschnecken sind geschützte Tiere.
Behandle die Schnecken vorsichtig.
Setze sie nach den Untersuchungen wieder in ihrem Lebensraum aus.

B Kriechen über eine Rasierklinge?

Material: Weinbergschnecke, zwei Wäscheklammern, auf einer Seite abgeklebte Rasierklinge, Salatblatt, Teller

Durchführung:
Schritt 1: Befestige zwei Wäscheklammern wie in Bild 2 an einer Rasierklinge und lege sie auf den Teller.
Vorsicht! Fasse die Rasierklinge immer nur auf der abgeklebten Seite an!
Schritt 2: Setze die Weinbergschnecke vor die Rasierklinge und versuche, sie mit einem Salatblatt darüber zu locken.

1 Beobachte, wie die Weinbergschnecke über die Rasierklinge kriecht.

2 Erkläre, warum sich die Schnecke beim Überkriechen der Rasierklinge nicht schneidet.

2 Aufbau Rasierklingenversuch

ÜBEN UND ANWENDEN

A Nacktschnecken

Die Wegschnecke (→ Bild 3 A) gehört zu den Nacktschnecken. Sie heißen so, weil sie kein Gehäuse aus Kalk besitzen. Wegschnecken fressen saftige Wildflanzen, aber auch Salat oder Kürbisse. Ihr bitterer Schleim schützt sie vor Fressfeinden. Bei Trockenheit graben sich Wegschnecken in die Erde ein.
Tigerschnegel (→ Bild 3 B) gehören ebenfalls zu den Nacktschnecken. Sie ernähren sich von abgestorbenen Pflanzenteilen und von anderen Nacktschnecken.

1 Beschreibe das Aussehen von Wegschnecke und Tigerschnegel.

2 Beurteile, ob alle Nacktschnecken Schädlinge im Garten sind.

3 Nacktschnecken: **A** Wegschnecke, **B** Tigerschnegel

B Schleimige Haustiere

Achatschnecken stammen ursprünglich aus Afrika. Die Kalkgehäuse von Achatschnecken können bis zu 20 cm lang werden. Ihr Kriechfuß erreicht bis zu 30 cm Länge.
Achatschnecken fressen Gurken, Salat und andere Pflanzenteile. Sie benötigen eine lockere und kalkhaltige Erde, damit sie ihr Gehäuse aufbauen können. Ihr Lebensraum muss stets feucht und etwa 24°C warm sein. Nach der Paarung legen Achatschnecken bis zu 500 Eier. Nach zwei bis vier Wochen schlüpfen daraus kleine Schnecken.

1 Erkläre, welche Bedingungen ein artgerechtes Terrarium für Achatschnecken erfüllen muss.

2 Bewerte, ob Achatschnecken geeignete Haustiere sind.

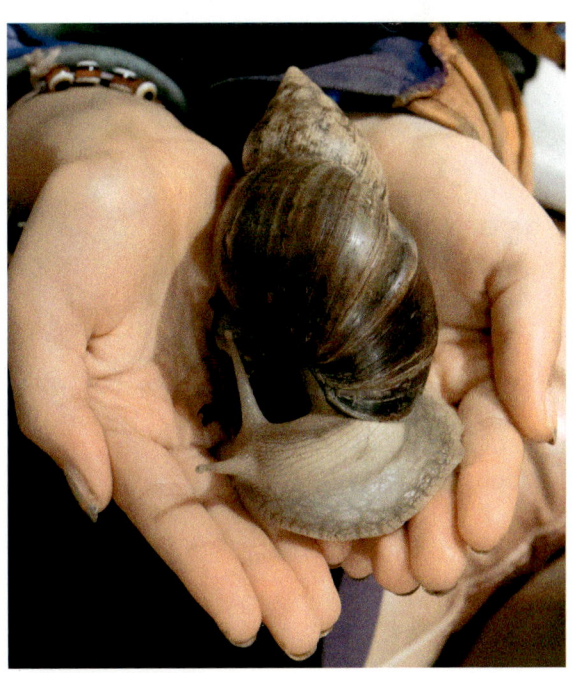

4 Eine ausgewachsene Achatschnecke

Auf einen Blick: Wirbellose Tiere

Wirbellose sind vielfältig

Wirbellose Tiere gibt es überall auf der Erde und in fast jedem Lebensraum. Sie machen die größte Tiergruppe auf der Erde aus.

Sie leben in Meeren, in Flüssen und Seen, über und unter der Erde.

Dabei sehen sie sehr unterschiedlich aus. Sie haben sich an die jeweiligen Bedingungen in ihrem Lebensraum angepasst.

Bienen sind Insekten

Im Bienenstock leben eine Königin, Arbeiterinnen und Drohnen mit jeweils eigenen Aufgaben.

Wie alle Insekten besitzen Bienen einen Chitinpanzer, sechs Beine und einen Körper, der in Kopf, Brust und Hinterleib gegliedert ist. Bienen besitzen außerdem Flügel.

Menschen nutzen Bienen zur Bestäubung von Nutzpflanzen und zur Honigproduktion.

Wirbellose
Das gemeinsame Merkmal aller wirbellosen Tiere besteht darin, dass sie keine Wirbelsäule besitzen.
Alle wirbellosen Tiere sind wechselwarm.

Regenwürmer

Regenwürmer leben im Boden. Die Gänge der Regenwürmer belüften und lockern den Boden. Ihr Kot düngt den Boden. Deshalb gehören sie zu den Bodenverbesserern.

Der Körper der Regenwürmer ist in Segmente unterteilt. Sie bewegen sich mithilfe eines Hautmuskelschlauchs.

Weinbergschnecken

Weinbergschnecken besitzen ein Gehäuse aus Kalk. Es schützt den weichen Körper der Schnecke vor Feinden und vor Austrocknung. Wird es im Herbst zu kalt oder wird es zu trocken, verschließen sie ihr Gehäuse mit einer Schicht aus Kalk. Weinbergschnecken produzieren Schleim, der ihnen das Kriechen erleichtert.

WICHTIGE BEGRIFFE
- wirbellose Tiere ohne Wirbelsäule
- Chitinpanzer

WICHTIGE BEGRIFFE
- offener und geschlossener Blutkreislauf
- wechselwarm

Lerncheck: Wirbellose Tiere

Wirbellose und Insekten

1 Entscheide, welches der folgenden Kennzeichen auf alle wirbellosen Tiere zutrifft:
- Panzer aus Chitin
- sechs Beine
- keine Wirbelsäule
- Flügel

2 Benenne die Körperabschnitte 1 bis 3 eines Insekts.

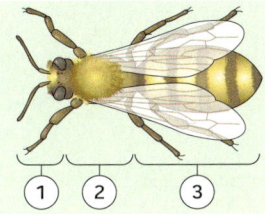

3 Beschreibe den Lebenszyklus eines Marienkäfers. Beginne beim Ei.

4 Erkläre mithilfe der Abbildung, warum bei Insekten von einem offenen Kreislauf gesprochen wird.

5 Erkläre, wie unterschiedliche Insekten zum Beispiel im Bau ihrer Beine an ihre Lebensweise angepasst sind.

Bienen, Regenwürmer, Schnecken

6 Nenne zwei Nutzen, die der Mensch aus der Haltung von Bienen zieht.

7 Erläutere mithilfe der Abbildung, welche Aufgaben Bienenarbeiterinnen im Laufe ihres Lebens übernehmen.

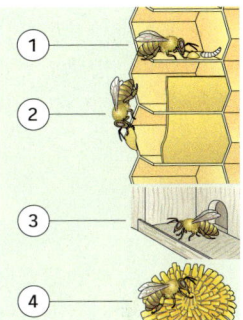

8 Begründe, warum Regenwürmer den Boden verbessern.

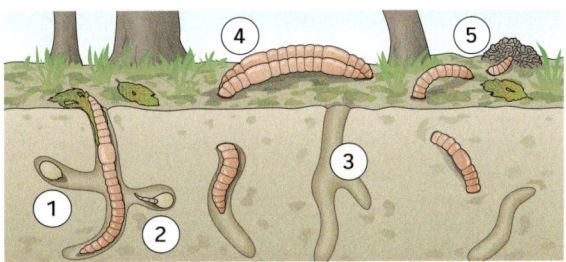

9 Beschrifte die Punkte 1 bis 5 im obigen Bild.

10 Triff eine begründete Entscheidung, ob Weinbergschnecken zu den Schädlingen oder zu den Nützlingen im Garten gezählt werden können.

11 Beschreibe, wie sich Weinbergschnecken fortbewegen.

DU KANNST JETZT ...

- ... die Körperabschnitte eines Insekts benennen.
- ... das gemeinsame Kennzeichen aller wirbellosen Tiere nennen.
- ... erklären, warum bei Insekten von einem offenen Kreislauf gesprochen wird.
- ... den Lebenszyklus eines Marienkäfers beschreiben.

DU KANNST JETZT ...

- ... die Aufgaben der Bienenarbeiterinnen benennen.
- ... begründen, warum Regenwürmer Bodenverbesserer sind.
- ... begründet entscheiden, ob Weinbergschnecken zu den Nützlingen oder zu den Schädlingen zählen.

Lerncheck

Ökosystem Wald

Wie ist der Wald
aufgebaut?

Wie leben die
Tiere miteinander
in einem Wald?

Wozu brauchen wir
den Wald?

1 Ein Buchenmischwald

Der Wald ist ein Ökosystem

Wälder sind unterschiedlich

In einem **Buchenmischwald** ist der Boden feucht und reich an Mineralstoffen. Hier wachsen außer Buchen weitere Baumarten, viele Sträucher und Kräuter. Die Pflanzen können mit tiefen Wurzeln Wasser und Mineralstoffe aufnehmen. Im Buchenmischwald finden viele Tiere Nahrung und Unterschlupf.

In einem **Fichtenwald** ist der oft steinige Boden trocken und arm an Mineralstoffen. Mit flachen Wurzeln nehmen die Pflanzen Wasser und Mineralstoffe auf. Hier wachsen nur wenige Sträucher und Kräuter. Im Fichtenwald finden nur wenige Tiere Nahrung und Unterschlupf.

2 Ein Fichtenwald

Lebensraum Wald

Welche Tiere und Pflanzen in einem Wald vorkommen, hängt von den dort vorherrschenden Bedingungen ab. Dazu gehören die Beschaffenheit des Bodens, die Temperatur, die Lichtstärke, der Niederschlag und die Luftfeuchtigkeit. Diese Bedingungen der Natur werden als **abiotische Faktoren** bezeichnet.

In einem **Lebensraum** können nur Pflanzen und Tiere leben, die an die abiotischen Faktoren angepasst sind.

Abiotische Faktoren im Wald

Die Bäume stehen in einem Buchenmischwald weit auseinander. Zu Beginn des Frühlings nach dem Laubabwurf im Herbst gelangt viel Licht auf den Waldboden. Hier bekommen Sträucher und Kräuter genügend Licht für ihr Wachstum.

In einem Fichtenwald stehen die Bäume enger zusammen. Die immergrünen Baumkronen lassen zu jeder Jahreszeit nur wenig Licht auf den Waldboden. Da die Pflanzen für die Fotosynthese Licht benötigen, wachsen hier nur wenige Sträucher und Kräuter.

3 Lebensraum und Lebensgemeinschaften bilden das Ökosystem.

Lebensgemeinschaften im Wald

In der Baumkrone, am Stamm und im Boden eines Waldes leben verschiedene Pflanzen und Tiere. Sie bilden unterschiedliche **Lebensgemeinschaften**. Die Pflanzen und Tiere beeinflussen sich dabei gegenseitig. Diese Bedingungen werden als **biotische Faktoren** bezeichnet.

Biotische Faktoren im Wald

Ein biotischer Faktor sind die Nahrungsbeziehungen. In den Baumkronen eines Buchenwaldes leben Eichhörnchen und Baummarder. Die Eichhörnchen fressen die Früchte der Buche, die Bucheckern. Baummarder jagen die Eichhörnchen. An den Baumstämmen leben Kleiber. Sie fressen Insekten und Larven, welche sich von den Blättern und der Rinde der Bäume ernähren. Goldlaufkäfer jagen am Boden Insekten oder ernähren sich von toten Tieren.

Ökosystem Wald

Der Lebensraum und seine besonderen Lebensgemeinschaften aus Pflanzen und Tieren bilden das **Ökosystem** Wald.

> Jede Pflanzenart und jede Tierart ist an bestimmte abiotische und biotische Faktoren im Ökosystem angepasst.

Die ökologische Nische

Alle Faktoren, an die eine Tierart oder Pflanzenart angepasst ist, bilden die **ökologische Nische** dieser Art. Jede Art nutzt eine andere ökologische Nische. So können viele Arten nebeneinander leben, ohne sich **Konkurrenz** zu machen. Zum Beispiel fressen sowohl der Kleiber als auch der Goldlaufkäfer Insekten. Da sie aber an unterschiedlichen Orten jagen, konkurrieren sie nicht direkt um ihre Beute.

1. **a)** Erkläre die Begriffe abiotisch und biotisch.
   b) Nenne jeweils drei abiotische Faktoren und drei biotische Faktoren im Wald.

2. Beschreibe, woraus das Ökosystem Wald besteht.

3. ▌▌ Ordne die folgenden Begriffe und Aussagen den biotischen oder den abiotischen Faktoren zu: Kleiber frisst Insekten, Bodenbeschaffenheit, Temperatur, Eichhörnchen frisst Bucheckern, Lichtstärke

4. ▌▌ Begründe, warum auf dem Boden des Fichtenwaldes weniger Pflanzen wachsen als im Buchenmischwald.

Starthilfe zu 4:
Vergleiche die abiotischen Faktoren beider Waldtypen.

Messwerte erfassen und grafisch in Diagrammen darstellen

1 Messungen durchführen und protokollieren

Waldform	Lichtmenge in Lux
Buchenwald	1 600
Kiefernwald	840
Mischwald	5 600

2 Tabelle mit Messwerten

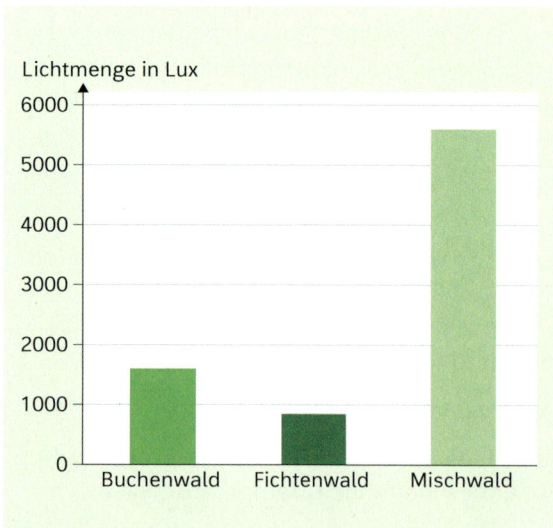

3 Säulendiagramm zu Lichtmengen in verschiedenen Waldformen

Messwerte erfassen

Zur genaueren Untersuchung der Lebensbedingungen im Wald lassen sich abiotische Faktoren messen. Für die verschiedenen Messgrößen sind bestimmte Messgeräte nötig.
• Abstände werden mit einem Maßband in der Maßeinheit Meter (m) gemessen.
• Temperaturen werden mit einem Thermometer in Grad Celsius (°C) angegeben (→ Bild 1).
• Die Lichtmenge wird mit einem Luxmeter gemessen und in der Maßeinheit Lux angegeben. Jedes Smartphone misst für seine Kamera die Helligkeit. Mit einer passenden App lassen sich viele Handys auch als Luxmeter nutzen.

Messwerte protokollieren

Die gemessenen Werte werden in eine vorbereitete Tabelle eingetragen. Die Tabelle in Bild 2 zeigt die Messwerte der Lichtmenge im Innern unterschiedlicher Waldformen. In der ersten Spalte wurde die Waldform und in der zweiten Spalte die jeweils gemessene Lichtmenge in der Einheit Lux eingetragen. Eine Tabelle ordnet die Messwerte und ermöglicht einen guten Überblick über die erfassten Daten.

Ein Säulendiagramm erstellen

Zur Darstellung von Einzelmessungen wie beim oben beschriebenen Beispiel eignet sich ein **Säulendiagramm** (→ Bild 3). Die gemessenen Werte können so vergleichend dargestellt werden. Mit den Messwerten aus der Tabelle in Bild zwei kannst du ein Säulendiagramm mithilfe folgender Schritte erstellen:
• An der waagerechten Achse erfolgt die Beschriftung der Waldformen.
• An die senkrechte Achse schreibst du in 1000er-Schritten die Lichtmenge in Lux in gleichen Abständen.
• Die senkrechten Säulen werden entsprechend der Werte aus der Tabelle mit Messwerten möglichst farbig und breit eingezeichnet.

Ein Kurvendiagramm erstellen

Für weitere Messwerte kann eine andere grafische Darstellung sinnvoll sein.
Die Tabelle in Bild 4 zeigt Messwerte der Lichtmenge innerhalb eines Waldes. Es wurde eine Messreihe in bestimmten Abständen vom Waldrand aus erstellt. In der ersten Spalte wurde der Abstand zum Waldrand und in der zweiten Spalte die jeweils gemessene Lichtmenge eingetragen.

Abstand zum Waldrand in m	Lichtmenge in Lux
0	18 500
2	8 500
4	3 200
6	1 400
8	1 500
10	1 400

4 Tabelle mit Messwerten zur Lichtmenge

Zur Darstellung einer solchen Messreihe eignet sich ein **Kurvendiagramm** (→ Bild 5). Die gemessenen Werte können so in ihrem Verlauf dargestellt werden.
Aus der Tabelle mit den Messwerten zur Lichtmenge kannst du ein Kurvendiagramm erstellen:
- Schreibe die Abstände 0 bis 10 m im gleichen Abstand an die waagerechte Achse. Beschrifte die Achse.
- Schreibe an die senkrechte Achse in 5 000er-Schritten die Lichtmenge. Beschrifte die Achse im gleichen Abstand.
- Jeden Messwert zur Lichtmenge trägst du als kleines Kreuz in das Diagramm ein. Nutze dazu die Hilfslinien wie in Bild 5.
- Verbinde die Messpunkte im Diagramm anschließend mit Linien.

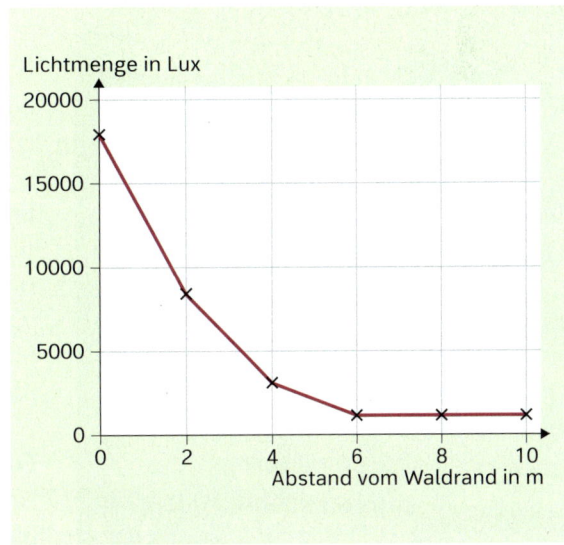

5 Kurvendiagramm zur Lichtmenge in Abhängigkeit vom Abstand zum Waldrand

1 **a)** Erstelle eine Messwerttabelle zur Lichtmenge im Fichtenwald mithilfe folgender Werte, gemessen vom Waldrand bei 0 m bis zum Inneren des Waldes bei 10 m: 0 m – 17 500 Lux, 2 m – 8 500 Lux, 4 m – 900 Lux, 6 m – 700 Lux, 8 m – 650 Lux, 10 m – 630 Lux.
b) Stelle die Messergebnisse in einem Kurvendiagramm grafisch dar.
c) Werte die Tabelle beziehungsweise das Diagramm aus.

2 Begründe die unterschiedlichen Lichtmengen im Fichtenwald und im Mischwald (→ Bild 3).

3 ▮▮ Begründe, warum die Messergebnisse aus der Tabelle in Bild 2 nicht als Kurvendiagramm dargestellt werden können.

4 ▮▮ In der Tabelle in Bild 4 wurden die Lichtmengen in bestimmten Abständen gemessen. Erläutere, ob auch andere Abstände möglich gewesen wären und was vielleicht zu dieser Auswahl der Messpunkte geführt hat.

Entdeckungen im Wald

Die Schichten des Waldes

Wenn du einen Spaziergang durch einen Wald unternimmst, kannst du die verschiedenen Schichten eines Waldes erkennen.

Die Baumschicht

Die Baumkronen bilden in der Baumschicht die oberste Schicht des Waldes. In einem Mischwald wird die Baumschicht von Laubbäumen wie Buche und Ahorn und Nadelbäumen wie Fichten gebildet. Die Baumschicht bietet zahlreichen Tieren wie Habichten, Eichhörnchen und vielen Insekten einen Lebensraum.
An den Baumstämmen leben Spechte, Kleiber und viele Insekten und deren Larven.

Die Strauchschicht

Junge Bäume und Sträucher wie Hasel und Holunder wachsen in der Strauchschicht. Viele Vögel wie die Amsel, aber auch Rehe, Spinnen und Insekten, finden hier Nahrung.

Die Krautschicht

Farne, Gräser, Kräuter und Baumkeimlinge bilden die Krautschicht. In der Krautschicht leben kleine wirbellose Tiere wie Insekten und Spinnen, aber auch Füchse und Fasane.

Die Moosschicht

In der Moosschicht wachsen Moose und Pilze. Hier leben viele Schnecken und Ameisen. Auch Reptilien wie die Waldeidechse haben hier ihren Lebensraum.

Die Wurzelschicht

In der Wurzelschicht im Boden befinden sich die Wurzeln der Pflanzen. Waldmäuse und Käfer sind Tiere der Wurzelschicht.

1 Schichten eines Mischwaldes

Farnpflanzen

In Wäldern wachsen in der Krautschicht oft hohe Farnpflanzen. Zwischen ihren Blättern finden viele verschiedene Tierarten Unterschlupf.

Die Farnpflanzen erhöhen durch Verdunstung von Wasser die Luftfeuchtigkeit im Wald. Ihre Wurzeln mit Erdsprossen verhindern, dass der Waldboden bei Regen weggespült wird.

2 Farnpflanzen

Moose

Moospflanzen bilden in der Moosschicht dichte Moospolster aus vielen einzelnen Pflanzen. Zwischen ihren Blättern können die Moospflanzen Regenwasser wie in einem Schwamm speichern. Dieses Wasser wird dann nach und nach an den Waldboden abgegeben. Dadurch bleibt der Boden feucht.

Die Moospolster bieten Ameisen, Spinnen und Käfern einen wichtigen Lebensraum.

3 Moospolster

Pilze

Pilze sind keine Pflanzen. Sie haben kein Chlorophyll und betreiben keine Fotosynthese. Mithilfe eines unterirdischen Fadengeflechtes nehmen die Pilze Nährstoffe aus dem Boden auf. Manche Pilzarten wachsen an lebenden oder abgestorbenen Baumstämmen.

Viele Pilze zersetzen totes Pflanzenmaterial oder auch tote Tiere. Sie können sogar Holzreste zersetzen und sind deshalb im Wald sehr wichtig. Etliche Pilze dienen außerdem Tieren als Nahrung. Einige Pilzarten sind für uns Menschen giftig.

4 Giftige Fliegenpilze

---

1 Erstelle eine Tabelle zu den Schichten eines Mischwaldes mit Pflanzen und Tieren.

2 Nenne für Farnpflanzen, Moose und Pilze je zwei Funktionen im Wald.

3 ▍▍ Begründe, warum Pilze keine Pflanzen sind.

4 ▍▍ Stelle begründete Vermutungen an, warum viele Tierarten nicht ausschließlich in einer einzigen Schicht des Waldes leben.

Starthilfe zu 1:

Schicht	Pflanzen	Tiere
Baumschicht	Ahorn, ...	Eichhörnchen, ...

A Wie kann ich die Baumhöhe messen?

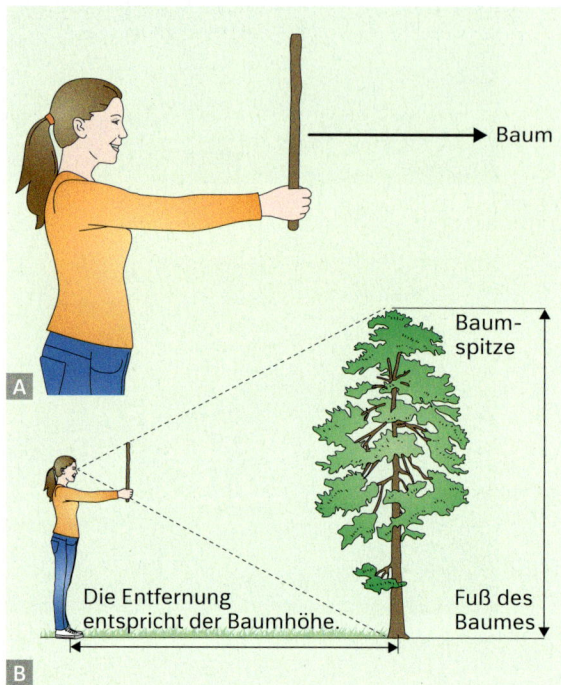

1 Bestimmung der Baumhöhe: **A** Armhaltung, **B** Anpeilung des Baumes

Material: Stock in Armlänge, Maßband

Durchführung:

Schritt 1: Nimm einen Stock in eine Hand, der so lang ist wie dein Arm. Halte den Stock wie in Bild 1A in Richtung des Baumes, dessen Höhe du messen möchtest.

Schritt 2: Gehe langsam so weit rückwärts, bis du die obere Stockspitze mit der Baumspitze und die untere Stockspitze mit dem Fuß des Baumes anpeilen kannst (→ Bild 1B).

Schritt 3: Miss mit dem Maßband die Entfernung von deinem Standpunkt bis zum Fuß des Baumes (→ Bild 1B).
Diese Entfernung entspricht ungefähr der Höhe des Baumes.

① Gib die Höhe verschiedener Bäume in Metern an.

B Sind Moose gute Wasserspeicher?

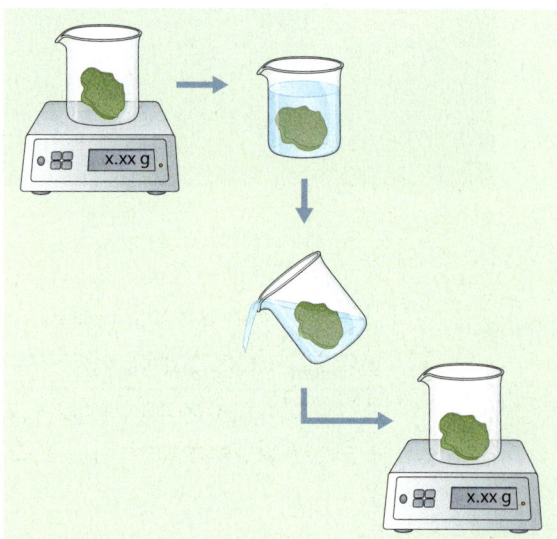

2 Versuchsdurchführung

Material: trockenes Moospolster mit etwa 8 cm x 8 cm Fläche, Wasser, Waage, Becherglas, Uhr

Durchführung:

Schritt 1: Wiege das trockene Moos im Becherglas. Notiere dein Ergebnis.

Schritt 2: Übergieße das Moos mit reichlich Wasser und warte etwa 10 Minuten.

Schritt 3: Gieße das überschüssige Wasser aus dem Becherglas.

Schritt 4: Wiege nun das mit Wasser getränkte Moos im Becherglas. Notiere dein Ergebnis.

① Berechne, wie viel Wasser im Moospolster gespeichert wurde.

ÜBEN UND ANWENDEN

A Bau und Lebensweise der Hutpilze

3 Hutpilze: **A** Steinpilz, **B** Bau eines Hutpilzes, **C** Fliegenpilz

Der sichtbare Teil der Hutpilze ist der Fruchtkörper. Bei **Röhrenpilzen** wie dem Steinpilz ist die Unterseite des Hutes schwammig. Sie besteht aus vielen Röhren.

Bei **Blätterpilzen** wie dem Fliegenpilz ist die Unterseite des Hutes blättrig. Sie besteht aus nebeneinander liegenden Blättern.

1 Zeichne einen Hutpilz und beschrifte dessen Teile.

2 Erkläre, warum die Pilze in Röhrenpilze und Blätterpilze eingeteilt werden.

3 ‖ Recherchiere die Lebensräume von Pfifferling und Champignon und präsentiere deine Ergebnisse.

B Die Symbiose ist eine besondere Lebensgemeinschaft

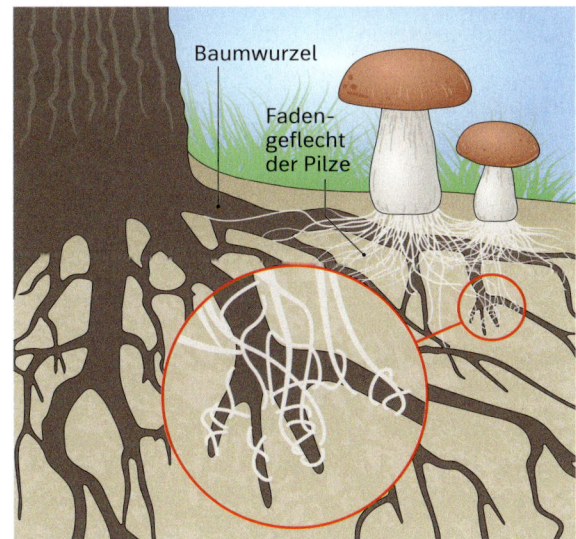

4 Symbiose

Viele Waldpilze bilden Lebensgemeinschaften mit Bäumen. Dabei dringen Teile des Fadengeflechts der Pilze in die Wurzeln der Bäume ein (→ Bild 4). Die Pilze entnehmen Nährstoffe aus den Wurzeln der Bäume. Der Baum kann aber mithilfe der Pilze besser Wasser und Mineralstoffe aus dem Boden aufnehmen.

Diese Form der Lebensgemeinschaft zum gegenseitigen Vorteil wird **Symbiose** genannt.

1 Beschreibe die Symbiose zwischen Pilz und Baum.

2 ‖ Begründe, warum Bäume aus dem Wald nicht einfach in Gärten umgesetzt werden können.

Leben am Waldboden

Ameise

Laubfall

Horn-milbe

Spring-schwanz

Fensterfraß

Spinne

Schnaken-larve

Assel

Lochfraß

Stein-läufer

Schnecke

Skelettfraß

Saftkugler

Schnurfüßer

Regen-wurm

Humusbildung

Bakterien und Pilze

1 Lebewesen am Waldboden: **grün umrandet:** Lebewesen, die Laubstreu fressen, **rot umrandet:** Lebewesen, die sich von den Laubstreufressern ernähren

Lebewesen in der Laubstreu

Bei einem Herbstspaziergang durch einen Buchenwald siehst du große Mengen Laub auf dem Boden. Wo aber ist die **Laubstreu** aus den vergangenen Jahren geblieben? Müsste der Waldboden nicht meterhoch mit alten Blättern bedeckt sein? Untersuchst du die Laubstreu näher, findest du dort viele wirbellose Tiere. Hier leben Regenwürmer, Hornmilben, Asseln, Schnakenlarven, Saftkugler, Schnurfüßer und Springschwänze. Diese Tiere fressen die abgefallenen Blätter der Pflanzen. Sie selbst sind wiederum Nahrung für andere Lebewesen in der Laubstreu. Spinnen, Ameisen und Steinläufer sind Räuber und fressen andere Tiere. Alle diese Tiere leben gemeinsam am Waldboden.

Humus ist fruchtbar

Unter der Laubstreu liegt eine dunkle Erdschicht. Sie besteht aus fruchtbarem **Humus.** Der Humus bildet sich aus dem Kot von Regenwürmern und allen anderen Bodenbewohnern. Außerdem enthält er Pflanzenreste, Sand und Lehmkörnchen. Im Humus befinden sich viele Mineralstoffe, die vorher in den abgefallenen Laubblättern enthalten waren. Die Blätter werden von den Bodenlebewesen zerkleinert und gefressen. Über ihren Kot geben sie die Mineralstoffe wieder an den Boden ab. Auch Pilze und Bakterien sind an dieser **Zersetzung** des Laubs beteiligt. Dadurch stehen die Mineralstoffe aus den Blättern den Pflanzen nun wieder im Humus zur Verfügung.

So düngt sich der Wald durch die Humusschicht im Boden selbst. Damit der Humus enstehen kann, sind viele verschiedene Bodenlebewesen nötig.

Die Waldameisen

An einigen Stellen im Wald kannst du kegelförmige Hügel entdecken, die über einen Meter hoch sein können. Sie bestehen aus unzähligen Nadeln, Ästchen und Rindenstücken. Dabei handelt es sich um Nester von Waldameisen. Diese reichen oft über einen Meter in die Erde hinein. Im Inneren befinden sich viele Kammern, die über Gänge verbunden sind. In den Kammern herrschen unterschiedliche abiotische Faktoren. Arbeiterinnen tragen die Larven und Puppen in die Kammern mit der günstigsten Temperatur und Luftfeuchtigkeit. In einem Ameisenvolk legen nur einige wenige Königinnen die Eier. Ameisenmännchen begatten die Königinnen. Arbeiterinnen besorgen Nahrung, versorgen die Königinnen und kümmern sich um den Nachwuchs. Außerdem bauen und verteidigen sie das Nest.

2 Nest von Waldameisen

Die Bedeutung der Waldameise

Die Ameisen zekleinern viele Pflanzenteile, um ihre Nester zu bauen. Sie helfen dadurch mit, Pflanzenmaterial zu zersetzen. In einem Ameisenhaufen leben bis zu 500 000 Ameisen. Diese fressen bis zu 100 000 Insekten, Larven und andere Wirbellose pro Tag. So verhindern sie, dass sich diese Tiere massenhaft ausbreiten. Außerdem ernähren sie sich von toten Tieren. Damit verringern sie das Risiko, dass sich Krankheiten ausbreiten können. Waldameisen verbreiten auch Pflanzensamen. Sie sammeln die Samen und tragen sie herum, um dann Teile davon zu fressen.

3 Arbeiterinnen mit Larven und Puppen

4 Arbeiterin mit Beute

1. Begründe, warum das Laub im Buchenwald nicht meterhohe Schichten bildet.

2. Beschreibe die Bildung von Humus im Waldboden.

3. Beschreibe die Bedeutung von Waldameisen für den Wald.

4. **a)** Nenne drei Tiere, die sich von der Laubstreu ernähren.
   b) Nenne zwei Tiere, die sich von Laubstreufressern ernähren.

5. ‖ Beschreibe die Arbeitsteilung in einem Ameisenvolk.

6. ‖ Erläutere die Bedeutung der Humusschicht für den Wald.

Starthilfe zu 2:
Nutze folgende Begriffe:
Pflanzenreste, Kot, Lehmkörnchen, Sand

»

A Was lebt in der Laubstreu am Waldboden?

1 Untersuchung der Laubstreu im Wald

Bei der Untersuchung der Laubstreu eines Waldes kannst du viele wirbellose Tiere finden. Achte darauf, dass die Tiere nicht verletzt werden. Bringe die Tiere nach der Untersuchung in ihren Lebensraum zurück.

Material: Eimer, Petrischalen, Federstahlpinzette, Becherlupe, Binokular, Pinsel, Bestimmungsbücher, weißes Tuch

Durchführung:

Schritt 1: Holt Laubstreu aus dem Wald.

Schritt 2: Schüttet die Laubstreu auf ein weißes Tuch und entnehmt mit der Federstahlpinzette oder dem Pinsel die Tiere. Legt sie in die Petrischale oder in die Becherlupe.

Schritt 3: Beobachtet die Tiere mit dem Binokular oder mit der Becherlupe.

2 Material für Untersuchung der Laubstreu

1 Bestimmt die Tiergruppen mithilfe von Bestimmungsbüchern und Bild 3.

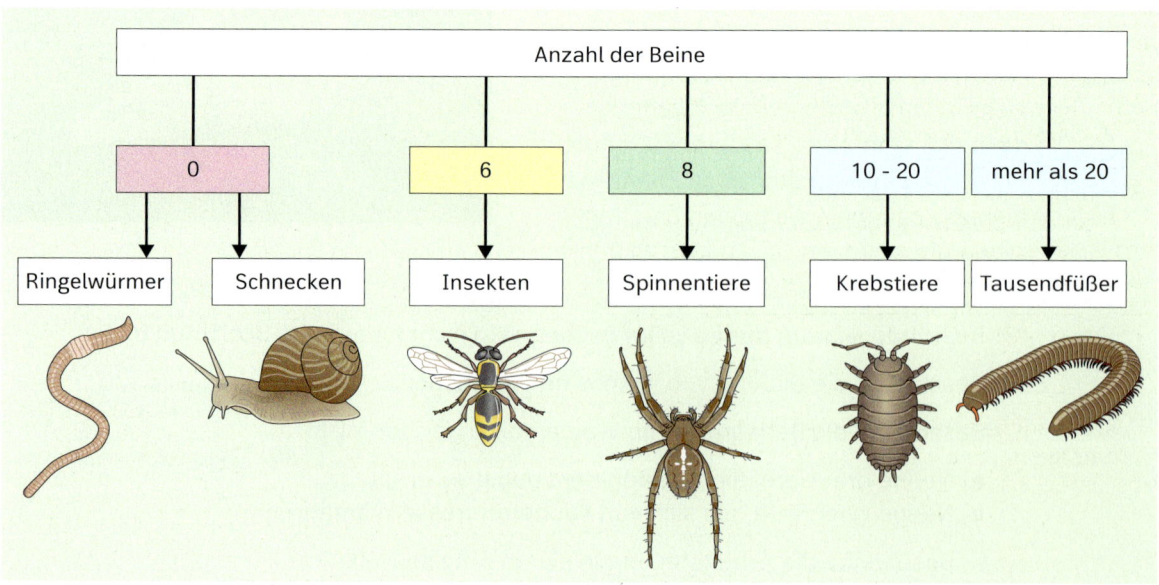

Anzahl der Beine					
0		6	8	10 - 20	mehr als 20
Ringelwürmer	Schnecken	Insekten	Spinnentiere	Krebstiere	Tausendfüßer

3 Wirbellose Tiere in der Laubstreu

B Wie werden Laubblätter zersetzt?

Du kannst anhand unterschiedlicher Fraßbilder
an Laubblättern einige Tiergruppen bestimmen.

Material: Laubstreu, weißes Blatt Papier

Durchführung:

Schritt 1: Suche unterschiedlich zersetzte Blätter
der Bodenschicht.

Schritt 2: Ordne die Laubblätter nach ihrer
Zersetzung auf einem Blatt Papier.

1 Nenne Bodenlebewesen, die jeweils an der
Zersetzung der Blätter in der Laubstreu
beteiligt gewesen sein könnten.

Fensterfraß	Lochfraß	Skelettfraß
Obere und untere Schichten des Blattes werden gefressen.	Gesamtes Blattgewebe wird gefressen und durchlöchert.	Blattgewebe wird bis auf die Leitungsbahnen gefressen.

4 Fraßbilder an einem Laubblatt

Starthilfe zu 1:
Nutze dazu Bild 1 auf der Basisseite.

A Das Leben im Ameisenstaat

Waldameisen leben in einem Ameisenstaat. Die
unterschiedlichen Gruppen von Ameisen haben
verschiedene Aufgaben.

A In der Königinkammer wird die Königin von
Arbeiterinnen versorgt.

B Wächterinnen erkennen Ameisen des
eigenen Nestes durch Betasten mit Fühlern.

C Larven werden von Arbeiterinnen gefüttert.

D Arbeiterinnen fangen Beute und tragen sie
ins Nest.

E Arbeiterinnen bringen Puppen von einer
Kammer in eine andere Kammer.

1 Ordne die Aussagen A bis E den Zahlen 1
bis 5 in Bild 5 zu.

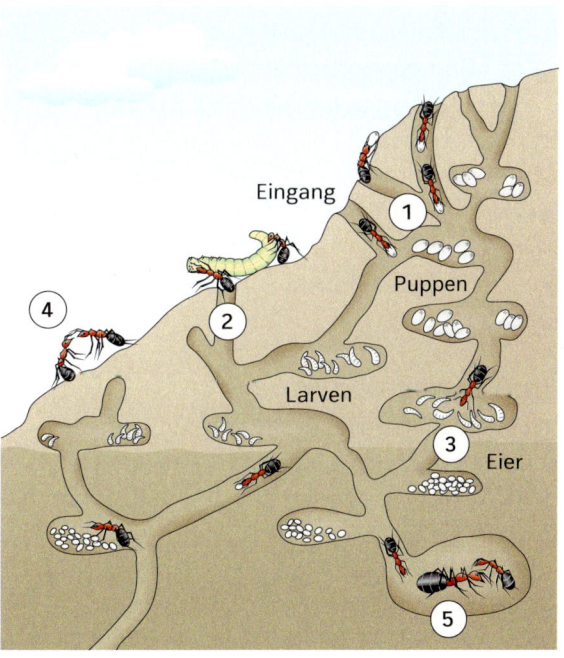

5 Innerer Bau eines Ameisenhaufens

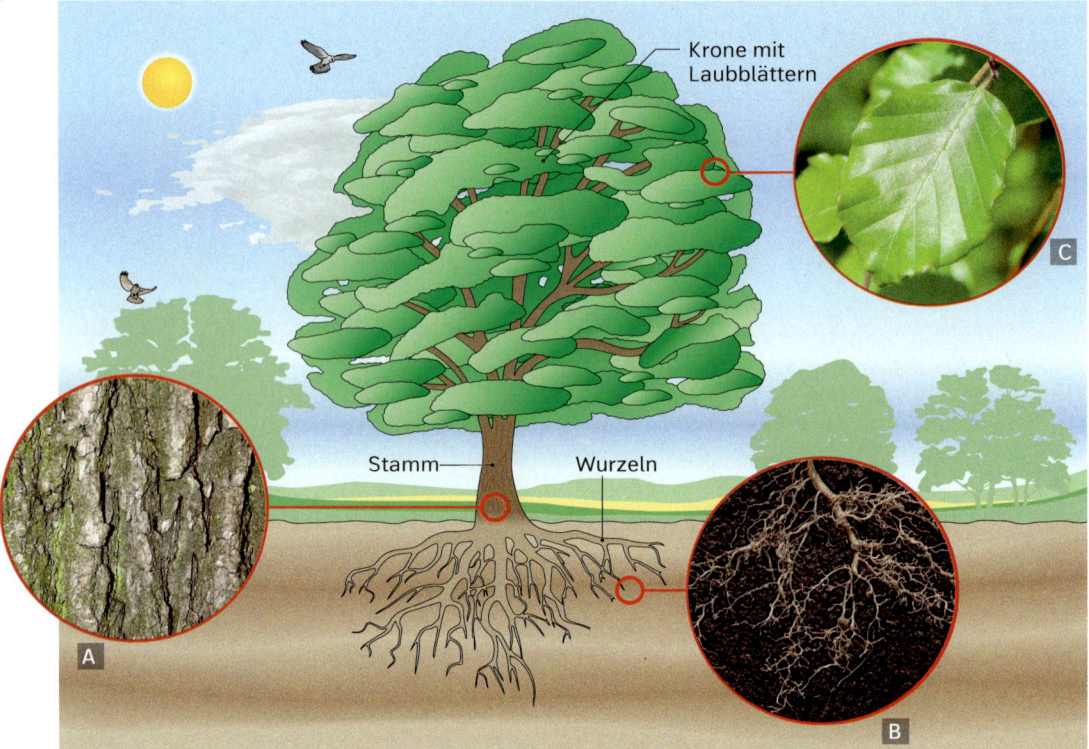

1 Bau eines Baums: **A** Baumstamm mit Borke, **B** Wurzelspitzen, **C** Laubblatt

Pflanzenorgane und ihre Funktion

Bau einer Pflanze

Alle Blütenpflanzen haben einen gemeinsamen Grundbauplan. Sie bestehen aus den **Wurzeln** im Boden und dem **Spross.** Bei Bäumen besteht der Spross aus dem Stamm und der Krone mit den Laubblättern.

Alle Organe einer Pflanze haben bestimmte Funktionen, an die sie durch ihren Bau angepasst sind.

Funktionen der Wurzel

Mit ihren Wurzeln ist die Pflanze im Boden verankert. Außerdem nehmen Pflanzen mit den Wurzeln Wasser und Mineralstoffe aus dem Boden auf. Die Wurzeln speichern auch Nährstoffe. Damit die Wurzeln diese Funktionen erfüllen können, sind sie weit verzweigt (→ Bild 1 B). So haben die Wurzeln insgesamt eine große Oberfläche.

Feinbau einer Wurzel

Die zarte Wurzelspitze ist durch eine Wurzelhaube geschützt. An jeder einzelnen Wurzel befinden sich feine **Wurzelhaare.** Durch ihre dünnen Wände können Wasser und darin gelöste Mineralstoffe in die Wurzeln aufgenommen werden. Die Wurzelhaare vergrößern die Oberfläche der Wurzeln zusätzlich. So können die Wurzeln viel Wasser aufnehmen.

Die Sprossachse

Die Wurzel geht in die Sprossachse über. Diese besteht hauptsächlich aus Leitungsgewebe, das von einem stabilen Gewebe geschützt wird. Bei Bäumen wird dieses Gewebe als **Borke** bezeichnet. Es schützt die Pflanze vor Regen, Wind, Sonne, Feuer und Verletzungen. Außerdem dient sie zur Abwehr von Schädlingen und Krankheiten.

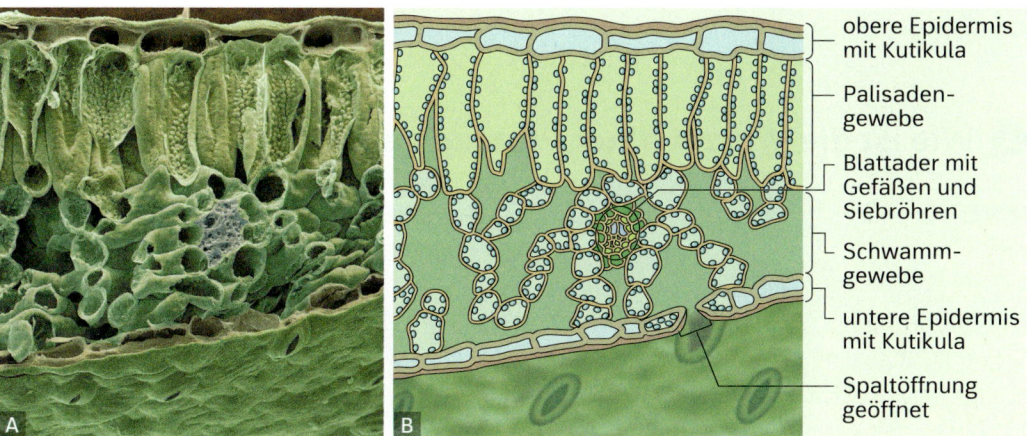

2 Querschnitt durch ein Laubblatt: **A** unter dem Mikroskop, **B** Schema

Labels in figure B:
- obere Epidermis mit Kutikula
- Palisaden-gewebe
- Blattader mit Gefäßen und Siebröhren
- Schwamm-gewebe
- untere Epidermis mit Kutikula
- Spaltöffnung geöffnet

Funktionen der Laubblätter

In den Laubblättern der Pflanzen läuft die **Fotosynthese** ab. Außerdem findet über die Laubblätter die **Verdunstung** von Wasser statt. An einem Querschnitt durch ein Laubblatt erkennst du, dass ein Blatt aus mehreren Schichten und verschiedenen Zelltypen besteht (→ Bild 2).

Die Epidermis grenzt das Blatt ab

Das Laubblatt wird oben und unten von einer Zellschicht, der **Epidermis,** abgeschlossen. Sie schützt das Blatt vor Verletzungen. Die Epidermis ist von einer wachsähnlichen Schicht, der **Kutikula,** überzogen. Diese schützt das Blatt vor Austrocknung, Beschädigung und Krankheitserregern.

In der unteren Epidermis befinden sich kleine **Spaltöffnungen.** Sie können geöffnet und geschlossen werden.

Innere Blattschichten

Direkt unter der oberen Epidermis liegt ein Gewebe aus vielen länglichen Zellen, das **Palisadengewebe.** Diese Schicht enthält besonders viele Chloroplasten, in denen die Fotosynthese stattfindet.

Zwischen dem Palisadengewebe und der unteren Epidermis liegt das **Schwammgewebe.** Es hat viele Hohlräume, in denen sich die Gase Kohlenstoffdioxid und Sauerstoff sowie Wasserdampf befinden. Über die Spaltöffnungen kann die Pflanze den Wasserdampf an die Umgebung abgeben. Kohlenstoffdioxid und Sauerstoff können ebenfalls über die Spaltöffnungen mit der Umgebungsluft ausgetauscht werden.

Im Schwammgewebe verlaufen auch die **Blattadern.** Sie bestehen aus Gefäßen zur Wasserleitung und Siebröhren zum Transport von Glucose.

1 Beschreibe den Bau eines Baums.

2 Beschreibe den Bau und die Funktionen einer Wurzel.

3 Stelle die Schichten eines Laubblattes und die jeweilige Funktion in einer Tabelle dar.

4 ▌▌ Beschreibe den Aufbau eines Laubblattes von oben nach unten.

5 ▌▌ Erkläre die Struktur der Wurzel in Zusammenhang mit den Funktionen dieses Pflanzenteils.

Starthilfe zu 5:
Beachte beim Bau der Wurzel das Prinzip der Oberflächenvergrößerung.

A Wie ist die Wurzel einer Pflanze gebaut?

Material: Kressesamen, Petrischalen, Filterpapier, Wasser, Pinzette, Binokular

Durchführung:

Schritt 1: Lege eine Petrischale mit feuchtem Filterpapier aus und streue Kressesamen darauf. Lege den Deckel der Petrischale auf.

Schritt 2: Stelle die Petrischale einige Tage bei Zimmertemperatur auf die Fensterbank. Achte darauf, dass das Filterpapier immer feucht ist.

Schritt 3: Betrachte nach einigen Tagen die Wurzeln der Pflanzen mit der Stereolupe und zeichne sie.

1 a) Beantworte die Forscherfrage.
b) Erläutere den Bau der Wurzel.

2 ‖ Erläutere das Prinzip der Oberflächenvergrößerung am Beispiel der Wurzel.

1 Petrischale mit Kressesamen

B Worin unterscheidet sich die obere Epidermis eines Blattes von der unteren Epidermis?

Material: Laubblatt z. B. Flieder, Tulpe oder Alpenveilchen, abgeklebte Rasierklinge, Pinzette, Pipette, Becherglas mit Wasser, Mikroskop, Objektträger, Deckgläschen

Durchführung:

Schritt 1: Schneide mit der Rasierklinge die Epidermis an der Unterseite und an der Oberseite des Blattes ein. Ziehe dann mit der Pinzette jeweils ein kleines Stück Epidermis ab (→ Bild 2).

Schritt 2: Fertige jeweils ein mikroskopisches Präparat an.

Schritt 3: Betrachte die Präparate unter dem Mikroskop.

2 Abziehen der Blatthaut

1 a) Zeichne jeweils einen Ausschnitt aus dem Blattgewebe der oberen und der unteren Epidermis und beschrifte deine Zeichnung.
b) Vergleiche die beiden Gewebe und nenne den wesentlichen Unterschied.

Ⓐ Die Funktionen der Wurzeln

Bäume wie die Fichte, die Erle oder die Esche bilden flache Wurzeln in der oberen Bodenschicht (→ Bild 3 A). Bäume wie die Eiche, die Kiefer oder die Tanne bilden lange Pfahlwurzeln, die tief in den Boden wachsen (→ Bild 3 B).

① Stelle eine begründete Vermutung auf, welche Gruppe Bäume besser an Standorten mit trockenen Böden wachsen kann.

② Stelle eine begründete Vermutung auf, welche Gruppe Bäume bei einem starken Sturm leichter mit der Wurzel ausgerissen werden kann.

3 Wurzelsysteme: **A** Flachwurzler, **B** Tiefwurzler

Ⓑ Sonnenblätter und Schattenblätter

Bäume wie Buchen haben unterschiedliche Blätter. Ganz oben und außen in der Baumkrone wachsen **Sonnenblätter**. Sie sind fest und haben eine kleinere Blattfläche. Ihr Palisadengewebe ist dick und kann aus mehreren Schichten bestehen. Die obere Epidermis ist von einer wachsartigen Kutikula überzogen. Damit sind die Blätter gut vor Verletzungen und Wasserverlust geschützt.
Im Innern der Baumkrone wachsen **Schattenblätter**. Sie sind größer und zarter als Sonnenblätter. Ihre Epidermis ist dünner als die der Sonnenblätter. Ihr Palisadengewebe besteht aus einer Schicht. Sie können auch bei wenig Licht noch Fotosynthese betreiben.

4 Buchenblätter

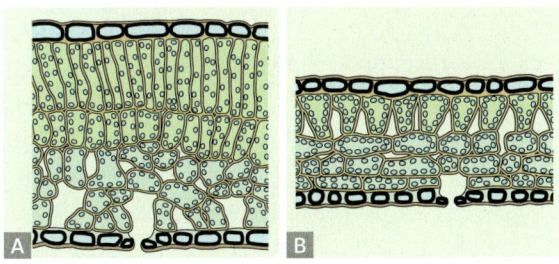

5 Blattquerschnitte Buchenblätter

① Das Bild 4 zeigt ein Sonnenblatt und ein Schattenblatt einer Buche. Gib an, welches Blatt das Sonnenblatt ist und begründe deine Aussage.

② Nenne Stellen in einer Baumkrone, an der Sonnenblätter und Schattenblätter jeweils wachsen.

③ ‖ Beschreibe, wie sich die beiden Blattarten in ihrem Bau unterscheiden.

④ ‖ Bild 5 zeigt zwei Blattquerschnitte. Gib an, welcher Blattquerschnitt jeweils ein Sonnenblatt und welcher ein Schattenblatt zeigt. Begründe deine Aussage.

«

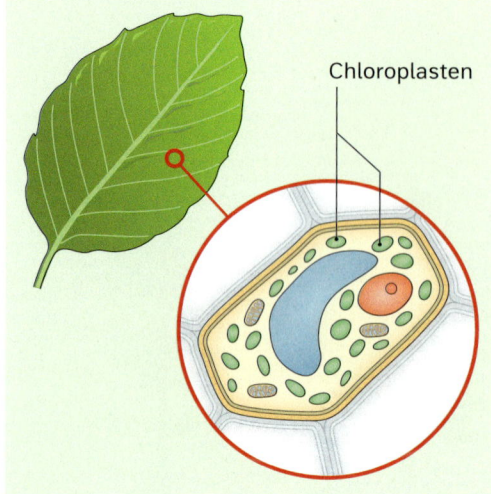

Chloroplasten

1 Pflanzenzelle mit Chloroplasten

Fotosynthese

aus der Luft   aus dem Boden

Kohlenstoff-dioxid	+	Wasser

Licht-energie

Chloro-plast mit Chloro-phyll

Glucose	+	Sauerstoff

+ Mineralstoffe

Stärke	z.B. Fette, Öle, Proteine

**Bildung
weiterer Stoffe**

2 Fotosynthese und Bildung weiterer Stoffe

Fotosynthese und Stofftransport

Ort der Fotosynthese

Durch die Fotosynthese können sich Pflanzen selbst ernähren. In den Pflanzenzellen befinden sich **Chloroplasten.** Sie enthalten den grünen Blattfarbstoff **Chlorophyll.** In den Chloroplasten läuft die Fotosynthese ab. Bei der Fotosynthese stellt die Pflanze mithilfe des Sonnenlichts aus Kohlenstoffdioxid und Wasser Glucose her. In der Glucose ist die Energie aus dem Sonnenlicht gespeichert. Aus der Glucose gewinnt die Pflanze beispielsweise Energie zum Wachsen. Bei der Fotosynthese entsteht auch Sauerstoff. Er gelangt über die Spaltöffnungen der Blätter in die Außenluft. Den Sauerstoff nutzen Pflanzen, Tiere und Menschen zur Atmung.

> Nur wenn die Faktoren Kohlenstoffdioxid, Wasser, Chlorophyll und Sonnenlicht vorhanden sind, kann eine Pflanze Fotosynthese betreiben. Dabei produziert sie Glucose und Sauerstoff.

Aus Glucose werden weitere Stoffe gebildet

Glucose löst sich leicht in Wasser und kann deshalb zu allen Teilen einer Pflanze transportiert werden. Aus vielen Glucoseteilchen bilden Pflanzen **Stärke.** Stärke ist nicht wasserlöslich und wird in Pflanzenorganen gespeichert.
Aus der Glucose und den Mineralstoffen aus dem Boden stellen Pflanzen **Fette** und **Proteine** her. Die Pflanzen nutzen die hergestellten Stoffe zum Wachsen. Sie vergrößern so ihre Masse. Diese Masse wird **Biomasse** genannt. Von der Biomasse der Pflanzen ernähren sich Tiere und Menschen.

Transport von Wasser

Über die Wurzelhaare dringt ständig Wasser mit Mineralstoffen in die Wurzeln ein. Es entsteht ein Druck, der das Wasser in den **Gefäßen zur Wasserleitung** in der Sprossachse nach oben drückt.

Wichtiger für den Wassertransport ist aber die **Saugwirkung** von oben, die durch die Strahlung der Sonne ausgelöst wird. Pflanzen geben über die Spaltöffnungen der Blätter ständig Wasser in Form von Wasserdampf ab. Dieser Vorgang wird **Verdunstung** genannt. Durch die Verdunstung wird das Wasser mit den Mineralstoffen in sehr dünnen, langen Gefäßen von der Wurzel bis in die Blätter gesaugt. Da sich die Wasserteilchen gegenseitig anziehen, reißt der Wasserstrom in den dünnen Gefäßen nie ab. Über das Öffnen und Schließen der Spaltöffnungen kann die Verdunstung reguliert werden.

Transport von Glucose

Die Glucose wird in einem zweiten Transportsystem, den **Siebröhren,** transportiert. In Wasser gelöst, gelangt die Glucose zu allen Teilen einer Pflanze. Als Stärke kann die Glucose zum Beispiel in der Wurzel gespeichert werden. Wenn Pflanzen im Frühjahr Energie zum Austreiben brauchen, kann die Stärke wieder in Glucoseteilchen zerlegt werden.

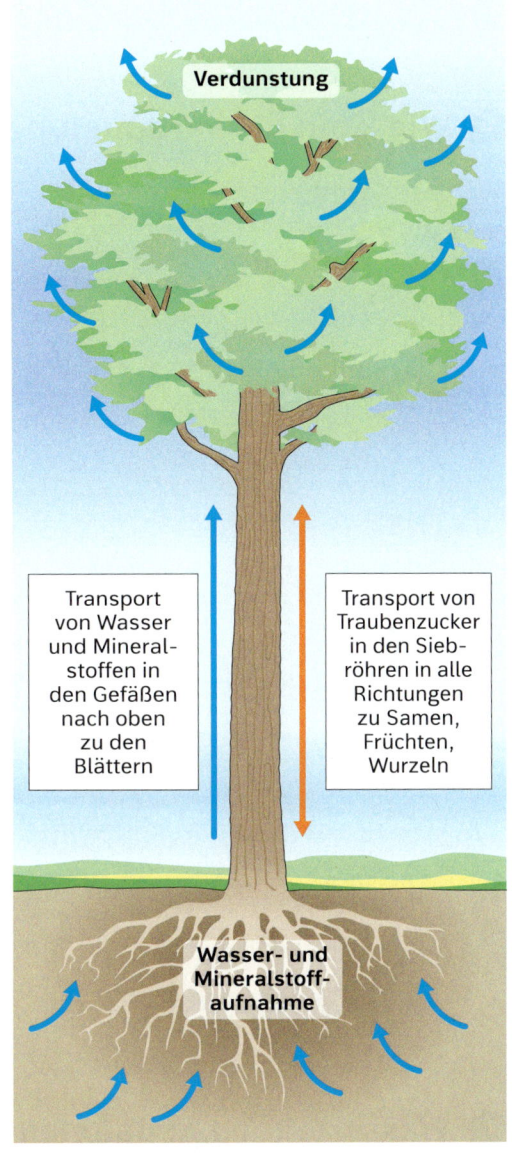

Verdunstung

Transport von Wasser und Mineralstoffen in den Gefäßen nach oben zu den Blättern

Transport von Traubenzucker in den Siebröhren in alle Richtungen zu Samen, Früchten, Wurzeln

Wasser- und Mineralstoffaufnahme

3 Wassertransport und Stofftransport

---

1. Beschreibe die Fotosynthese.

2. Beschreibe, wie die Glucose in alle Teile einer Pflanze gelangt.

3. Beschreibe die beiden Vorgänge, durch die das Wasser in einer Pflanze entgegen der Schwerkraft bis zu allen Blättern steigen kann.

4. Ⅲ Nenne weitere Stoffe, die Pflanzen aus Glucose und Mineralstoffen aus dem Boden bilden.

5. Ⅲ Beurteile die Bedeutung der Fotosynthese für das Leben auf der Erde.

6. Ⅱ Nenne eine Eigenschaft von Wasserteilchen, die den Transport von Wasser in Pflanzen ermöglicht.

Starthilfe zu 1:
Beginne mit den Stoffen, die eine Pflanze für die Fotosynthese benötigt. Gehe dann auf die Funktion der Chloroplasten ein. Zuletzt beschreibst du die Endprodukte.

● ● ⬤ **FORSCHEN UND ENTDECKEN**

Ⓐ Wie kann die Verdunstung bei Pflanzen nachgewiesen werden?

1 Versuchsaufbau

Material: Pflanze (z. B. Fleißiges Lieschen oder Buntnessel), durchsichtige Plastiktüte, Wasser, Schnur, Indikatorpapier für Wasser (Watesmo-Streifen)

Durchführung:

Schritt 1: Gieße die Pflanze und umhülle sie mit der Plastiktüte. Binde die Plastiktüte unten an der Sprossachse zu (→ Bild 1).

Schritt 2: Stelle die Pflanze auf die Fensterbank in die Sonne.

Schritt 3: Betrachte die Plastiktüte nach einigen Stunden. Teste den an der Plastiktüte entstandenen Beschlag mit Indikatorpapier für Wasser.

❶ Benenne den Stoff, aus dem der Beschlag besteht.

❷ Erläutere, wie der Beschlag an der Plastiktüte entstanden ist.

● ● ⬤ **ÜBEN UND ANWENDEN**

Ⓐ Wasserleitung in Bäumen

2 Alte Buche

Eine 100-jährige Buche transportiert an Sommertagen pro Tag bis zu 500 Liter Wasser durch ihre Gefäße. Nur etwa 10 % des Wassers wird für die Fotosynthese verwendet.

❶ Beschreibe, woher das Wasser kommt.

❷ Erkläre, wodurch der Wasserfluss in der Buche angetrieben wird.

❸ Erkläre, was mit dem Wasser passiert, das nicht zur Herstellung von Glucose verwendet wird.

❹ ❚❚ Begründe, warum große Bäume zur Verbesserung des Klimas in Städten beitragen.

B Stärkenachweis bei Pflanzen mit grün-weißen Blättern

3 Eine grün-weiße Efeupflanze

Stärke in Blättern lässt sich mit Iod-Kaliumiodid-Lösung nachweisen.
Wird Iod-Kaliumiodid-Lösung auf Stärke getropft, verfärbt sich die Stelle blauschwarz.

1 **a)** Beschreibe das Ergebnis des Stärke-
nachweises, das in Bild 4 B zu sehen ist.
b) Erkläre, welcher Faktor der Fotosynthese
in diesem Versuch untersucht wurde.

A

B

4 Grün-weißes Efeublatt: **A** ohne Behandlung,
B nach Behandlung mit Iod-Kaliumiodid-Lösung

C Auswertung eines Versuchs zur Fotosynthese

Ein häufig durchgeführter Versuch bei der
Fotosynthese ist das Abkleben von Blättern mit
Alufolie. Du siehst einen solchen Versuchsansatz
in Bild 5.

1 Nenne den Faktor der Fotosynthese, der mit
diesem Versuch untersucht wird.

2 **‖** **a)** Stelle eine Vermutung an, wie das
Ergebnis des Versuchs aussieht, nachdem
mit einem abgeklebten Blatt ein Stärkenachweis durchgeführt wurde.
‖ **b)** Zeichne deine Vorstellung und begründe sie.
Beachte: Beim Stärkenachweis färben sich
die Blattflächen, in denen Stärke vorhanden
ist, blauschwarz.

5 Versuch zur Fotosynthese

1 Die Buche ist ein Produzent.

2 Das Reh ist ein Konsument und Pflanzenfresser.

3 Der Wolf ist ein Konsument und Fleischfresser.

4 Der Mistkäfer ist ein Destruent.

Nahrungs-beziehungen im Wald

Die Produzenten

Die Buchen und alle anderen Pflanzen im Buchenmischwald betreiben Fotosynthese. Sie nehmen Wasser aus dem Boden und Kohlenstoffdioxid aus der Luft auf. Mithilfe von Lichtenergie produzieren die Pflanzen aus den aufgenommenen Stoffen Glucose und Sauerstoff. Aus der produzierten Glucose werden weitere Nährstoffe herge-stellt. Diese Nährstoffe benötigen die Pflanzen für ihr Wachstum.
Weil nur Pflanzen die Nährstoffe produzie-ren können, werden sie Erzeuger oder **Produzenten** genannt. Pflanzen benötigen auch Mineralstoffe. Sie nehmen diese mit dem Wasser aus dem Boden auf.

Die Konsumenten

Rehe, Kaninchen und viele andere Tiere fressen Pflanzen. Sie sind **Pflanzenfres-ser.** Die Tiere benötigen die aufgenomme-nen Nährstoffe und Mineralstoffe zum Leben. Sie können die Nährstoffe und Mineralstoffe nicht selber bilden.
Der Wolf und der Luchs ernähren sich von Rehen und anderen Tieren. Sie sind **Fleischfresser.** Tiere, die sich von Pflanzen oder anderen Tieren ernähren, werden Verbraucher oder **Konsumenten** genannt.

Die Destruenten

Der Mistkäfer und andere Bodenlebewesen ernähren sich von Kot und abgestorbenen Pflanzen und Tieren. Bakterien zersetzen anschließend die Reste. Dabei werden Mineralstoffe freigesetzt. Diese Mineral-stoffe können von den Pflanzen wieder aus dem Boden aufgenommen werden. Lebewesen, die Reste von Pflanzen und Tieren zersetzen, werden Zersetzer oder **Destruenten** genannt.

5 Eine Nahrungskette in einem Buchenmischwald

Nahrungskette

Die Früchte der Buche sind die Bucheckern. Sie werden zum Beispiel von Rehen gefressen. Rehe sind Nahrung für Wölfe. Es bildet sich eine **Nahrungskette** (→ Bild 5). Alle Nahrungsketten beginnen mit Pflanzen, den Produzenten. Von ihnen ernähren sich pflanzenfressende Tiere. Diese Tiere werden von Fleischfressern gefressen. Die beteiligten Tiere sind Konsumenten. Im Ökosystem Buchenmischwald gibt es verschiedene Nahrungsketten.

Nahrungsnetz

Die Bucheckern werden nicht nur von Rehen gefressen. Auch andere Tiere wie Eichhörnchen und Mäuse ernähren sich von Bucheckern. Diese Tiere haben ebenfalls Fressfeinde. So bildet sich aus vielen Nahrungsketten im Buchenmischwald ein **Nahrungsnetz** (→ Bild 6).

> Ein Nahrungsnetz zeigt die unterschiedlichen Nahrungsbeziehungen zwischen Lebewesen in einem Ökosystem.

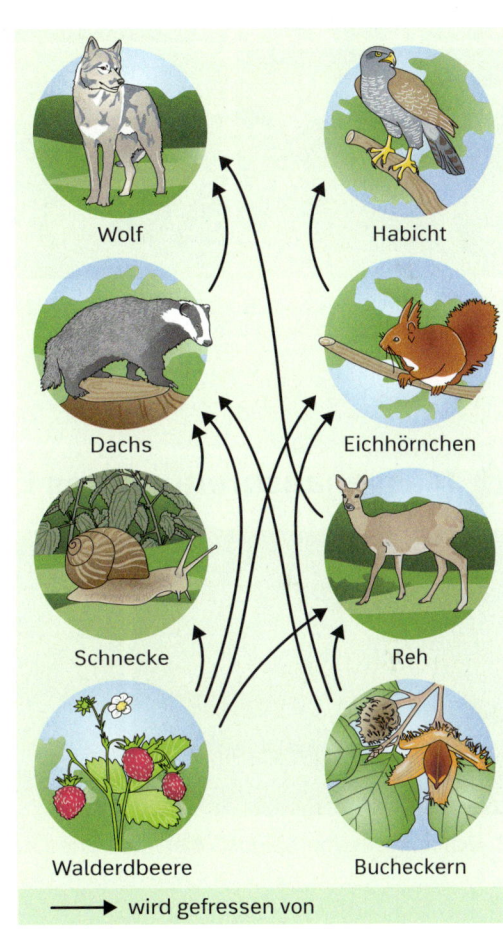

6 Ein Nahrungsnetz in einem Buchenmischwald

——→ wird gefressen von

1. Erkläre die Begriffe Produzent, Konsument und Destruent.
2. **a)** Erstelle mithilfe von Bild 6 mindestens drei Nahrungsketten.
   b) Erkläre, warum Pflanzen immer am Beginn von Nahrungsketten stehen.
3. Nenne mithilfe von Bild 6 Beutetiere des Wolfes.
4. ▌▌ Erläutere den Weg der Nährstoffe von den Bucheckern bis zum Wolf.
5. ▌▌ Beschreibe mögliche Auswirkungen, wenn in einem Jahr sehr wenige Bucheckern gebildet werden.

Starthilfe zu 5:
Nutze dazu Bild 6.

A Nahrungskonkurrenz im Wald

1 Waldtiere: **A** Bussard, **B** Waldohreule, **C** Wolf,
D Fuchs

Greifvögel wie Bussard und Waldohreule jagen im Wald die gleiche Nahrung. Sie stehen aber nicht in **Konkurrenz** um Nahrung. Die beiden Vögel jagen zu unterschiedlichen Zeiten. Der Bussard jagt am Tag und die Waldohreule nachts. Anders sieht es beim Wolf und beim Fuchs aus. Beide Tierarten jagen zur gleichen Zeit die gleiche Beute.

1 **a)** Erkläre, warum Bussard und Waldohreule keine Nahrungskonkurrenten sind.
b) Begründe, warum Wolf und Fuchs Nahrungskonkurrenten sind.

2 ▌▌ Stelle Vermutungen an, wie Wolf und Fuchs im gleichen Wald leben können.

B Massenausbreitung des Eichenprozessionsspinners

2 Eichenprozessionsspinner: **A** erwachsenes Tier, **B** Raupennest, **C** Warnschild

Die Raupen des Eichenprozessionsspinners ernähren sich hauptsächlich von Eichenblättern. Manchmal treten die Raupen massenhaft auf und schädigen die Bäume oft schwer, indem sie alle Blätter fressen.
Die Haare der Raupen sind für den Menschen problematisch. Sie brechen leicht ab und können bei Berührung schwere Entzündungen auf der Haut und in den Augen hervorrufen.
Diese Raupen sind Nahrung für seltene Tierarten wie Wiedehopf und Puppenräuber.

1 Beschreibe, wie die Raupen des Eichenprozessionsspinners die Eichen schädigen.

2 Erkläre den Warnhinweis in Bild 2 C.

3 **a)** Nenne Tierarten, die sich von den Raupen des Eichenprozessionsspinners ernähren.
b) Erstelle zu diesen Tieren Steckbriefe.

4 ▌▌ Stelle eine begründete Vermutung auf, warum sich nach heißen Sommern und milden Wintern die Raupen besonders stark vermehren.

IM ALLTAG

Besondere Nahrungsbeziehungen im Wald

3 Eine Blattlaus

4 Blattlaus wird von Ameise „gemolken"

Blattläuse bilden Honigtau

Blattläuse sind Insekten. Sie saugen aus den Blattadern der Pflanzen Flüssigkeiten. Dadurch werden die Pflanzen geschädigt, weil ihnen lebensnotwendige Stoffe entnommen werden. Die aufgenommenen Flüssigkeiten enthalten Eiweiße und Zucker.
Die Eiweiße verwerten die Blattläuse für sich. Der Zucker wird in gelöster Form als **Honigtau** über den Hinterleib ausgeschieden.

Ameisen „melken" Blattläuse

Ameisen nehmen den ausgeschiedenen Honigtau direkt vom Hinterleib der Blattläuse auf. So bekommen Ameisen eine energiereiche Nahrung. Ameisen vertreiben die Fressfeinde der Blattläuse wie Marienkäfer und ihre Larven. Dadurch sichern die Ameisen ihre Nahrungsquelle.
Ameisen und Blattläuse bilden eine **Symbiose.** Bei dieser Form des Zusammenlebens haben beide Arten einen Vorteil.

5 Honigbiene sammelt Honigtau

Aus Honigtau wird Waldhonig

Auch Honigbienen ernähren sich vom Honigtau, den die Blattläuse ausscheiden. Sie nehmen den Honigtau auf und bilden daraus Waldhonig. Je nach Waldform unterscheiden sich die Farbe und der Geschmack des Waldhonigs.

1 Beschreibe die Bildung von Honigtau.

2 Begründe, wodurch Blattläuse Pflanzen schädigen.

3 Beschreibe die Symbiose zwischen Blattlaus und Ameise.

4 Erkläre, warum Waldhonig kein Blütenhonig ist.

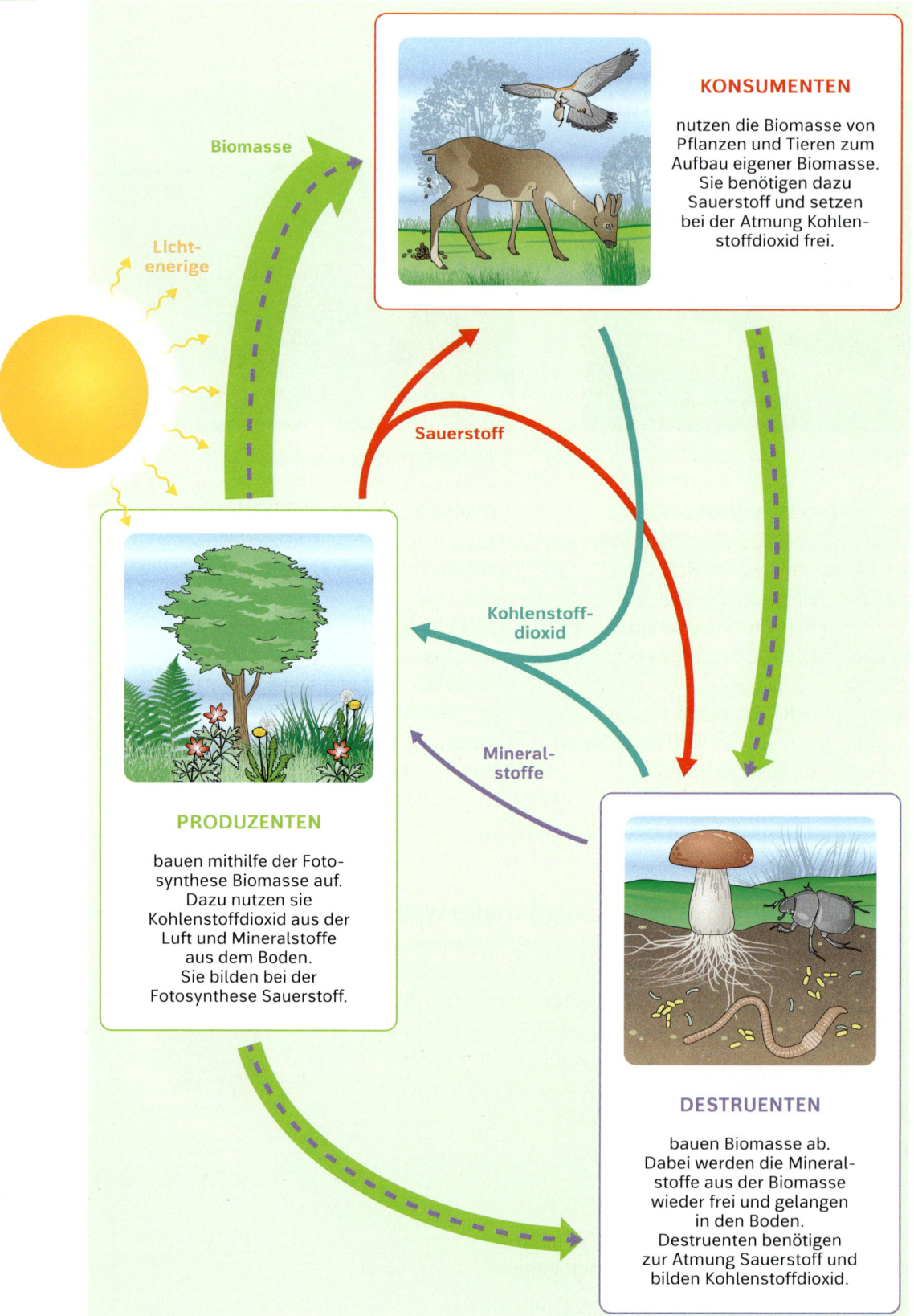

Biomasse

**Licht-
enerige**

KONSUMENTEN

nutzen die Biomasse von
Pflanzen und Tieren zum
Aufbau eigener Biomasse.
Sie benötigen dazu
Sauerstoff und setzen
bei der Atmung Kohlen-
stoffdioxid frei.

Sauerstoff

**Kohlenstoff-
dioxid**

**Mineral-
stoffe**

PRODUZENTEN

bauen mithilfe der Foto-
synthese Biomasse auf.
Dazu nutzen sie
Kohlenstoffdioxid aus der
Luft und Mineralstoffe
aus dem Boden.
Sie bilden bei der
Fotosynthese Sauerstoff.

DESTRUENTEN

bauen Biomasse ab.
Dabei werden die Mineral-
stoffe aus der Biomasse
wieder frei und gelangen
in den Boden.
Destruenten benötigen
zur Atmung Sauerstoff und
bilden Kohlenstoffdioxid.

1 Stoffkreisläufe im Ökosystem Wald

In Ökosystemen geht kein Stoff verloren

Stoffkreisläufe

Kohlenstoff, Sauerstoff und Mineralstoffe bewegen sich in Stoffkreisläufen.

> In Stoffkreisläufen geht kein Stoff verloren. Die Stoffe werden weitergegeben und dabei in andere Formen umgewandelt.

Bild 1 zeigt die Rolle, die die Produzenten, Konsumenten und Destruenten in diesen Kreisläufen einnehmen. Außerdem kannst du damit auch den Aufbau und den Abbau der Biomasse nachvollziehen.

Der Kohlenstoffkreislauf

Die Tiere atmen Kohlenstoffdioxid aus. Mithilfe der Fotosynthese speichern die Pflanzen den Kohlenstoff aus dem Kohlenstoffdioxid. Sie nutzen ihn als Baustoff beim Wachsen. So bauen sie Biomasse auf. Die Pflanzen werden von Tieren gefressen. Auf diesem Weg gelangt der Kohlenstoff wieder in die Tiere. Sie nutzen den Kohlenstoff zur Energiegewinnung und zum Aufbau ihres Körpers. Ein Teil der Biomasse der Pflanzen wird so an die Tiere weitergegeben. Wenn die Tiere den Kohlenstoff bei der Atmung wieder als Kohlenstoffdioxid ausatmen, schließt sich der Kohlenstoffkreislauf.

Der Sauerstoffkreislauf

Beim Aufbau von Biomasse mithilfe der Fotosynthese nutzen die Pflanzen Kohlenstoffdioxid und Wasser. Dabei entsteht als Produkt auch Sauerstoff. Der Sauerstoff stellt für die Pflanzen ein Abfallprodukt dar. Sie geben ihn an die Luft ab.
Tiere atmen diesen Sauerstoff ein und nutzen ihn bei der Zellatmung zur Energiegewinnung. Als Abfallprodukt der Zellatmung entsteht wiederum Kohlenstoffdioxid. Kohlenstoffdioxid ist eine Verbindung aus Kohlenstoff und Sauerstoff.
Wenn die Tiere das Kohlenstoffdioxid ausatmen, geben sie also auch wieder Sauerstoff an die Luft ab. Der Sauerstoffkreislauf ist somit geschlossen.

Der Mineralstoffkreislauf

Die Pflanzen nehmen lebensnotwendige Mineralstoffe aus dem Boden auf und bauen diese in ihre Biomasse ein. Wenn Tiere die Pflanzen fressen, nehmen sie damit auch die Mineralstoffe auf und bauen sie in ihre eigenen Körper ein.
Sterben die Pflanzen oder die Tiere, bauen die Destruenten die Reste wieder ab. Dabei gelangen die Mineralstoffe wieder in den Boden. Der Kreislauf schließt sich.

1 Erkläre, wie der Kohlenstoff in die Tiere gelangt und in welcher Form er wieder abgegeben wird.

2 Nenne ein Abfallprodukt, das bei der Fotosynthese entsteht.

3 Pflanzen nehmen Mineralstoffe aus dem Boden auf. Erkläre, wie sie wieder in den Boden gelangen.

4 ▮▮ Begründe, warum grüne Pflanzen für alle Lebewesen lebensnotwendig sind.

5 ▮▮ Erläutere die Bedeutung der Sonne in Bild 1.

6 ▮▮ Eine Maus frisst in einem Wald Bucheckern. Erkläre, wieso sie damit Teil verschiedener Stoffkreisläufe ist.

A Bäume pflanzen für die Umwelt

Unter dem Motto **#Einheitsbuddeln** hat das Bundesland Schleswig-Holstein zum Pflanzen von Bäumen aufgerufen. Anlässlich der Feierlichkeiten zum 3. Oktober sollte dazu jeder Deutsche einen Baum pflanzen. Die Bäume werden unter anderem deshalb gepflanzt, weil laut der Veranstalter „Aufforstungen eines der wirksamsten Mittel gegen den Klimawandel überhaupt und einer der entscheidenden Schlüssel zum Erreichen der Klimaziele sind".

1 Aktion „Einheitsbuddeln"

Neben der Aktion „Einheitsbuddeln" (→ Bild 1) gibt es jedes Jahr viele weitere Aufrufe zu ähnlichen Baumpflanzaktionen.
Das Ziel dabei ist, dass gerodete Wälder wieder aufgeforstet werden. Damit soll überschüssiges Kohlenstoffdioxid aus der Atmosphäre in den Bäumen gebunden werden.

1 Nenne zwei Gründe, warum laut der Veranstalter in Deutschland Bäume gepflanzt werden müssen.

2 Bewerte den Nutzen von Baumpflanzaktionen.

3 Nenne Argumente, die für die aktive Teilnahme an einer Baumpflanzaktion sprechen.

4 **a)** Recherchiere weitere Projekte, die es in Deutschland und weltweit zur Wiederaufforstung von Wäldern gibt.
b) Präsentiere deine Ergebnisse.

B Das Holz und die Biomasse

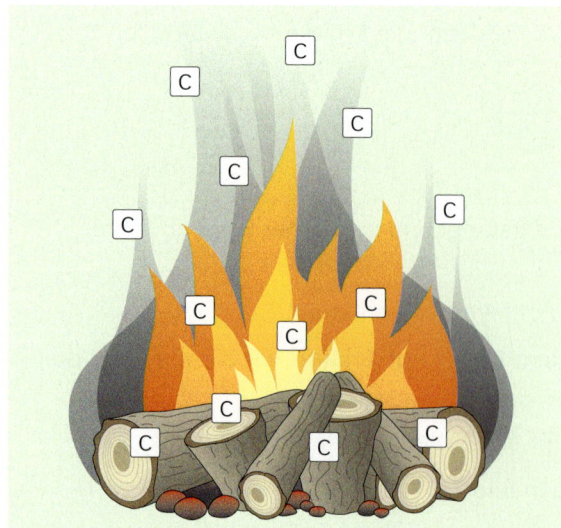

2 Ein Lagerfeuer

Beim Verbrennen von Holz wird der Kohlenstoff aus der Biomasse des Baumes wieder frei.
Der Kohlenstoff wird als Kohlenstoffdioxid an die Luft abgegeben. Zu viel Kohlenstoffdioxid in der Luft trägt zur Klimaerwärmung bei.

1 Erkläre, was mit dem Kohlenstoffdioxid geschieht, das beim Verbrennen frei wird.

> **Starthilfe zu 1:**
> Nutze Bild 1 auf der Basisseite. Überlege, wie das freie Kohlenstoffdioxid genutzt wird.

2 **‖ a)** Recherchiere, wodurch der Anteil an Kohlenstoffdioxid in unserer Luft steigt.
‖ b) Erkläre auch den Zusammenhang zwischen Kohlenstoffdioxid und der Klimaerwärmung.

● ● ● **FORSCHEN UND ENTDECKEN**

Ⓐ Nachweis von Kohlenstoff in Biomasse

Mit diesem Versuch kannst du Kohlenstoff in Biomasse nachweisen.

> Wird die Stoffprobe beim Versuch schwarz, ist in dem getesteten Stoff Kohlenstoff und damit Biomasse enthalten.

Material: Schutzbrille, feuerfeste Reagenzgläser, Reagenzglasständer, Reagenzglashalter, Gasbrenner, feuerfeste Unterlage, Stoffproben (z. B. Laubblätter, Sand, Wasser, Eiklar, Holzstückchen, Salz, Getreidekörner, Nudeln)

3 Materialien für den Versuch

Durchführung:

Schritt 1: Fülle die Reagenzgläser mit jeweils einer Stoffprobe ca. 0,5 cm. Stelle die Reagenzgläser in den Reagenzglasständer.

Schritt 2: Halte jeweils ein Reagenzglas mit der Stoffprobe mithilfe des Reagenzglashalters schräg in die Flamme des Gasbrenners (→ Bild 4).
Wichtig: Achte dabei darauf, dass die Öffnung des Reagenzglases nicht in deine Richtung oder in Richtung einer Mitschülerin oder eines Mitschülers zeigt.

Schritt 3: Erhitze die Stoffproben vorsichtig, bis sich die Stoffproben nicht mehr verändern.

Schritt 4: Erstelle zur Auswertung des Versuchs eine Tabelle wie in Bild 5.

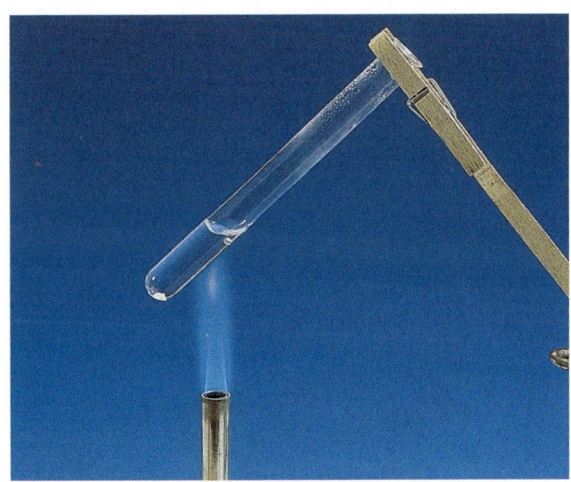

4 Versuchsdurchführung

① Bestimme, in welchen Stoffproben Kohlenstoff und damit Biomasse enthalten ist.

② ▮▮ Erkläre, was mit dem Kohlenstoff in der Stoffprobe passiert ist, wenn diese schwarz geworden ist.

Starthilfe zu 2:
Nutze dazu den Text zum Verbrennen von Holz in Material B auf der gegenüberliegenden Seite.

Stoffprobe	Beobachtung	Kohlenstoff enthalten	Biomasse enthalten
Holz	färbt sich dunkelbraun bis schwarz	ja	ja
...	...	...	...

5 Beobachtungsprotokoll

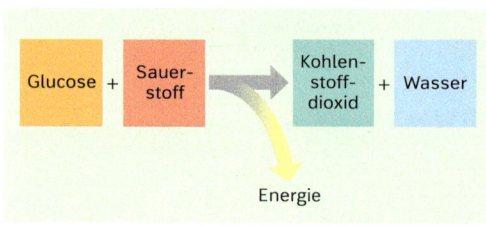

1 Energie aus der Sonne

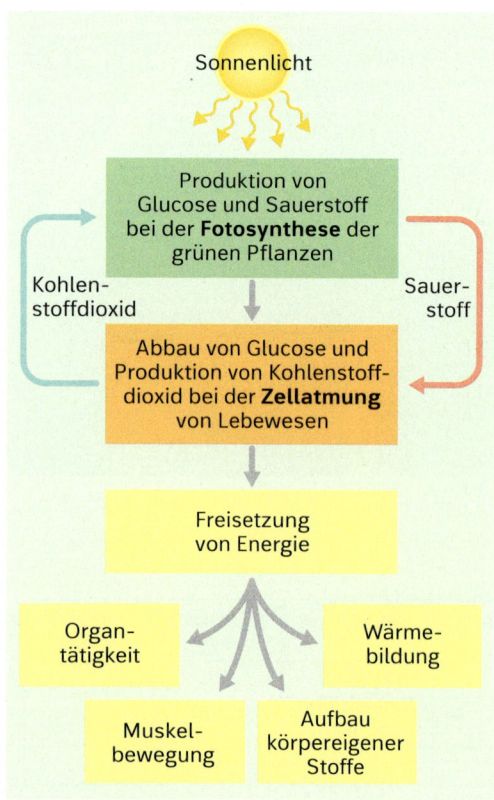

2 Zellatmung

Lebewesen benötigen Energie

Glucose als Grundstoff

Bei der Fotosynthese stellen Pflanzen mithilfe der Energie aus der Sonne Sauerstoff und energiereiche Glucose her. Etwa die Hälfte der Glucose nutzen Pflanzen für ihr Wachstum. Sie bilden aus Glucose Biomasse beispielsweise in Form von **Cellulose**. Diese ist der Hauptbestandteil pflanzlicher Zellwände. Holz besteht etwa zur Hälfte aus Cellulose. Cellulose ist auch der Grundstoff, aus dem Papier hergestellt wird.

Wie Pflanzen Energie gewinnen

Die andere Hälfte der Glucose verwenden die Pflanzen zur Energiegewinnung für ihren eigenen Stoffwechsel. Zur Energiegewinnung wird Glucose in den Pflanzenzellen mithilfe von Sauerstoff zu Kohlenstoffdioxid und Wasser abgebaut (→ Bild 2). Dieser Vorgang findet in den Mitochondrien statt. Die in der Glucose gespeicherte Energie des Sonnenlichts wird dabei wieder frei und für die Pflanzen verfügbar. Der Vorgang wird als **Zellatmung** bezeichnet.

Wie Menschen und Tiere Energie gewinnen

Auch Menschen und Tiere gewinnen die Energie für ihre Lebensvorgänge durch Zellatmung. Sie können jedoch die dafür notwenige Glucose nicht selbst herstellen. Deshalb müssen Menschen und Tiere Nahrung zu sich nehmen, die Glucose enthält. Der für die Zellatmung notwenige Sauerstoff wird der Luft entnommen. Das bei der Zellatmung freiwerdende Kohlenstoffdioxid atmen alle Lebewesen aus. Pflanzen nutzen das Kohlenstoffdioxid wieder für die Fotosynthese.

3 Fotosynthese und Zellatmung

Energie für Pflanzenfresser

Ein Ökosystem erhält die gesamte benötigte Energie als Lichtenergie von der Sonne. Die Pflanzen speichern diese Energie über die Fotosynthese. Sie wird dann über Nahrungsketten weitergegeben. Pflanzenfressende Tiere sind **Konsumenten 1. Ordnung**. Sie benötigen einen Großteil ihrer aufgenommenen Energie für ihre eigenen Lebensvorgänge wie beispielsweise die Tätigkeit der Muskeln. Dabei geben sie auch Wärme an die Umgebung ab. Nur etwa 10 % der von den Pflanzenfressern aufgenommenen Energie wird in ihrer Biomasse gebunden.

Energie für Fleischfresser

Fleischfresser sind **Konsumenten 2. Ordnung**. Sie fressen die Pflanzenfresser. Von der ursprünglich in den Pflanzen gebunden Energie steht den Konsumenten 2. Ordnung nur noch etwa 10 % zur Verfügung. Von diesem Rest benötigen auch sie wieder 90 % für ihre Lebensvorgänge. Dabei entsteht wieder Wärme.
Die Konsumenten 2. Ordnung werden von größeren Fleischfressern der 3. Ordnung gefressen. Solche Tiere werden als **Endkonsumenten** bezeichnet. Diesen Tieren steht nur noch etwa 1 % der ursprünglich vorhandenen Energie zur Verfügung.
Die Biomasse und auch die Anzahl der Lebewesen nehmen von Stufe zu Stufe der Nahrungspyramide nach oben ab.

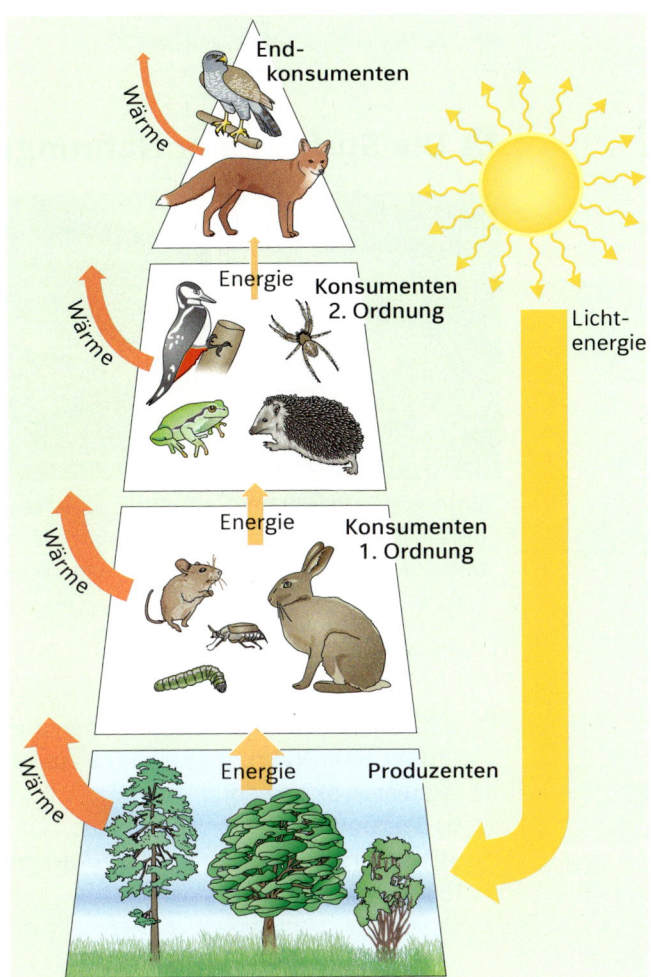

4 Nahrungspyramide mit Energiefluss

> Die Energie für alle Lebewesen muss über die Sonne ständig zugeführt werden.
> Die Energie fließt nur in einer Richtung.

---

1 Erkläre, woher Pflanzen ihre Energie erhalten und wofür sie diese verwenden.

2 Erkläre, woher Tiere und Menschen ihre Energie erhalten und wofür sie diese verwenden.

3 Beschreibe den Vorgang der Zellatmung.

4 ▮▮ Nahrungsbeziehungen lassen sich in einer Nahrungspyramide darstellen. Nenne für jede Stufe drei Lebewesen aus dem Ökosystem Wald.

5 ▮▮ Erkläre den Zusammenhang zwischen Fotosynthese und Zellatmung.

Starthilfe zu 5:
Nimm Bild 3 zu Hilfe.

6 ▮▮ Begründe, warum Energie in Ökosystemen ständig neu zugeführt werden muss.

A Die Stufen einer Nahrungspyramide

A Brennnesseln und andere Kräuter betreiben Fotosynthese.

B Grasfrösche fressen Wirbellose wie Würmer, Fliegen oder Insekten.

C Füchse fressen Mäuse, Insekten, Vögel, Hasen, Beeren, Früchte

D Waldmäuse fressen Beeren, Nüsse, Samen, Knospen.

1 Unterschiedliche Lebewesen im Wald

1 a) Ordne die einzelnen Lebewesen den Stufen einer Nahrungspyramide zu. Fertige dazu eine Skizze an.
b) Begründe, warum sich manche Lebewesen unterschiedlichen Stufen zuordnen lassen.

2 Begründe, warum auch reine Fleischfresser wie der Mäusebussard auf die Pflanzen angewiesen sind.

3 ‖ a) Beurteile, auf welcher Stufe der Nahrungspyramide es die meisten Lebewesen gibt.
‖ b) Erkläre, warum die Anzahl der Lebewesen von Stufe zu Stufe nach oben abnimmt.

B Ohne Fotosynthese keine Zellatmung

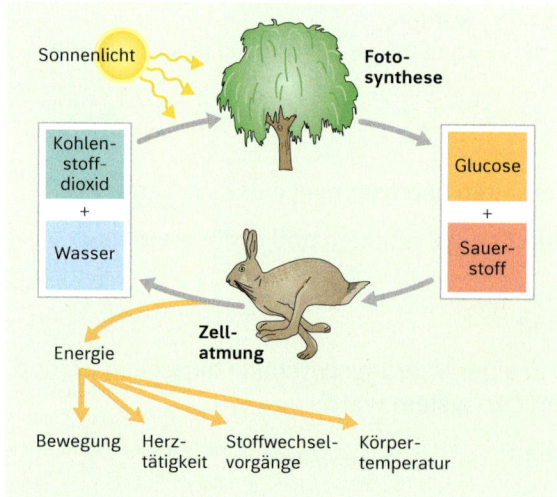

2 Fotosynthese und Zellatmung

1 a) Nenne mithilfe von Bild 2 die Stoffe, die zur Fotosynthese gebraucht werden und erkläre, woher sie kommen.
b) Nenne die Produkte, die bei der Fotosynthese entstehen.

2 a) Nenne mithilfe von Bild 2 die Stoffe, die zur Zellatmung gebraucht werden und erkläre, woher sie kommen.
b) Nenne die Produkte, die bei der Zellatmung entstehen.

3 Erkläre, warum die Fotosynthese und die Zellatmung zwei sich ergänzende Vorgänge sind.

Im Winter sparen Tiere und Pflanzen Energie

3 Kahler Baum

4 Siebenschläfer im Winterschlaf

Laubbäume im Winter

Im Winter reicht das Licht für die Fotosynthese der Pflanzen nicht mehr aus. Außerdem können die Pflanzen aus dem gefrorenen Boden nicht mehr genügend Wasser aufnehmen. Laubbäume bauen deshalb im Herbst das Chlorophyll aus den Blättern ab und speichern es in der Wurzel, im Stamm und in den Ästen. Die noch vorhandene energiereiche Glucose wird in Form von Stärke ebenfalls in den Wurzeln gespeichert. Schließlich werfen die Bäume die nun nutzlos gewordenen Blätter ab.

Im Frühjahr treiben aus den Knospen mithilfe der gespeicherten Energie neue Blätter aus. Wenn Pflanzen nur noch eingeschränkt Fotosynthese betreiben können, verschlechtert sich auch die Nahrungsgrundlage für Pflanzenfresser und damit für alle Tiere auf den nachfolgenden Stufen der Nahrungspyramide.

Tiere im Winter

Für viele Tierarten gibt es im Winter nicht mehr genügend pflanzliche oder tierische Nahrung. Je kälter es wird, umso mehr Energie wird dazu benötigt, die Körperfunktionen sowie die Körpertemperatur aufrecht zu erhalten. Dies gilt besonders für Säugetiere, da sie unabhängig von der Umgebungstemperatur immer gleichwarm sind.

Deshalb fallen im Winter viele Säugetiere in einen Energiesparmodus. Sie fahren ihren Stoffwechsel herunter und halten Winterschlaf oder Winterruhe. Winteraktive Tiere fressen sich eine Fettschicht zur Energieversorgung an. Diese Fettschicht ist überlebenswichtig, da die winteraktiven Tiere in der kalten Jahreszeit nur wenig Nahrung finden.

1 Begründe, warum Laubbäume im Winter keine Fotosynthese mehr betreiben können.

2 Begründe, warum manche Tiere wie der Siebenschläfer im Winter in einen Energiesparmodus fallen.

3 Erkläre, warum eine niedrige Außentemperatur für Säugetiere ein Problem ist.

1 Spaziergang im Wald

2 Holzproduktion

3 Schutzfunktion

Funktionen des Waldes

Lebensraum

Ein naturnaher Mischwald ist ein Lebensraum für viele Tiere, Pflanzen und Pilze. Der Erhalt von Wäldern ist deshalb besonders wichtig. Försterinnen und Förster kümmern sich um den Pflanzenbestand der Wälder. Jägerinnen und Jäger sorgen dafür, dass sich Tiere wie Wildschweine nicht zu stark vermehren.

Erholung

Viele Menschen gehen in ihrer Freizeit gern in den Wald. Einige treiben dort Sport, andere gehen spazieren. Manche Menschen beobachten Tiere. Dabei atmen sie die frische, saubere Luft. In stadtnahen Wäldern nutzen viele Menschen den Wald. Deshalb müssen alle aufeinander Rücksicht nehmen.

Holzproduktion

Der Wald ist ein wichtiger Rohstofflieferant. Holz ist ein nachwachsender Rohstoff. Viele Gegenstände des täglichen Lebens wie Möbel bestehen aus Holz. Holz ist auch ein wichtiger Baustoff. Er wird für Dachkonstruktionen, Treppen oder Böden verwendet. Außerdem wird Holz als Brennstoff und zur Papierherstellung genutzt.

Schutzfunktion

Wälder halten mit den Wurzeln der Pflanzen den Boden fest. So verhindern sie den Abtrag von Erde durch Wasser oder Wind. Bergwälder schützen Siedlungen in den Tälern vor Lawinen aus Schlamm oder Geröll. Außerdem halten die Baumstämme Schneemassen fest, so dass keine Schneelawinen entstehen. Entlang von Eisenbahnlinien oder Autobahnen schützen Bäume die Anwohner vor Lärm und Feinstaub. Häufig werden Büsche und Bäume auch als Windschutz angepflanzt.

Wasserspeicher

Am Waldboden speichern Humus und Moose die Niederschläge. Das Wasser versickert deshalb nur langsam und wird dabei gefiltert. Ein Teil des Wassers gelangt in das Grundwasser und steht Menschen und Tieren für die Wasserversorgung zur Verfügung. Einen anderen Teil des Wassers nehmen Pflanzen über ihre Wurzeln wieder auf. Bei der Verdunstung über die Laubblätter geben die Pflanzen das Wasser wieder an die Luft ab und feuchten sie an.

Kohlenstoffspeicher

Zur Fotosynthese benötigen Pflanzen Kohlenstoffdioxid. Pflanzen wie Bäume bauen den Kohlenstoff aus dem Kohlenstoffdioxid beim Wachsen in ihre Biomasse ein, zum Beispiel in Holz. Wenn Pflanzen wachsen, entziehen sie der Erdatmosphäre auf diese Weise Kohlenstoff. Kohlenstoffdioxid ist ein Gas, das zur Erwärmung der Erdatmosphäre beiträgt. Je weniger Kohlenstoffdioxid in der Luft ist, desto weniger wird die Erdatmosphäre aufgeheizt.

Klimaverbesserung

Über Städten steigt warme Luft auf, die Staub und Abgase enthält. In der Höhe kühlt die Luft ab. Sie strömt in das Umland und sinkt wieder ab. Wenn sich dort ein Wald befindet, werden Staub und Abgase von den Bäumen aus der Luft gefiltert. Außerdem wird die Luft angefeuchtet. Die kühle, feuchte Luft strömt dann wieder in die Stadt zurück. So tragen Wälder zur Luftverbesserung in Städten bei.

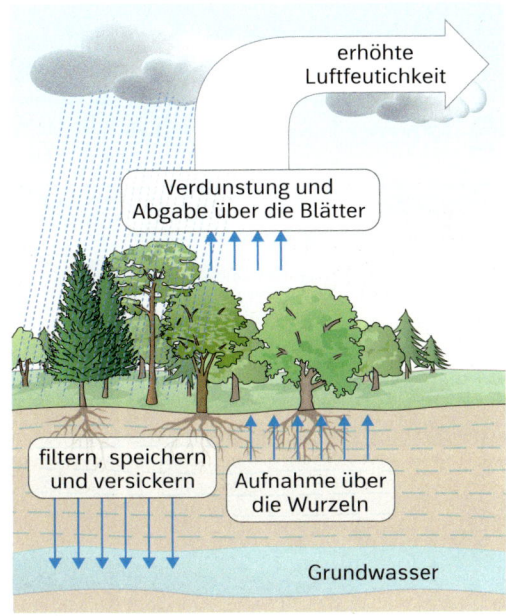

4 Wasserspeicher

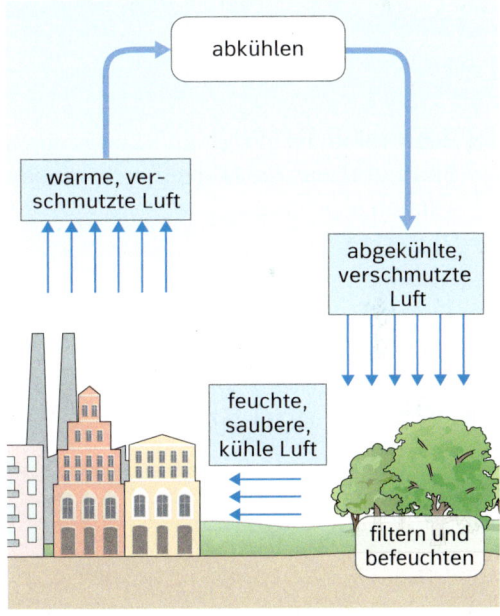

5 Klimaverbesserung

① **a)** Nenne die Funktionen des Waldes.
   b) Beschreibe zwei der Funktionen genauer.

② Begründe, warum es wichtig ist, dass Menschen im Wald besonders rücksichtsvoll mit der Natur und mit anderen Menschen umgehen.

③ ▎▎ Nenne drei Beispiele, wie Wälder Menschen vor Gefahren oder Wettereinflüssen schützen können.

④ ▎▎ Erkläre, warum Wälder als Kohlenstoffspeicher bezeichnet werden.

Ⓐ Menschen im Wald

1 Situationen im Wald

1 Beschreibe die einzelnen Situationen in Bild 1 und was die Menschen in diesen Situationen jeweils tun.

2 a) Bewerte das Verhalten der Menschen.
b) Mache Verbesserungsvorschläge, wenn du denkst, dass das Verhalten nicht in Ordnung ist. Begründe deine Aussagen mit den Funktionen des Waldes.

Ⓑ Wälder und Städte

2 Waldlandschaften

Die beiden Bilder zeigen Landschaften, bei denen jeweils eine Funktion des Waldes besonders im Vordergrund steht.

1 Beschreibe die Landschaften.

2 a) Nenne die Funktion des Waldes, die jeweils im Vordergrund steht.
b) Beschreibe, was passieren könnte, wenn die Wälder nicht mehr da wären.

« METHODE

Expertendiskussion

Ein Thema - viele Meinungen
Das Fahren mit dem Mountainbike ist sehr beliebt. In einem Waldgebiet in der Nähe einer Großstadt soll ein Trail eingerichtet werden. Viele Menschen sind dafür, andere sind dagegen. Nach einer öffentlichen Expertendiskussion will die Stadtverwaltung entscheiden, ob der Trail eingerichtet werden soll.

3 Trail ja oder nein?

So könnt ihr vorgehen:
- Das Problem wird formuliert.
- Die Interessengruppen werden festgelegt. Jeweils 2 – 3 Schülerinnen und Schüler teilen sich den einzelnen Positionen zu. Die anderen sind Zuhörer.
- In Gruppen werden Argumente zu den einzelnen Positionen gesammelt und auf Karten geschrieben.
- In jeder Gruppe wird eine Sprecherin oder ein Sprecher als Expertin oder Experte bestimmt.
- Alle Expertinnen und Experten tragen in der Diskussion ihre Argumente vor. Dabei gehen sie auch auf die Argumente der anderen Gruppen ein.
- Eine Diskussionsleiterin oder ein Diskussionsleiter achtet darauf, dass die Gesprächsregeln eingehalten werden. Vielleicht lassen sich Kompromisse finden.
- Die Zuhörerinnen und Zuhörer entscheiden am Ende über die Lösung des Problems. Außerdem geben sie den Expertinnen und Experten Rückmeldung zu ihrem Diskussionsverhalten.

In einer **Expertendiskussion** bringen die unterschiedlichen Interessengruppen ihre Argumente vor.
Eine Expertendiskussion zu einem Thema, zu dem es unterschiedliche Meinungen gibt, kann in einem Rollenspiel geübt werden.

4 Experten stellen die Argumente vor.

Für die Rückmeldung können folgende Fragen helfen:
- Welche Rolle hat mich am meisten, wer hat mich am wenigsten überzeugt?
- Welche Argumente waren für mich besonders wichtig?
- Wer hat dazu beigetragen, einen Kompromiss zu finden?

1 Bereitet eine Expertendiskussion zu folgendem Thema vor: Soll im Waldgebiet neben unserem Wohnort ein Mountainbike-Trail eingerichtet werden?

2 Führt die Expertendiskussion durch.

3 Wertet die Expertendiskussion aus.

1 Fichten werden braun und verlieren ihre Nadeln.

Der Wald ist in Gefahr

Der Wald in Deutschland

Etwa ein Drittel der Fläche Deutschlands besteht aus Wald. Die häufigsten Baumarten sind die Nadelbäume Fichte und Kiefer, und die Laubbäume Buche und Eiche. Ein Spaziergang durch den Wald zeigt, dass in den Kronen vieler Laubbäume schon im Sommer Blätter vertrocknen. Bei Nadelbäumen werden die Nadeln gelb oder fallen teilweise ganz ab. Nur etwa jeder vierte Baum in unseren Wäldern ist gesund.

2 Buchen verlieren im Sommer die Blätter.

Luftschadstoffe

Häufige Ursachen für Waldschäden sind Luftschadstoffe wie Stickstoffoxide oder Schwefeldioxid aus Verkehr, Industrie, Landwirtschaft und Haushalten. Die Luftschadstoffe bilden zusammen mit Niederschlägen und Wasserdampf in der Luft giftige Säuren.

Schäden an Blättern und Nadeln

Die Säuren greifen die Blätter und Nadeln der Bäume an. Die Spaltöffnungen können sich dann nicht mehr richtig schließen. Dadurch verdunsten die Bäume mehr Wasser, als sie aus dem Boden aufnehmen können. Die Blätter und Nadeln werden langsam braun und vertrocknen.

Schäden an den Wurzeln

Wenn die Schadstoffe mit dem Wasser in den Boden kommen, sterben die feinen Wurzeln der Bäume ab. Betroffene Bäume können dann nur noch wenig Wasser mit Mineralstoffen aufnehmen. Viele Bodenlebewesen sterben. Die Bildung von Humus wird gestört.

Wetter und Klima

Forscher haben festgestellt, dass sich das Klima auf der Erde in den letzten Jahrzehnten stark verändert hat. Es ist sehr schnell immer wärmer geworden. Dieser Klimawandel wird durch die Lebensweise von uns Menschen erheblich verstärkt. Wir verbrennen Kohle oder Erdöl, um Energie zu gewinnen. Dabei entstehen Gase wie Kohlenstoffdioxid. Solche Gase verursachen Klimaveränderungen.

Durch die Erderwärmung kommt es immer häufiger zu extremen Wetterereignissen wie langen, trockenen Sommern, Starkregen oder Orkanen. Wenn Bäume bereits durch Luftschadstoffe geschädigt sind, können solche extremen Wetterlagen dem Wald zusätzlich Schaden zufügen.

3 Sturmschäden

Schäden durch Insekten

In Wäldern, die durch Trockenheit oder Stürme geschädigt sind, können Insekten große Schäden anrichten. Der Fichtenborkenkäfer lebt zum Beispiel unter der Rinde von Fichten. Er kann sich in geschwächten Bäumen in einem reinen Fichtenwald stark vermehren. Der Käfer hat dort nur wenige Fressfeinde wie Buntspechte oder Fledermäuse. Stark befallene Bäume sterben ab.

Hilfe für den Wald

Die Reduzierung von Luftschadstoffen und die Begrenzung der Erderwärmung sind wichtige Ziele, um Wälder gesund zu erhalten. Eine Maßnahme dazu ist beispielsweise, durch unsere Lebensweise weniger Erdöl und Kohle zu verbrauchen.

4 Fichtenborkenkäfer

---

1 **a)** Nenne Beispiele für Luftschadstoffe, die Bäume schädigen.
b) Beschreibe, wie sich die Schadstoffe auf die Funktion der Blätter, Nadeln und Wurzeln auswirken.

2 **a)** Beschreibe, wie sich der Klimawandel auf Wälder auswirkt.
b) Erkläre, wie es zu einem Massenbefall von Fichtenborkenkäfern kommen kann.

3 ▌▌ Nenne Merkmale geschädigter Bäume.

4 ▌▌ Erkläre, warum ein geschädigter Baum die Blätter oder Nadeln abwirft.

»

A Monokultur oder Mischwald?

1 Verschiedene Wälder

Die beiden Bilder zeigen zwei verschiedene Waldarten. In einer **Monokultur** wie einem Fichtenwald gibt es nur schnellwachsende Fichten. Solche Wälder wurden früher angepflanzt, um nach einigen Jahren möglichst einfach viel Holz ernten zu können.

In einem **Buchenmischwald** wachsen unterschiedliche Baumarten. Die Bäume sind unterschiedlich alt. Solche Wälder sind ein Lebensraum für viele Tiere und Pflanzen. Die Baumarten sind an ihren Standort angepasst. Damit sind Buchenmischwälder besser gegen extreme Umwelteinflüsse geschützt.

1 Ordne die beiden Bilder den beiden Waldarten zu.

2 Beschreibe die beiden unterschiedlichen Waldtypen.

3 Beurteile, in welcher Waldart sich Waldschädlinge wie der Fichtenborkenkäfer besser vermehren können.

4 Begründe, warum eine der beiden Waldarten besser gegen extreme Umwelteinflüsse geschützt ist.

B Gesund oder geschädigt?

2 Zweige einer Buche: **A** gesund, **B** geschädigt

Die Bilder 2 A und 2 B zeigen zwei verschiedene Buchenzweige.

1 Beschreibe mithilfe der beiden Abbildungen die Unterschiede zwischen gesunden und geschädigten Zweigen einer Buche.

2 ‖ Stelle eine Vermutung auf, warum die Blätter der geschädigten Buche braun werden. Begründe deine Vermutung.

ÜBEN UND ANWENDEN

C Nachhaltige Waldbewirtschaftung

Neben der Reduktion von Luftschadstoffen ist für das Überleben unserer Wälder eine nachhaltige Bewirtschaftung notwendig. Das Konzept der Nachhaltigkeit bedeutet, dass wir bei allem was wir tun, die langfristigen Folgen mitbedenken müssen. Auch unsere Kinder und Enkelkinder wollen in Zukunft in einer unzerstörten Umwelt leben.

3 Nachhaltigkeit

Totholz und Holzabfall bleiben im Wald und dienen Tieren als Nahrung und Lebensraum.

Bäume werden einzeln geerntet, wenn sie dick genug sind.

Wenn möglichst viele gleiche Bäume einer Art gleichzeitig gepflanzt werden, können sie nach einigen Jahren gleichzeitig geerntet werden. Damit spart man Zeit.

In Wäldern sollen möglichst viele verschiedene Baumarten angepflanzt werden

In Wäldern sollen möglichst wenig verschiedene Baumarten angepflanzt werden.

Die Bäume im Wald müssen gut an ihren Standort angepasst sein. So sollen zum Beispiel an trockenen Standorten möglichst Bäume angepflanzt werden, die Trockenheit vertragen.

Um naturnahe Wälder zu erhalten, sollen Wälder als Naturschutzgebiete ausgewiesen werden.

Um Wälder besser bewirtschaften zu können, sollen möglichst breite Wege für den Holztransport angelegt werden.

Im Wald sollen möglichst keine chemischen Pflanzenschutzmittel oder Düngemittel angewendet werden.

Beim Kauf von Möbeln aus Holz sollte darauf geachtet werden, dass das Holz möglichst aus nachhaltiger Waldwirtschaft stammt.

1 **a)** Bewerte die Aussagen im Hinblick darauf, ob sie zu einem nachhaltigen Umgang mit unseren Wäldern beitragen.
b) Mache Vorschläge für alternatives Handeln, wenn du eine Aussage für nicht nachhaltig hältst.

Auf einen Blick: Ökosystem Wald

Beziehungen im Ökosystem Wald

Der Wald ist ein Ökosystem. Ein Ökosystem besteht aus einem Lebensraum und einer Lebensgemeinschaft aus Pflanzen und Tieren. Abiotische Faktoren wie die Temperatur, die Niederschläge, die Lichtmenge oder die Bodenbeschaffenheit bestimmen die Lebensbedingungen in einem Lebensraum. Alle Lebewesen in einem Ökosystem sind über Nahrungsketten miteinander verbunden. Viele Nahrungsketten bilden ein Nahrungsnetz.

Funktionen des Waldes

Wälder sind für alle Lebewesen von großer Bedeutung. Sie sind beispielsweise Lebensräume für viele Pflanzen und Tiere. Wir Menschen nutzen Wälder zur Erholung und als Holzlieferant. Wälder produzieren Sauerstoff und helfen, das Klima zu verbessern.

Gefahren und Schutz für den Wald

Luftschadstoffe und die Klimaerwärmung zerstören die Wälder. Warme, trockene Sommer und heftige Stürme schaden den Bäumen. An geschädigten Bäumen können sich Insekten wie der Borkenkäfer massenhaft vermehren. Stark befallene Bäume sterben ab. Die Gefahren für den Wald werden von uns Menschen ausgelöst. Durch unsere Lebensweise können wir zum Schutz der Wälder beitragen. Dazu gehört zum Beispiel, seltener mit dem Auto zu fahren.

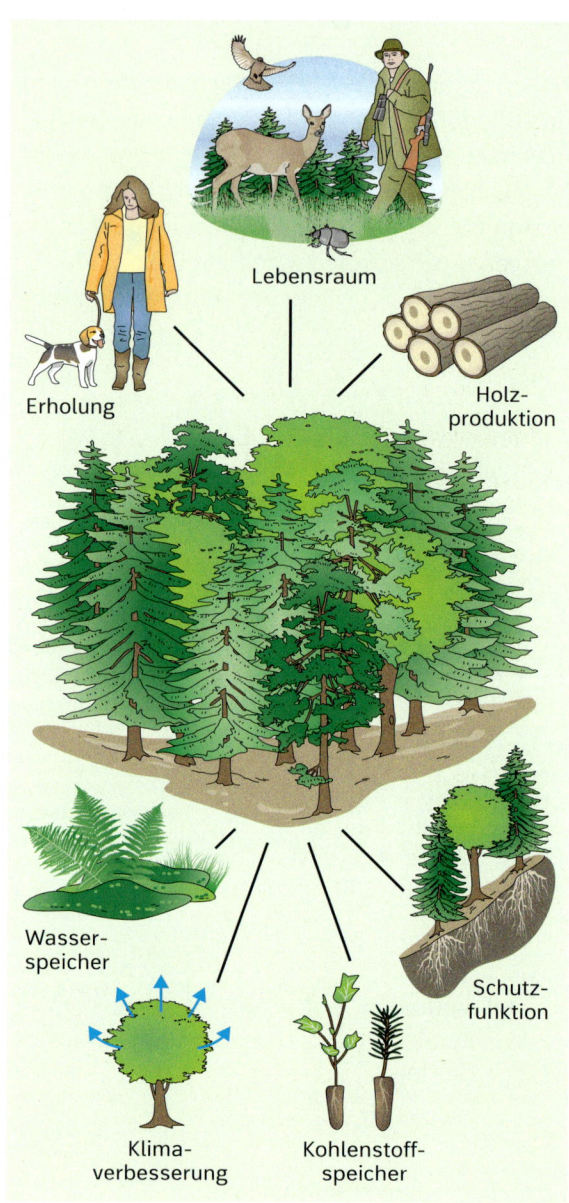

Lebensraum

Erholung

Holzproduktion

Wasserspeicher

Klimaverbesserung

Kohlenstoffspeicher

Schutzfunktion

WICHTIGE BEGRIFFE

- Ökosystem
- Lebensraum, Lebensgemeinschaft
- abiotische und biotische Faktoren

WICHTIGE BEGRIFFE

- Rohstoff Holz
- Kohlenstoffspeicher

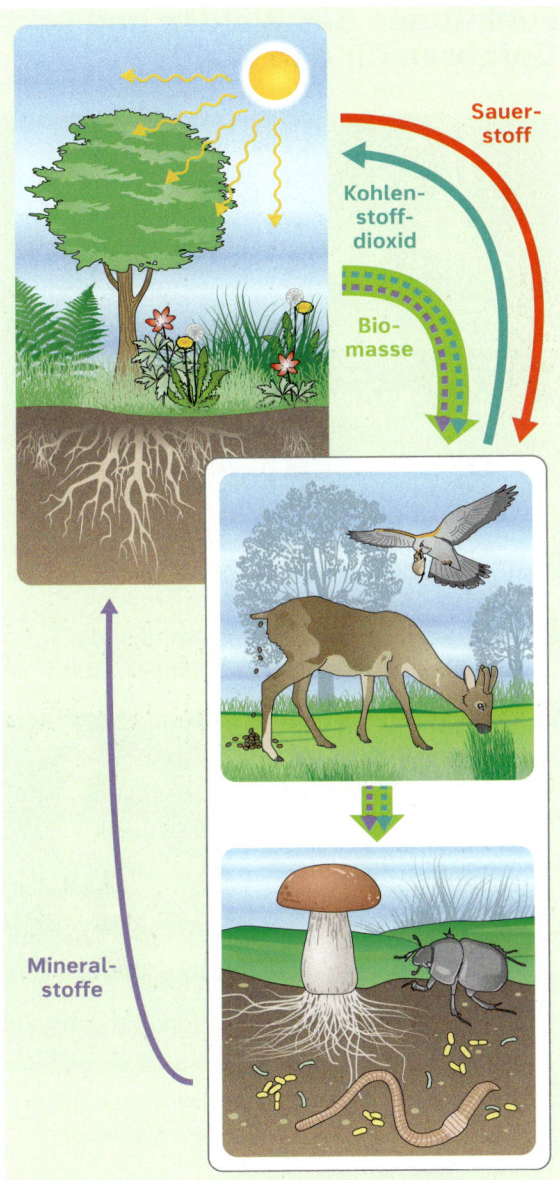

Pflanzenorgane und Fotosynthese

Pflanzen nehmen über ihre Wurzeln Wasser und Mineralstoffe aus dem Boden auf. Durch die Verdunstung gelangt das Wasser in dünnen Gefäßen im Spross zu allen Laubblättern.
In den Laubblättern betreiben Pflanzen Fotosynthese. Dabei produzieren sie in den Chloroplasten mithilfe der Sonnenenergie Glucose. Pflanzen werden deshalb Produzenten genannt.
Die Glucose wird zu allen Teilen einer Pflanze transportiert und dort genutzt. Für die Fotosynthese brauchen die Pflanzen Kohlenstoffdioxid. Neben der Glucose entsteht dabei auch Sauerstoff.

Stoffkreislauf und Energiefluss

Einen Teil der in der Glucose gespeicherten Energie nutzen die Pflanzen für ihre eigenen Lebensvorgänge. Aus dem anderen Teil bauen sie Biomasse auf. Die darin gespeicherte Energie und die Nährstoffe werden über Nahrungsketten weitergegeben. Tiere und Menschen werden deshalb Konsumenten genannt.
Bei der Nutzung der Biomasse durch Konsumenten entsteht Kohlenstoffdioxid. Bei der Zersetzung von Biomasse durch die Destruenten werden die Mineralstoffe wieder frei, die in der Biomasse enthalten waren.
So entstehen Stoffkreisläufe in Ökosystemen. Energie muss in Ökosystemen über die Sonne ständig neu hinzugeführt werden.

Auf einen Blick

WICHTIGE BEGRIFFE

- Pflanzenorgane, Wurzel, Spross, Laubblätter
- Fotosynthese, Chloroplast, Glucose

WICHTIGE BEGRIFFE

- Biomasse, Energie, Mineralstoffe
- Produzenten, Konsumenten, Destruenten
- Stoffkreislauf, Energiefluss

Lerncheck: Ökosystem Wald

Beziehungen im Ökosystem Wald

1 Ordne die folgenden Begriff nach abiotischen oder biotischen Faktoren: Wildschwein, Schnee, Buche, Bodenfeuchtigkeit, Reh, Hitze, Moos, Sand, Regenwurm, Farn.

2 Beschreibe, wozu du ein Luxmeter bei der Untersuchung eines Laubwaldes einsetzen würdest.

3 Erläutere am Beispiel des Waldes die Begriffe Lebensraum, Lebensgemeinschaft und Ökosystem.

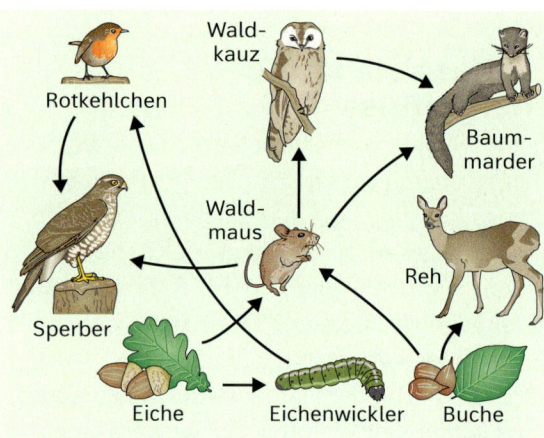

4 **a)** Schreibe aus dem Nahrungsnetz oben mindestens zwei mögliche Nahrungsketten heraus.
b) Kennzeichne in den Nahrungsketten die Produzenten mit P, die Konsumenten mit K und die Endkonsumenten mit EK.

Funktionen des Waldes und Gefahren für den Wald

5 Nenne die Funktionen des Waldes, die auf den Bildern oben jeweils zu sehen sind.

6 Das Bild zeigt einen Schaden an den Blättern eines Laubbaums.
a) Beschreibe den Schaden.
b) Erkläre, wodurch solche Schäden entstehen können.
c) Nenne mögliche Folgen für den Baum.

7 Nenne Beispiele dafür, wie wir durch unsere Lebensweise zum Schutz der Wälder beitragen können.

DU KANNST JETZT ...

- ... abiotische und biotische Faktoren beschreiben, die das Leben im Ökosystem Wald prägen.
- ... Nahrungsketten in einem Wald beschreiben und erläutern, wie diese zu einem Nahrungsnetzt verknüpft sind.

DU KANNST JETZT ...

- ... die Funktionen des Waldes beschreiben.
- ... Gefahren für den Wald beschreiben.
- ... Beispiele für Verhaltensweisen darstellen, die zum Schutz des Waldes beitragen.

Pflanzenorgane und Fotosynthese

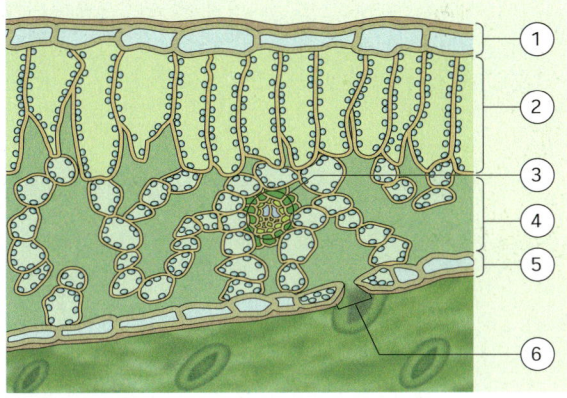

8 **a)** Benenne die mit Ziffern gekennzeichneten Teile eines Laublattes.
b) Beschreibe jeweils die Funktion.

9 Beschreibe die beiden Vorgänge, durch die das Wasser in Pflanzen von den Wurzeln zu allen Blättern gelangt.

10 **a)** Schreibe den Vorgang der Fotosynthese als Wortgleichung auf.
b) Benenne das Produkt, in dem die Energie der Sonne gespeichert ist.
c) Nenne weitere Stoffe, die Pflanzen aus diesem Produkt der Fotosynthese herstellen.
d) Erkläre, warum die Blätter grün aussehen.

DU KANNST JETZT ...

- ... Pflanzenorgane und ihre jeweilige Funktion beschreiben.
- ... den Stofftransport in Pflanzen erläutern.
- ... beschreiben, wie die Fotosynthese abläuft und welche Produkte dabei entstehen.

Stoffkreislauf und Energiefluss

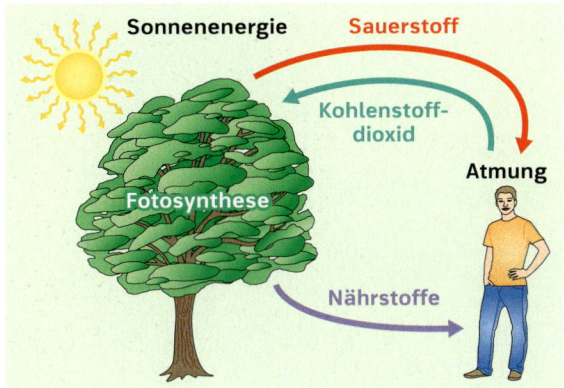

11 Stelle mithilfe des Bildes den Zusammenhang zwischen dem Kohlenstoffkreislauf und dem Sauerstoffkreislauf dar.

12 Der Weg der Energie in einem Ökosystem wird als „Einbahnstraße" bezeichnet.
a) Erläutere diese Aussage mithilfe der Abbildung.
b) Erkläre, warum Produzenten und Konsumenten in einer Pyramide angeordnet sind.

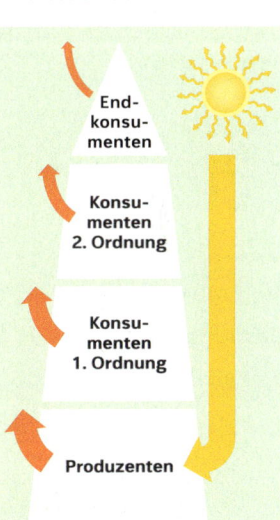

DU KANNST JETZT ...

- ... den Zusammenhang zwischen Kohlenstoffkreislauf und Sauerstoffkreislauf beschreiben.
- ... die Rolle von Produzenten, Konsumenten und Destruenten in den Stoffkreisläufen erläutern.
- ... den Energiefluss in einem Ökosystem beschreiben.

Lerncheck

Ökosysteme See und Stadt

Welche Beziehungen gibt es zwischen Lebewesen in einem See?

Warum leben Wildtiere in der Stadt?

Wie beeinflussen wir Menschen unsere heimischen Ökosysteme?

1 Ein Waldsee

Der See ist ein Ökosystem

Seen sind unterschiedlich

Ein naturbelassener **Waldsee** im Tiefland hat oft flache Ufer mit Schilf und Seerosen. Milde Temperaturen und genügend Mineralstoffe ermöglichen ein kräftiges Pflanzenwachstum. Hier finden Wasservögel und andere Tiere viel Nahrung.

Ein **Bergsee** mit steilen oder felsigen Ufern wirkt dagegen kahl. Es gibt kaum Pflanzen und das Wasser ist sehr klar. Die Temperaturen sind im Winter eisig und im Sommer kühl. Für das Pflanzenwachstum fehlen außerdem oft die Mineralstoffe. Hier finden nur wenige Tiere einen Lebensraum. Bachforellen allerdings bevorzugen das kalte, sauerstoffreiche Wasser.

2 Ein Bergsee

Lebensraum See

Welche Pflanzen und Tiere in einem See leben, hängt von den dort vorherrschenden Bedingungen ab. Dazu gehören beispielsweise die Temperaturen in den verschiedenen Jahreszeiten. Zudem beeinflussen der Wind, der Boden und die Form der Ufer, welche Pflanzen dort wachsen können. Pflanzen sind bei der Fotosynthese auf Licht angewiesen. Licht fehlt in zu großer Wassertiefe oder bei zu trübem Wasser. Der Mineralstoffgehalt des Wassers wirkt als „Dünger" für das Pflanzenwachstum. Für die Atmung der Tiere ist der Sauerstoffgehalt des Wassers ausschlaggebend. An der Wasseroberfläche und dort, wo Wasserpflanzen Fotosynthese betreiben, ist der Sauerstoffgehalt hoch. Kaltes Wasser kann außerdem mehr Sauerstoff lösen als warmes Wasser.

> Diese Einflüsse der unbelebten Natur, die **abiotischen Faktoren,** bestimmen einen Lebensraum.
> In jedem Lebensraum können nur die Pflanzen und Tiere leben, die an diese Faktoren angepasst sind.

Lebensgemeinschaften im See

Das Ufer, das freie Wasser und der Boden sind verschiedene Lebensräume in einem See. Hier bilden sich unterschiedliche Lebensgemeinschaften von Pflanzen und Tieren aus. Diese Lebensgemeinschaften sind durch die Wechselwirkungen zwischen den Lebewesen gekennzeichnet.

> Die Einflüsse der Lebewesen aufeinander heißen **biotische Faktoren.**

In den **Uferzonen** ist das Wasser flach. Hier wachsen Schilf und Rohrkolben. Teichrohrsänger bauen ihre Nester zwischen den Schilfstängeln. Der Hecht findet zwischen den Stängeln Deckung. Er jagt kleine Fische. Im **freien Wasser** schwimmen Haubentaucher. Sie tauchen mehrere Meter tief nach kleinen Fischen.
Am **Boden** leben Würmer und Muscheln. Der Wels spürt sie in dunkler Tiefe mit seinen Tastorganen, den Barteln, auf.

Ökosystem See

Die verschiedenen Lebensräume mit ihren besonderen Lebensgemeinschaften bilden zusammen das **Ökosystem** See.
Jede Pflanzenart und jede Tierart ist an bestimmte abiotische und biotische Faktoren angepasst. Alle diese Faktoren bilden die **ökologische Nische** dieser Art. Jede Art nutzt eine etwas andere ökologische Nische. So können viele Arten nebeneinander leben, ohne sich **Konkurrenz** zu machen.

3 Schilf mit dem Nest eines Teichrohrsängers

4 Haubentaucher

5 Europäischer Wels mit Barteln

1 **a)** Nenne abiotische Faktoren, die einen Bergsee von einem Waldsee unterscheiden.
  b) Erkläre, warum am Ufer eines Bergsees nur wenige Pflanzen wachsen.

2 Beschreibe eine Lebensgemeinschaft im Uferbereich eines Waldsees. Beschreibe dabei auch biotische Faktoren in dieser Lebensgemeinschaft.

3 ‖ Nenne zwei abiotische Faktoren, die die Uferzone eines Waldsees kennzeichnen.

4 ‖ Erkläre, welche unterschiedlichen Lebensräume Hecht und Wels nutzen.

5 ‖ Beschreibe, wie der Teichrohrsänger einen biotischen Faktor für seine Fortpflanzung nutzt.

Ⓐ Was lebt in einem Teich oder einem See?

1 Gewässeruntersuchung

Material: Kescher oder Küchensieb, flache Kunststoffschale, Schnappgläser, Lupe, Stereolupe, Bestimmungsbuch oder Bestimmungs-App, Smartphone, Zeichenmaterial

> **ACHTUNG**
> Haltet gefangene Wassertiere immer im Wasser. Die Tiere dürfen nicht lange in der Sonne stehen. Setzt die Tiere nach kurzer Zeit in den See zurück.

Durchführung:

Schritt 1: Erstellt eine Übersichtszeichnung von dem See oder Teich. Tragt dort ein:
- Uferformen wie Sandstrand, sumpfiges Ufer, Steilufer usw.
– Hauptpflanzenzonen (→ Basisseite)
– Besonderheiten wie Stege, Müll am Ufer oder anderes

Schritt 2: Fotografiert die Pflanzenzonen. Fotografiert oder zeichnet einzelne Pflanzen und Tiere. Notiert, wo ihr die Tiere beobachtet habt.

Schritt 3: Fischt mit dem Kescher oder Sieb kleine Tiere aus dem Wasser. Zieht den Kescher vorsichtig durch das Wasser oder über den Boden. Wirbelt dabei nicht zu viel Schlamm auf und beschädigt keine Pflanzen.

Schritt 4: Leert den Kescher vorsichtig in die mit Wasser gefüllte Schale aus. Gebt einzelne Tiere zur Beobachtung in ein Schnappglas.

Schritt 5: Findet die Namen einiger Tierarten und Pflanzenarten heraus.

① Vergleicht und präsentiert eure Ergebnisse.

Ⓑ Wie verhalten sich Wassertiere?

2 Ein Wasserläufer

Material: Smartphone, Behälter mit Abdeckung

Durchführung:

Beobachtet Wassertiere und filmt sie mit der Handykamera. Ihr könnt die Tiere dazu auch in ein Glas oder in ein kleines Aquarium setzen. Achtet zum Beispiel auf die Fortbewegung, auf das Fluchtverhalten oder die Nahrungsaufnahme.

① Sprecht zu euren Kurzvideos später Texte ein, die das Verhalten der Tiere erläutern.

ÜBEN UND ANWENDEN

A Abiotische Faktoren in einem See

Wichtige Umweltfaktoren in einem See hängen von der Wassertiefe ab.

1 Beschreibe, wie sich Lichtmenge, Temperatur und Sauerstoffgehalt mit zunehmender Wassertiefe verändern.

2 ❚ **a)** Erkläre die Möglichkeiten für die Fotosynthese und für das Pflanzenwachstum in unterschiedlichen Wassertiefen.
❚ **b)** Erkläre Möglichkeiten für die Atmung von Fischen in unterschiedlichen Wassertiefen.

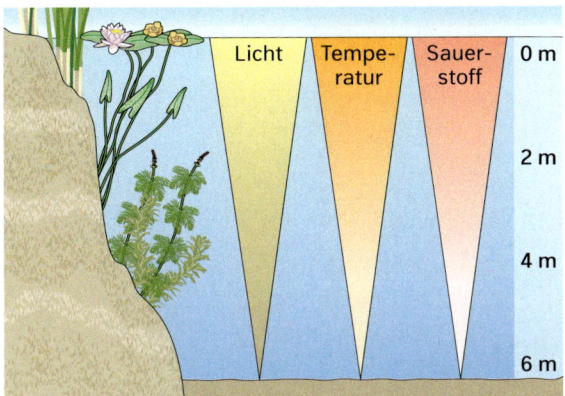

3 Abiotische Faktoren im See

B Wasservögel nutzen verschiedene ökologische Nischen

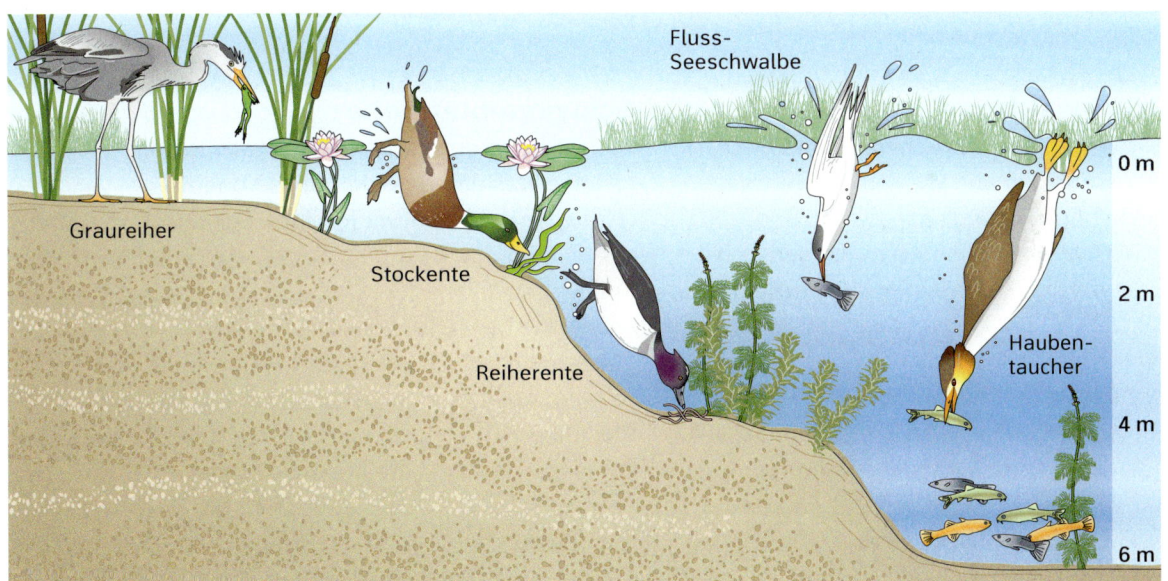

4 Vögel im See

Verschiedene Vögel leben im Ökosystem See, ohne sich Konkurrenz zu machen.

1 **a)** Nenne die Bereiche des Sees, auf die die Wasservögel spezialisiert sind.
b) Nenne Beispiele für die Nahrung der Vögel in Bild 4.

2 Erkläre, warum sich die Vögel bei ihrer Nahrungssuche im See keine Konkurrenz machen.

3 ❚ Erkläre den Begriff der ökologischen Nische in Bezug auf die Ernährung der Vögel im See.

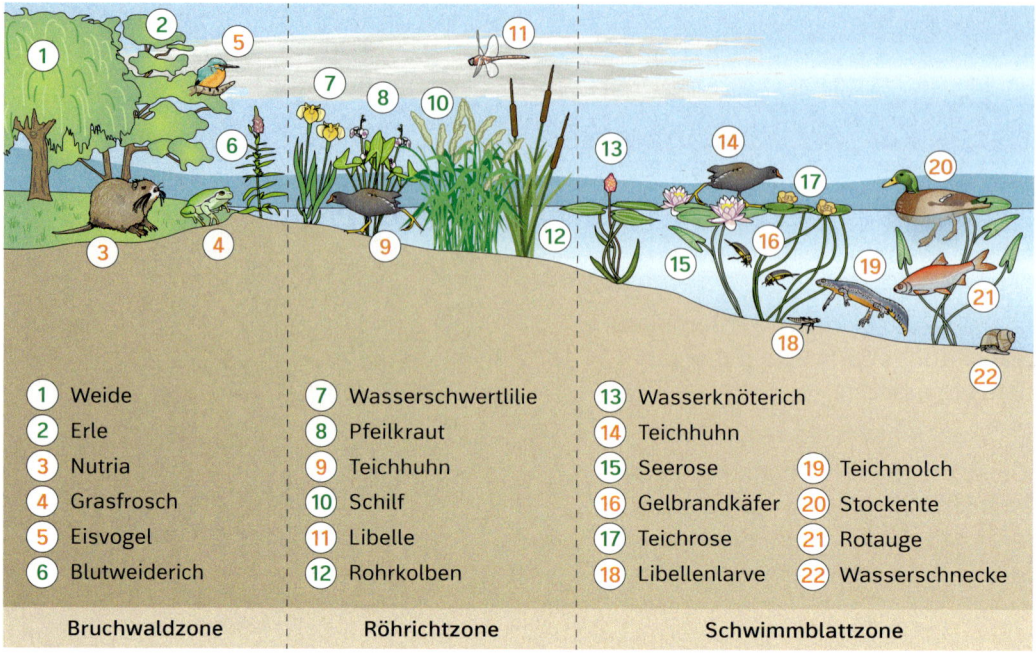

1 Gewässerzonen im See: Bruchwaldzone, Röhrichtzone und Schwimmblattzone

In the figure, the legend lists:

Bruchwaldzone column:
1 Weide
2 Erle
3 Nutria
4 Grasfrosch
5 Eisvogel
6 Blutweiderich

Röhrichtzone column:
7 Wasserschwertlilie
8 Pfeilkraut
9 Teichhuhn
10 Schilf
11 Libelle
12 Rohrkolben

Schwimmblattzone column:
13 Wasserknöterich
14 Teichhuhn
15 Seerose
16 Gelbrandkäfer
17 Teichrose
18 Libellenlarve
19 Teichmolch
20 Stockente
21 Rotauge
22 Wasserschnecke

Pflanzen und Tiere am und im See

Bruchwaldzone

In der sumpfigen **Bruchwaldzone** am Ufer wachsen Erlen und Weiden. Sie vertragen einen hohen Grundwasserstand und gelegentliche Überschwemmungen. Grasfrösche finden hier geeignete Laichplätze. Eisvögel nutzen über das Wasser hängende Zweige als Ansitz. Zum Wasser hin wächst der rot blühende Blutweiderich. Die Nutria baut im Uferbereich ihre Schilfnester. Das große Nagetier stammt ursprünglich aus Südamerika. Es ist bei uns aber inzwischen weit verbreitet.

Röhrichtzone

Im flachen Wasser bilden Schilf, Rohrkolben und andere Pflanzen die **Röhricht-zone**. Hier wächst auch das Pfeilkraut mit seinen pfeilförmigen Blättern. Gelb blühende Wasserschwertlilien locken Insekten an. Libellen paaren sich und legen ihre Eier ins Wasser ab. Viele Vögel wie das Teichhuhn bauen im dichten Röhricht ihre Nester.

Schwimmblattzone

In der **Schwimmblattzone** ist das Wasser schon etwas tiefer. An der Wasseroberfläche liegen große Schwimmblätter. Seerosen blühen weiß-violett, Teichrosen blühen gelb. Auch der Wasserknöterich mit seinen kleinen rosa Blüten wächst hier. Luftgefüllte Hohlräume halten die Schwimmblätter an der Wasseroberfläche. Sie nutzen die direkte Sonneneinstrahlung zur Fotosynthese. Meterlange, biegsame Stängel verbinden die Blätter und Blüten mit den Wurzeln. Die Wurzeln bilden kräftige Erdstängel, die die Pflanzen im schlammigen Untergrund verankern. In der Schwimmblattzone finden viele Tiere Nahrung. Die großen Gelbrandkäfer erbeuten hier Teichmolche, Insektenlarven und Jungfische. Fische wie Rotaugen ernähren sich von Pflanzenteilen, Plankton, kleinen Insekten und Schnecken. Stockenten schwimmen zwischen Seerosenblättern und fressen Wasserpflanzen.

2 Gewässerzonen im See: Tauchblattzone, Tiefalgenzone, Freiwasserzone und Bodenzone

Tauchblattzone und Tiefalgenzone

Wasserpest und Laichkraut wachsen untergetaucht in der **Tauchblattzone.** Die Pflanzen nutzen das ins Wasser eindringende Sonnenlicht. Der Gasaustausch und die Aufnahme von Mineralstoffen erfolgt direkt aus dem Wasser über die schmalen Blätter. Reiherenten tauchen nach Muscheln und Schnecken.

Mit zunehmender Wassertiefe nimmt die Lichtmenge ab. In der **Tiefalgenzone** klarer Seen wachsen Armleuchteralgen. Fische und Schnecken weiden Wasserpflanzen ab. Teichmuscheln filtrieren Kleinstlebewesen aus dem Wasser.

Freiwasserzone und Bodenzone

Im freien Wasser schweben mikroskopisch kleine Lebewesen. Sie werden als **Plankton** bezeichnet. Dazu gehören kleine Algen und blaugrüne Bakterien. Sie betreiben Fotosynthese. Im Plankton leben auch tierische Einzeller wie beispielsweise Wimperntierchen und Rädertiere.

Am **Boden** im tiefen Wasser ist es häufig zu dunkel für ein Pflanzenwachstum. Von oben sinkt abgestorbenes Plankton nach unten. Wenn Sauerstoff fehlt, bildet sich **Faulschlamm.** An diese besonderen Bedingungen sind einige Bakterien und Würmer angepasst.

1 **a)** Erstelle eine Tabelle zu den Pflanzenzonen eines Sees. Ergänze die Wassertiefen sowie vorkommende Pflanzen und Tiere.
b) Begründe, warum sich Tiere nicht immer nur einer Zone zuordnen lassen.

Starthilfe zu 1a:

	Wassertiefe in m	Pflanzen	Tiere
Bruchwald	0	Erlen…	Nutria
Röhricht	1,5	…	…

2 Beschreibe Angepasstheiten der Seerosen an ihren Lebensraum.

3 ▌▌ Beschreibe an zwei Beispielen, wie Tiere die Schwimmblattzone nutzen.

4 ▌▌▌ Erkläre, wie Lichtmenge und Sauerstoffgehalt das Leben in der Freiwasserzone und in der Bodenzone beeinflussen.

A Libellen sind Flugkünstler

1 Blaugrüne Mosaikjungfer

Die Blaugrüne Mosaikjungfer lässt sich in den Sommermonaten häufig beobachten. Diese Großlibellen leben einen Sommer lang. Sie sind wahre Flugkünstler. Sie jagen Insekten im Flug. Bei der Paarung bilden Männchen und Weibchen ein Paarungsrad. Danach legt das Weibchen mit einem Legestachel Eier in Pflanzenteile dicht über dem Wasser. Aus den Eiern schlüpfen flügellose Larven. Die Libellenlarven leben räuberisch unter Wasser. Sie fressen Würmer, Kaulquappen und Jungfische. Sie häuten sich mehrfach. Am Ende ihrer zweijährigen Entwicklung klettert die Larve aus dem Wasser. Wenige Stunden später schlüpft die voll entwickelte Libelle.

1 **a)** Gib den Bildern 1 A bis D treffende Titel.
b) Ordne die vier Bilder zu einem Entwicklungskreislauf.

2 **III a)** Beschreibe die beiden Lebenräume von der Larve und dem voll entwickelten Insekt.
III b) Entscheide, wo die Libelle länger lebt.

B Angepasstheiten von Wasserpflanzen

2 Wasserhahnenfuß mit Schwimmblättern und Tauchblättern

Der Wasserhahnenfuß wächst in der Schwimmblattzone von Seen und langsam fließenden Gewässern. An ein und derselben Pflanze wachsen Schwimmblätter und unter Wasser auch anders geformte Tauchblätter.

1 **a)** Beschreibe die unterschiedlichen Blattformen des Wasserhahnenfußes.
b) Erkläre die Vorteile, die diese Blattformen als Angepasstheiten an den Lebensraum haben.

2 **III** Schwimmblätter haben Spaltöffnungen nur an der Blattoberseite, Tauchblätter haben gar keine Spaltöffnungen. Erkläre, warum dies sinnvoll ist.

C Atmen mit allen Tricks

3 Wassertiere müssen atmen.

Wasserskorpion
Diese Wasserwanze legt zwei lange Fortsätze an ihrem Hinterleib zu einer Röhre zusammen. Diese streckt sie aus dem Wasser und holt damit Luft.

Kleinlibellenlarve
Am Hinterleib hat sie drei blattförmige Ausstülpungen. Mit diesen Kiemen nimmt die Larve Sauerstoff aus dem Wasser auf.

Wasserspinne
Sie spinnt unter Wasser ein dichtes Netz. Mit ihren acht Beinen und einer ruckartigen Bewegung transportiert sie Luftblasen in ihre Taucherglocke.

Ruderwanze
Sie lebt meist am Gewässergrund. Ab und zu taucht sie auf. Nach einem Luftsprung bleibt Luft in ihrem Haarpelz hängen.

Stechmückenlarven
Die winzigen Larven der Stechmücken hängen zu Hunderten unter der Wasseroberfläche und strecken ihre Atemröhren am Hinterteil in die Luft.

Rückenschwimmer
Diese Wanze schwimmt auch unter Wasser immer mit dem Bauch nach oben, da sie dort Luftbläschen zwischen feinen Härchen mitnimmt.

1 Ordne die sechs Beschreibungen den Bildern A bis F zu.

2 Ordne die Atmung der Tiere nach den Prinzipien: Luftvorrat mitnehmen, Schnorchel, Kiemen.

3 ▌▌ Eines der Tiere ist kein Insekt. Nenne das Tier und begründe deine Entscheidung.

Nahrungs- beziehungen im See

Algen im Plankton

wird gefressen von

Wasserflöhe

wird gefressen von

Libellenlarve

wird gefressen von

Rotauge

wird gefressen von

Hecht

1 Eine Nahrungskette im See

Pflanzen sind Produzenten

Pflanzen wie Seerosen, Wasserpest oder mikroskopisch kleine Algen bilden die Nahrungsgrundlage für die Lebewesen im See. Pflanzen beziehen ihre Energie zum Leben aus dem Sonnenlicht. Bei der Fotosynthese produzieren sie mithilfe der Sonnenenergie Glucose und andere energiereiche Nährstoffe. Dazu brauchen sie Kohlenstoffdioxid. Sie geben Sauerstoff ins Wasser ab. Um zu wachsen nehmen die Pflanzen zusätzlich Mineralstoffe aus dem Wasser auf. Pflanzen heißen Erzeuger oder auch **Produzenten,** weil sie bei der Fotosynthese energiereiche Nährstoffe produzieren.

Tiere sind Konsumenten

Tiere ernähren sich von Pflanzen oder anderen Tieren. Sie sind Verbraucher und werden **Konsumenten** genannt. Beim Abbau von Nährstoffen erhalten sie die Energie für ihre Lebensvorgänge. Bei der Atmung nehmen die Konsumenten Sauerstoff auf und bauen Nährstoffe zu Kohlenstoffdioxid und Wasser ab. Beim Abbau werden auch Mineralstoffe frei. Diese werden mit den Ausscheidungen ins Wasser abgegeben.
Die Tiere nehmen die Nährstoffe und die Mineralstoffe aus den Pflanzen und Tieren auf, die sie fressen. Sie verwenden diese Stoffe auch um selbst zu wachsen.

Nahrungsketten im See

Nährstoffe, die die Pflanzen produzieren, werden in vielen **Nahrungsketten** weitergegeben. Zum Beispiel werden Algen von Wasserflöhen gefressen. Wasserflöhe werden von Libellenlarven gefressen. Diese werden von Rotaugen gefressen. Rotaugen werden von Hechten gefressen. Da große Hechte keine Fressfeinde haben, sind sie die **Endkonsumenten** dieser Nahrungskette.

2 Ein Nahrungsnetz im See

Nahrungsnetz im See

Rotaugen fressen nicht nur Libellenlarven, sondern auch Kaulquappen oder Schlammschnecken. Rotaugen werden nicht nur von Hechten, sondern auch von Graureihern gefressen. So gibt es viele verzweigte Nahrungsketten in einem See. Sie bilden zusammen ein **Nahrungsnetz.**

Destruenten zersetzen Reste

Sterben Pflanzen oder Tiere, wird das tote Material von Muscheln, anderen kleinen Tieren und Bakterien zersetzt. Diese Zersetzer heißen auch **Destruenten.** Destruenten beziehen ihre Energie aus dem Abbau der Nährstoffe. Dabei bleiben Mineralstoffe übrig, die den Pflanzen wieder für ihr Wachstum zur Verfügung stehen.

Stoffkreisläufe

Produzenten brauchen für die Fotosynthese Kohlenstoffdioxid und bilden Sauerstoff. Konsumenten und Destruenten brauchen zur Atmung Sauerstoff und bilden Kohlenstoffdioxid. So entsteht ein Kreislauf. Auch die Mineralstoffe befinden sich in einem Kreislauf. Aus dem Wasser gelangen sie in die Pflanzen, dann weiter zu den Tieren und über die Destruenten wieder ins Wasser.

Energiefluss

Energie wird in einer Nahrungskette von Lebewesen zu Lebewesen weitergegeben (→ Bild 1). Den größten Teil der aufgenommenen Nahrungsenergie nutzt das Lebewesen für sich. Daher wird immer nur wenig Nahrungsenergie an das nächste Lebewesen weitergegeben.

1. **a)** Nenne je zwei Beispiele für Produzenten, Konsumenten und Destruenten.
   b) Erkläre, woher diese Lebewesen die Energie für ihre Lebensvorgänge erhalten.

2. **a)** Erstelle mithilfe von Bild 2 zwei Nahrungsketten.
   b) Erkläre, warum Nahrungsketten immer mit Pflanzen oder Algen beginnen.
   c) Erkläre den Begriff Nahrungsnetz.

3. Erkläre die Bedeutung der Destruenten für den Mineralstoffkreislauf im See.

4. ▌▌ Benenne Nahrung und Fressfeinde von Rotaugen.

5. ▌▌ **a)** Beschreibe den Energiefluss in einer Nahrungskette.
   ▌▌ **b)** Erkläre, warum ein Hecht etwa 10 kg Rotaugen fressen muss, um 1 kg zuzunehmen.

Ⓐ Stoffkreisläufe im See

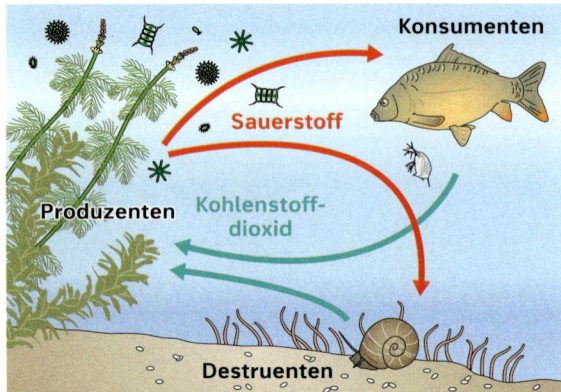

1 Kreislauf von Sauerstoff und Kohlenstoffdioxid

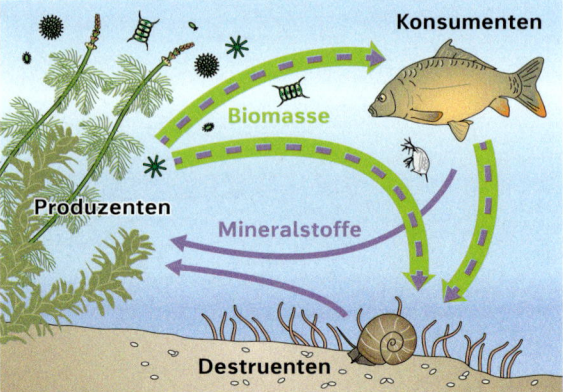

2 Kreislauf der Mineralstoffe

Produzenten brauchen Sonnenlicht, Konsumenten und Destruenten können überall leben. Die verschiedenen Stoffe befinden sich daher nicht überall in gleichen Mengen im Wasser.

① **a)** Beschreibe die beiden Stoffkreisläufe, die in Bild 1 und Bild 2 gezeigt sind.
b) Gib an, wo sich Sauerstoff und Kohlenstoffdioxid befinden.

c) Gib an, wo sich die Mineralstoffe befinden, die die Produzenten aufnehmen und wo sich die Mineralstoffe befinden, die Konsumenten und Destruenten aufnehmen.

② ▌▌ **a)** Erkläre, warum sich Sauerstoff eher in den oberen Wasserschichten, Kohlenstoffdioxid vermehrt in den unteren befindet.
▌▌ **b)** Begründe, warum Algen manchmal unter Mineralstoffmangel leiden.

Ⓑ Plankton

Im Sommer entwickelt sich im Seewasser ein reiches Leben mit teilweise mikroskopisch kleinen Organismen. Sie schwimmen und schweben im Wasser und bilden das Plankton. Viele Algen des Planktons haben Formen, die das Schweben im Wasser erleichtern. Andere schwimmen mit Geißeln.

① **a)** Erkläre, warum es für Algen im Plankton wichtig ist, das Herabsinken im Wasser möglichst lange Zeit hinauszuzögern.
b) Stelle eine Vermutung auf, ob dies auch für Tiere des Planktons von Bedeutung ist, und begründe deine Vermutung.

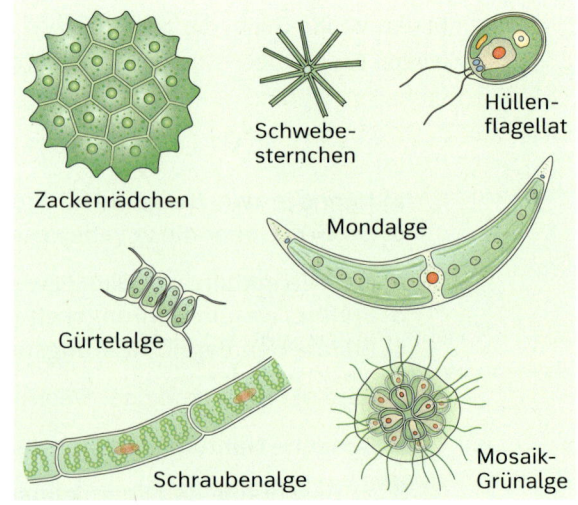

3 Algen des Planktons

● ● ● ÜBEN UND ANWENDEN

C Nahrungspyramide und Energiefluss im See

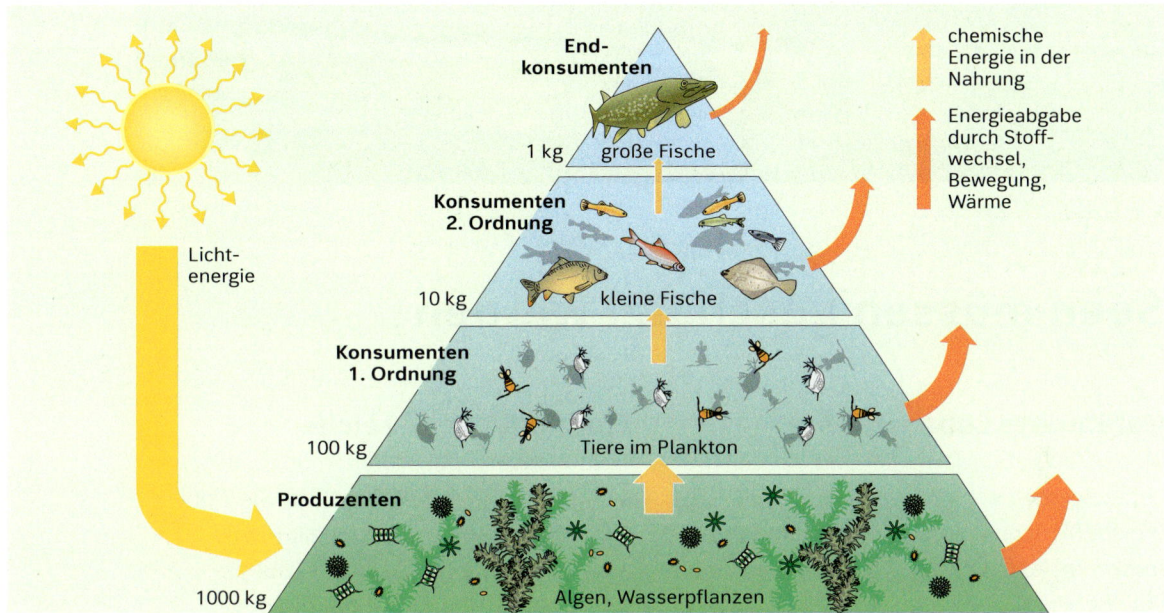

4 Nahrungspyramide und Energiefluss

Die Nahrungspyramide

Bild 4 zeigt eine Nahrungspyramide in einem See. Ganz unten befindet sich die große Masse der Produzenten. Darüber sind die Pflanzenfresser, die Konsumenten 1. Ordnung. Dann kommen die Konsumenten 2. Ordnung, die Tiere fressen. An der Spitze der Nahrungspyramide stehen die Endkonsumenten.
Die Biomasse nimmt von Stufe zu Stufe etwa auf ein Zehntel ab. Das hängt damit zusammen, dass für die Konsumenten höherer Ordnung immer weniger Nahrungsenergie zur Verfügung steht.

Der Energiefluss

In Bild 4 zeigen die farbigen Pfeile den Energiefluss im Ökosystem.
Das Ökosystem erhält seine gesamte Energie als Lichtenergie von der Sonne. Produzenten binden die Lichtenergie durch die Fotosynthese und stellen energiereiche Nährstoffe her. Beim Fressen wird die chemische Energie an die Konsumenten der folgenden Stufe weitergegeben. Ein Teil der Energie wird von den Lebewesen jeder Stufe aber an die Umwelt abgegeben. Dies geschieht durch den Stoffwechsel, die Bewegung und die Wärmeabgabe der Lebewesen.

1 Beschreibe die Nahrungsbeziehungen, die in Bild 4 dargestellt sind.

2 Beschreibe den Energiefluss im Ökosystem See. Gliedere deine Beschreibung durch die Farben der Pfeile.

3 Erkläre, was die unterschiedliche Breite der Pfeile in Bild 4 darstellen soll.

4 ▌▌ Erkläre, warum die Biomasse von Stufe zu Stufe abnimmt.

5 ▌▌ Erkläre, warum die Tiere in der Nahrungskette von Stufe zu Stufe größer werden, ihre Anzahl aber abnimmt.

6 ▌▌▌ Mit Krebsen und kleinen Fischen lassen sich mehr Menschen ernähren als mit der Fischerei nur großer Fische. Erkläre dies.

1 Freizeit am See

Seen müssen geschützt werden

Gefährdete Lebensräume

Menschen gefährden Seen und ihre Lebensgemeinschaften auf vielfältige Weise. Manche kleinere Gewässer werden trocken gelegt, wenn dort gebaut werden soll. Bei größeren Seen sind die Uferzonen im Bereich der Städte oft durch Mauern und Bootsanleger befestigt. Rasenflächen und Spazierwege grenzen oftmals direkt ans Wasser. Natürliche Uferzonen fehlen dort. Dadurch kann starker Wellenschlag am Ufer entstehen. Dieser kann Boden wegschwemmen und den Uferverlauf ändern. Viele Seen werden für Freizeitaktivitäten genutzt. Boote stören Wasservögel und Fische. Im Sommer sorgen Badegäste für Unruhe. Wenn sie noch Müll hinterlassen, werden Ufer und Wasser verschmutzt.

Empfindliche Bereiche

Viele Wasservögel brüten in ungestörten, dicht bewachsenen Uferzonen. Sie ziehen dort ihre Küken auf. Auch viele Fische, Amphibien und Insekten sind auf geschützte Flächen wie Röhrichte oder Bruchwälder angewiesen.

Wasserqualität

Aus falsch verstandener Tierliebe füttern manche Menschen Wasservögel. Sie locken viele Stockenten und Gänse an. Nicht gefressenes Futter und der Vogelkot belasten das Wasser.
Abwässer aus Haushalten und Industrie werden heute durch Kläranlagen weitgehend gereinigt. Allerdings wird die Wasserqualität durch Dünger und Pestizide aus der Landwirtschaft verschlechtert.

2 Seeufer in der Stadt

3 Seen und Landwirtschaft

4 Umkippen eines Sees: **A** Überdüngung, **B** Algenblüte, **C** Fischsterben

Wie kann ein See umkippen?

Werden Wiesen und Felder in der Landwirtschaft zu stark gedüngt, schwemmt der Regen den Dünger weg. Er kann das Grundwasser belasten. Der Dünger gelangt aber auch in Bäche, Flüsse und Seen. Dort führt der Dünger zu starkem Algenwachstum, vor allem in den warmen und sonnigen Sommermonaten. Es kommt dann zu einer so genannten **Algenblüte** vor allem von Blaualgen. Dies sind eigentlich keine Pflanzen, sondern blaugrüne Bakterien. Sie bilden dichte Massen und können Giftstoffe ausscheiden. Das trübe Wasser lässt kaum noch Licht durch. Die Produzenten sterben ab. Die Destruenten vermehren sich, verbrauchen den Sauerstoff und schaffen es dennoch nicht, die Biomasse zu zersetzen. Diese sinkt nach unten und führt zu Fäulnis. **Fäulnisbakterien** bilden stinkende Faulgase. Fische und andere Wassertiere sterben. Man sagt: „Der See ist umgekippt".

Gewässer schützen

Das Problem der Überdüngung von Gewässern ist noch nicht ausreichend gelöst. Aber die Lebensbedingungen in vielen Gewässern konnten durch den Natur- und Umweltschutz deutlich verbessert werden. In den letzten Jahrzehnten lassen sich wieder mehr Eisvögel beobachten und Biber breiten sich wieder aus. Das zeigt, dass sich Umweltschutz lohnt. Heute müssen bei Bauprojekten und Verkehrsprojekten ökologische Richtlinien beachtet werden. Freizeitaktivitäten werden eingeschränkt. Motorboote sind auf vielen Gewässern verboten. Paddler und Surfer dürfen nicht in Schwimmblattzonen oder Röhrichte fahren. Das Baden ist nur in begrenzten Bereichen erlaubt. Angler müssen sich an Schonzeiten für Fische halten. So können die verschiedenen Interessen der Menschen mit dem Naturschutz in Einklang gebracht werden.

1. Betrachte die Bilder 1 bis 4. Beschreibe für jedes Bild, welche Beeinträchtigungen für das Ökosystem See dort erkennbar sind.

2. **a)** Erkläre, warum gerade die Uferzonen wie Röhrichte besonderen Schutz brauchen.
   b) Beschreibe zwei Maßnahmen zum Schutz von Uferzonen.

3. Erstelle ein Flussdiagramm, das den Ablauf beim Umkippen eines Sees darstellt.

   Starthilfe zu 3:
   Nutze folgende Stichworte:
   Gülle ausbringen · Fische sterben · Algenblüte · Sonne und Wärme · Sauerstoffmangel · Destruenten vermehren sich · Fäulnis

4. Beurteile das Füttern von Enten aus ökologischer Sicht.

5. Teiche und Seen werden manchmal zur Fischzucht genutzt. Finde Argumente für und gegen eine solche Nutzung. Diskutiert in der Klasse darüber.

ÜBEN UND ANWENDEN

A Gezielt schützen

	J	F	M	A	M	J	J	A	S	O	N	D
Brasse												
Hecht												
Rotfeder												
Bläss-huhn												
Krick-ente												
Wasser-frosch												
Kammmolch												

1 Störungsempfindliche Zeiten bei Wassertieren

2 Nest eines Blässhuhns

Fische, Amphibien und Wasservögel reagieren in der Fortpflanzungszeit besonders empfindlich auf Störungen. Der Wassersport sollte auf diese Zeiten besondere Rücksicht nehmen.

1 **a)** Nenne die Monate, in denen sich viele Wassertiere fortpflanzen.
b) Entwickelt in Arbeitsgruppen sinnvolle Regeln für Wassersportler auf einem See. Diskutiert eure Vorschläge.
c) Entwerft ein Hinweisschild mit Verhaltensregeln für Wassersportler.

B Umweltfaktoren im See ändern sich

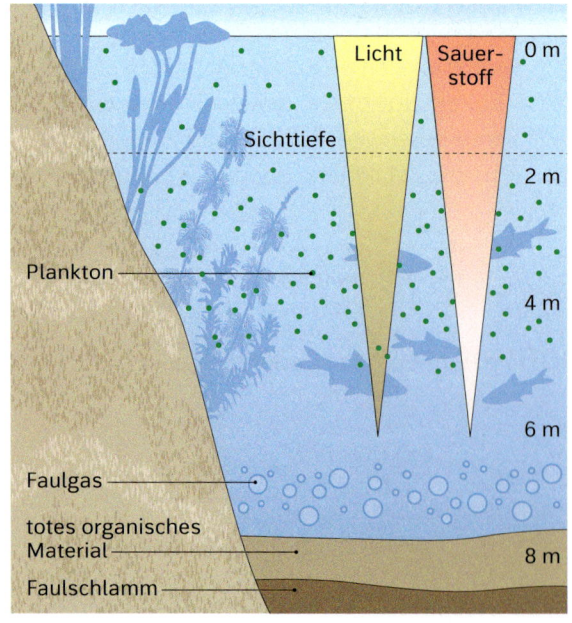

3 Umweltverhältnisse in einem natürlichen See

In einem naturnahen See ist das Wasser klar. Das Licht dringt einige Meter tief ein. Wasserpflanzen, Algen und blaugrüne Bakterien (Blaualgen) produzieren Sauerstoff. Er ist für die Atmung von Fischen und anderen Wassertieren lebenswichtig. Nur am Boden des Sees fehlt der Sauerstoff. Hier sammelt sich Biomasse. Aus dieser Biomasse bildet sich Faulschlamm.

1 Beschreibe Bild 3.

2 ‖ Zeichne in dein Heft eine ähnliche Skizze (Größe mindestens eine halbe Seite) wie in Bild 3. Sie soll jedoch die Verhältnisse nach dem Umkippen eines Sees zeigen.

Starthilfe zu 2:
Berücksichtige: Plankton mit blaugrünen Algen · Sichttiefe · Licht · Sauerstoffgehalt · tote Biomasse und Faulschlamm · Faulgas · Fische

IM ALLTAG

Seen nutzen und schützen

4 Campingplatz am Badesee

Freizeit und Naturschutz

Ein Campingplatz direkt am Seeufer ist für viele ein verlockendes Ziel für das Wochenende oder den Urlaub. Am Ufer ist aber viel Betrieb. Lärm und Bewegung vertreiben die Wildtiere. Die Ufer haben wenig Bewuchs und Wassertiere sind hier kaum zu finden. Abfälle können das Wasser verunreinigen.

5 Schwimmendes Kraftwerk auf einem See

Wasserflächen nutzen?

Auf einem See wurde eine schwimmende Fotovoltaikanlage errichtet. Sie bedeckt nur einen Teil der Wasserfläche und liefert Strom. Die Anlage könnte viele Haushalte mit Solarstrom versorgen.

1. An einem See soll ein neuer Campingplatz eingerichtet werden.
   Entwickle einige Vorschläge, wie dies möglichst umweltverträglich umgesetzt werden könnte.

2. Sind Solarkraftwerke auf Seen ein sinnvoller Beitrag zur Versorgung mit erneuerbarer Energie oder eine Beeinträchtigung des Ökosystems See?
   a) Bildet Gruppen, die jeweils für eine der beiden Positionen mindestens drei Argumente notieren. Diskutiert eure Argumente in der Klasse.
   b) Finde und begründe am Ende deine eigene Bewertung.

1 Luftaufnahme einer Stadt

Die Stadt ist ein besonderes Ökosystem

Lebensraum Stadt

Wer in eine Stadt kommt, bemerkt sofort den starken Verkehr und den Lärm. Große Flächen sind bebaut oder von Straßen und Plätzen bedeckt. Solche Umweltbedingungen in einem Lebensraum werden als **abiotische Faktoren** bezeichnet. Sie prägen den **Lebensraum Stadt.**
Weitere abiotische Faktoren in der Stadt sind zum Beispiel die besonderen Lichtverhältnisse. In Städten wird es selbst nachts nie richtig dunkel. Auch die Temperaturen, der Wind und die Belastung der Luft durch Abgase und Staub gehören zu den abiotischen Faktoren.

Lebensgemeinschaft Stadt

Millionen Menschen leben in Städten oder pendeln jeden Tag in die Stadt, um dort zu arbeiten oder einzukaufen.
Tierarten wie Tauben oder Ratten fühlen sich in der Stadt sehr wohl. Auch Pflanzenarten wie Rosskastanien oder Linden sind an die Umweltbedingungen in der Stadt gut angepasst. Die Menschen, Tiere und Pflanzen im Lebensraum Stadt beeinflussen sich gegenseitig. Bäume spenden Schatten und Tauben picken Essenreste auf (→ Bild 2). Solche Einflüsse auf ein Lebewesen werden **biotische Faktoren** genannt. Alle Lebewesen eines Lebensraums bilden eine **Lebensgemeinschaft.**

Ökosystem Stadt

Der Lebensraum und die Lebensgemeinschaft bilden zusammen das **Ökosystem Stadt.**

> Städte sind künstliche, vom Menschen geschaffene Ökosysteme.
> Hier leben, neben den Menschen, bestimmte Pflanzen und Tiere. Sie sind an die besonderen Bedingungen in der Stadt angepasst.

3 Menschen und Tiere in der Stadt

Sonneneinstrahlung

D u n s t g l o c k e
warme Luft,
Staub, Abgase

feuchte, kühle, schadstoffarme Luft

feuchte, kühle, schadstoffarme Luft

| Umland | offene Bebauung | geschlossene Bebauung | offene Bebauung | Umland |

3 Das Klima in einer Stadt

Die Temperatur

Die Bedeckung des Bodens durch Gebäude, Straßen oder Plätze wird **Versiegelung** genannt. Steine und Beton heizen sich durch Sonneneinstrahlung am Tag stark auf. Nachts kühlen sie nur langsam wieder ab. Oft fehlt in Innenstädten frische, kühlende Luft. Diese entsteht normalerweise durch Bodenfeuchte und Verdunstung von Wasser über Pflanzen.

Luft

Die warme Luft über Städten steigt auf (→ Bild 3). Dadurch wird kühle Luft vom Stadtrand angesaugt. Die Luftströmungen nehmen auf ihrem Weg Staub und Abgase auf. Wenn kein Wind weht, kann sich so über der Stadt eine **Dunstglocke** aus Staub und Abgasen bilden.

Wasserhaushalt

Die Versiegelung des Bodens führt dazu, dass Regen nicht so leicht im Boden versickern kann. Das Wasser muss schnell über die Kanalisation abgeführt werden, damit es nicht zu Überschwemmungen kommt. Daher ist der Boden in der Stadt unter der Versiegelung sehr trocken. Pflanzen wie Bäume können deshalb nur wenig Wasser aus dem Boden aufnehmen.

4 Überschwemmte Straße nach Starkregen

1 Nenne mindestens drei abiotische Faktoren, die den Lebensraum Stadt bestimmen.

2 Erkläre, warum die Temperaturen in Städten meist höher sind als im Umland.

3 Erkläre, warum es bei sehr starken Regenfällen zu Überschwemmungen in einer Stadt kommen kann.

4 ‖ Beschreibe die besonderen Lichtverhältnisse in der Stadt.

5 ‖ Erkläre, warum der Boden in Städten oft sehr trocken ist.

Starthilfe zu 5:
Beginne so: Wenn Regen auf eine versiegelte Fläche fällt, …

A Leben in der Stadt

Manche Menschen leben gern in der Stadt. Andere können sich ein Leben dort nicht vorstellen. Bild 1 zeigt typische Aspekte des Lebens in der Stadt.

1. **a)** Beschreibe die Situationen, die in Bild 1 A – D dargestellt sind.
   b) Bewerte, ob die Situationen aus deiner Sicht für das Leben in der Stadt sprechen oder eher dagegen. Begründe deine Meinung.
   c) Nenne weitere Gründe, die aus deiner Sicht für oder gegen das Leben in einer Stadt sprechen.

2. ‖ Es wird viel unternommen, um das Leben von Menschen in Städten zu verbessern. Nenne Beispiele für solche Maßnahmen. Denke dabei an die Verbesserung des Klimas, den Anbau von Pflanzen, die Fortbewegung der Menschen oder den Bau von Wohnflächen.

1 Leben in der Stadt

B Klima in der Stadt

2 Klima in der Stadt

Das Klima in einer Stadt unterscheidet sich von dem Klima des Umlands. Städte werden auch als Wärmeinseln bezeichnet.

1. Erkläre, wie eine Dunstglocke über einer Stadt wie in Bild 2 entstehen kann.

2. ‖ Beschreibe mithilfe der Basisseite, wie sich das Leben in einer Stadt auf das Klima und die Luft dort auswirkt.

 METHODE

Eine Folie für eine Präsentation erstellen

Erstellen von Folien

Zum Präsentieren von Inhalten zu einem Thema eignen sich Folien mit Bildern und kurzen Texten. Du kannst Folien zur Präsentation selbst zeichnen oder mit einem Computerprogramm erstellen.

Wenn du mit dem PC präsentieren willst, werden selbst gezeichnete Folien in ein Präsentationsprogramm eingefügt. Wenn du die Folien direkt im Präsentationsprogramm erstellst, kannst du sie unmittelbar für deinen Vortrag nutzen.

Bei der Präsentation am PC hast du außerdem die Möglichkeit, Filmausschnitte oder Soundeffekte einzubauen. Zur Projektion benötigst du einen Beamer.

Tipps zur Gestaltung einer Folie

- Verwende nur kurze Sätze oder einzelne Wörter.
- Schreibe groß und deutlich, sodass deine Folien auch von hinten im Klassenraum gut lesbar sind.
- Wähle wenige, aber aussagekräftige Bilder aus.
- Schaubilder und Diagramme verdeutlichen komplizierte Zusammenhänge.
- Verwende Symbole wie Pfeile, um Zusammenhänge aufzuzeigen.
- Nutze ein einheitliches Layout für alle Folien.

3 Beispiel für eine Folie

 **a)** Stellt Kriterien zur Bewertung von Folien zusammen. Betrachtet dabei nur die Gestaltung der Folien.
b) Bewertet verschiedene Folien mithilfe der Kriterien.

Starthilfe zu 1a:

Kriterium	Bewertung
Schriftgröße	☺ ☺ ☺ ☹ ☹

1 Stadtpark mit Teich

2 Kleingartenanlage in der Stadt

Tiere und Pflanzen in der Stadt

Lebensräume in Städten

Eine Stadt besteht aus vielen verschiedenen kleinen Lebensräumen. Es gibt zum Beispiel Fußgängerzonen, Parks mit Teichen, verwilderte Flächen, Kleingartenanlagen oder Wohnviertel mit Gärten. Überall siedeln sich für diese Lebensräume typische Tierarten und Pflanzenarten an.

Vögel in der Stadt

Amseln und Haustauben kommen fast überall in Städten vor. In Stadtparks mit Teichen gibt es auch zahlreiche Wasservögel wie Stockenten oder Blässhühner. Sie finden in der Nähe von Menschen viel zu fressen und haben kaum natürliche Feinde. Im warmen Stadtklima können sich Vögel stark vermehren.

Säugetiere in der Stadt

Auch viele Säugetiere finden in Städten passende Lebensräume. Ratten sind zum Beispiel anspruchslos und sehr lernfähig. Sie leben in Abwasserkanälen und ernähren sich von Abfall. Wildkaninchen oder Eichhörnchen finden in Grünanlagen geeignete Lebensbedingungen. Steinmarder leben gern auf Dachböden. Sie ernähren sich von Ratten, Mäusen und Vögeln. Igel leben in Gärten zwischen Häusern oder in Kleingartenanlagen. Sie fressen Gartenschädlinge wie Schnecken. Auch Wildschweine kommen zunehmend in die Städte, da sie als Allesfresser hier ein gutes Nahrungsangebot vorfinden. Die größte Gefahr für die meisten dieser Tierarten ist der Autoverkehr.

3 Stockenten am Stadtteich

4 Wildschweine im Stadtpark

5 Pflanzen in Pflasterritzen

6 Verwilderte Fläche mit Birken

Pflanzen in der Stadt

In den unterschiedlichen Lebensräumen der Städte leben auch unterschiedliche Pflanzenarten. Am Straßenrand oder in den Pflasterritzen wachsen Pflanzen wie Löwenzahn oder Breitwegerich. Sie vertragen verdichtete und trockene Böden. Auch auf verwilderten Grundstücken oder an Bahndämmen wachsen unterschiedliche Pflanzen wie Weidenröschen oder Birken. In den Parks, Stadtwäldern oder auf Friedhöfen gibt es oft hohe alte Bäume und Sträucher. Die Bäume dämpfen den Verkehrslärm und erhöhen die Luftfeuchtigkeit. Sie filtern Staub aus der Luft und spenden Schatten.

Nutzung von Stadtflächen

Beim **„Urban Farming"** nutzen Menschen öffentliche Flächen oder Hausdächer. Sie bauen dort Pflanzen wie Salat, Kräuter oder Tomaten an. Forscherinnen und Forscher auf der ganzen Welt beschäftigen sich damit, wie die wachsende Bevölkerung in Städten auch in Zukunft ausreichend mit frischen Lebensmitteln versorgt werden kann.

7 „Urban Farming"

---

1 **a)** Nenne vier Beispiele für unterschiedliche Lebensräume in der Stadt.
b) Ordne jedem Lebensraum eine dort vorkommende Tierart zu.

2 ▮▮ Erkläre, warum es an Stadtteichen meist viele Wasservögel gibt.

3 ▮▮ **a)** Beschreibe, was „Urban Farming" bedeutet.
▮▮ **b)** Bewerte die Bedeutung von „Urban Farming" für die Menschen in Städten.

Ⓐ Bäume und Sträucher in der Stadt

Bäume und Sträucher verbessern die Wohnqualität und die Lebensqualität von Menschen in der Stadt.
1. Sie dämpfen den Verkehrslärm.
2. Sie bilden einen Lebensraum für Tiere.
3. Sie heizen das Klima in der Stadt auf.
4. Sie filtern Staub aus der Luft.
5. Sie produzieren Kohlenstoffdioxid.
6. Sie erhöhen die Luftfeuchtigkeit.
7. Sie wirken sich positiv auf die Stimmung der Menschen aus.

❶ **a)** Beurteile, welche der Aussagen richtig sind und begründe dein Urteil.
b) Korrigiere die falschen Aussagen.

❷ **a)** Beschreibe, wie Menschen Grünanlagen in Städten nutzen.
b) Nenne mindestens eine Tierart, die sich in dem Lebensraum auf Bild 1 wohlfühlen könnte. Begründe deine Vermutung.

1 Rosskastanien im Stadtpark

❸ ‖ Bewerte die Bedeutung von Grünanlagen für Menschen in der Stadt.

Ⓑ Tiere in der Stadt

2 Verschiedene Tiere in der Stadt

Hier sind sechs Tierarten abgebildet, die in der Stadt anzutreffen sind. Es handelt sich um das Blässhuhn, die Amsel, die Stockente, den Steinmarder, die Wanderratte und den Igel. Alle Tierarten sind auf der Basisseite „Tiere und Pflanzen in der Stadt" genannt.

❶ **a)** Ordne jeder Tierart in Bild 2 den richtigen Namen zu.
b) Erkläre, warum diese Tierarten gut in dicht besiedelten Lebensräumen leben können.

● ● IM ALLTAG

Tiere und Menschen

Wildtiere und Menschen

Viele Wildtiere wie Füchse oder Waschbären leben in Städten. Im Umfeld der Menschen finden sie geeignete Lebensbedingungen. Solche Wildtiere sind in der Regel Allesfresser. Ursprünglich fressen sie Kleintiere und Pflanzen. In Städten werden die Tiere oft gefüttert und suchen nach Nahrungsresten im Hausmüll. Sie durchwühlen auch Gärten und Kompost. Solche Tierarten gewöhnen sich schnell an Menschen. Sie haben keine natürlichen Feinde. Außerdem gibt es in Städten viele Verstecke. Die Wildtiere in Städten können Konflikte auslösen, wenn sie sich zu stark vermehren.

Der Rotfuchs

Rotfüchse sind weit verbreitet. Sie leben in Wäldern und auf Feldern in Europa, Asien und Noramerika. Durch den Kot der Füchse können Krankheiten auf Menschen und Haustiere übertragen werden.

Die Nilgans

Nilgänse stammen ursprünglich aus feuchten Gebieten in Afrika. Wenn sie sich in Städten an Gewässern ansiedeln, verteidigen sie ihre Lebensräume aggressiv. Die Tiere verunreinigen mit ihrem Kot die Wiesen in Freibädern oder in Grünanlagen.

Der Waschbär

Waschbären stammen ursprünglich aus Wäldern in Nordamerika. In Städten leben Waschbären in verlassenen Gebäuden oder auf Dachböden. Dort zerstören sie oft die Dachisolierung oder verschmutzen den Dachboden mit Kot und Urin.

1 Nenne für jede vorgestellte Wildtierart ihren ursprünglichen Lebensraum.

2 **a)** Erkläre, warum die Wildtierarten im Umfeld der Menschen gut leben können.
b) Beschreibe Konflikte, die durch das Leben der Wildtiere im Umfeld der Menschen entstehen können.

3 ‖ Beschreibe, wie wir dazu beitragen können, dass sich Wildtiere in Städten weniger stark vermehren.

«

1 Eine Nahrungskette in einer Stadt

Nahrungsbeziehungen in der Stadt

Nahrungsketten

Nur Pflanzen können mithilfe der Fotosynthese energiereiche Nährstoffe erzeugen. Sie werden zum Beispiel in Samen gespeichert. Pflanzen werden deshalb als Erzeuger oder **Produzenten** bezeichnet.

Tiere wie die Hausmaus fressen Pflanzensamen, da sie die Nährstoffe zum Leben brauchen. Mäuse dienen wiederum größeren Tieren wie dem Turmfalken als Nahrung.

Alle Tiere werden deshalb als Verbraucher oder **Konsumenten** bezeichnet. Solche Nahrungsbeziehungen lassen sich als **Nahrungsketten** darstellen (→ Bild 1).

Nahrungsnetz

Neben Getreidesamen fressen Hausmäuse auch noch Beeren, Früchte und Kräuter. Hausmäuse werden nicht nur von Turmfalken gefressen. Sie werden auch von Steinmardern und Rotfüchsen gejagt. So hat jede Tierart verschiedene Nahrungsquellen und verschiedene Fressfeinde.

Das Fressen und Gefressen werden lässt sich als **Nahrungsnetz** darstellen (→ Bild 2). In einem Nahrungsnetz sind viele Nahrungsketten miteinander verbunden. Grüne Pflanzen sind die Nahrungsgrundlage vieler Konsumenten. Daher beginnen Nahrungsketten bei grünen Pflanzen.

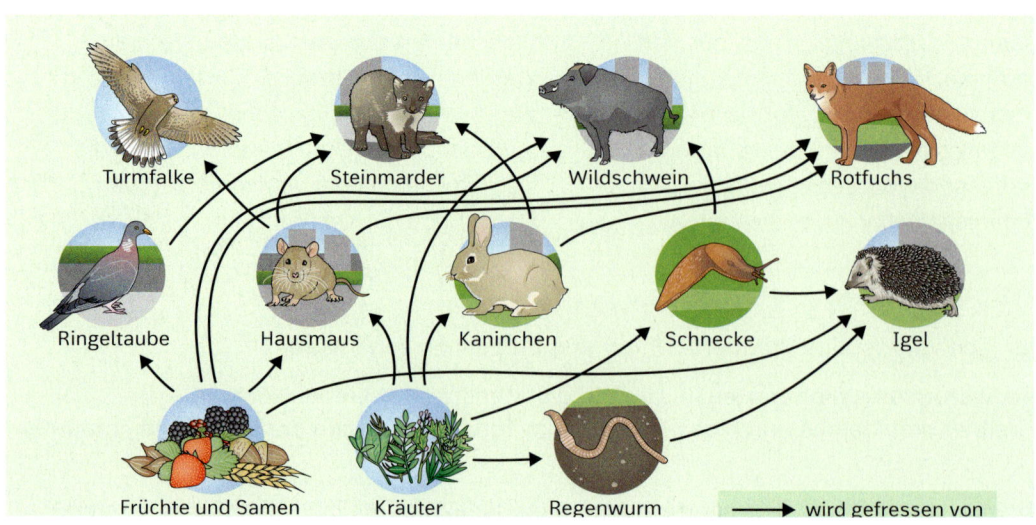

2 Naturnahes Nahrungsnetz in der Stadt

Ein geschlossener Kreislauf

Kleine Bodenorganismen wie der Regenwurm ernähren sich von Überresten von Pflanzen und Tieren. Solche Organismen werden als Zersetzer oder **Destruenten** bezeichnet. Bei ihrer Tätigkeit werden die Mineralstoffe, die in den Pflanzen und Tieren enthalten waren, wieder frei. Durch die Tätigkeit der Produzenten, Konsumenten und Destruenten ist also ein Stoffkreislauf entstanden (→ Bild 3).

Künstliches Ökosystem Stadt

In einem natürlichen Ökosystem wie einem Wald sind alle Stoffe, die Pflanzen und Tiere zum Leben brauchen, vorhanden. In verschiedenen **Kreisläufen** gelangen sie von den Produzenten zu den Konsumenten und wieder zurück. Um die Kreisläufe in Gang zu halten, wird ständig neue Energie der Sonne benötigt. In einem künstlichen Ökosystem wie einer Stadt werden alle Nahrungsbeziehungen und die Stoffkreisläufe stark vom Menschen beeinflusst.

Energie und Abfall

Alle Güter des täglichen Verbrauchs müssen über weite Strecken in die Stadt transportiert werden. Beim Transport und der Nutzung dieser Güter wird viel Energie verbraucht. Außerdem entsteht Abfall, der nicht wie in einem natürlichen Ökosystem von Destruenten „recycelt" werden kann.

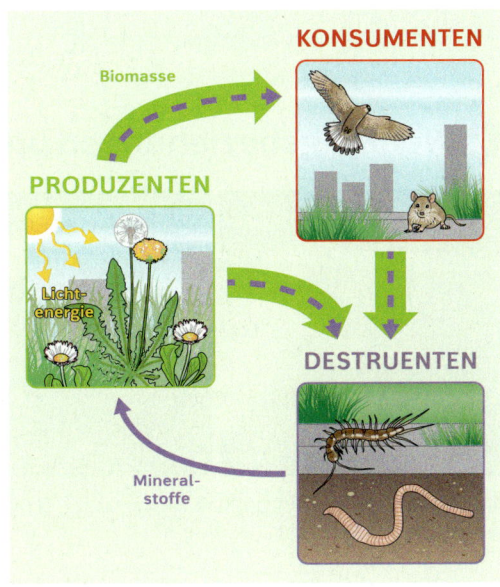

3 Stoffkreislauf

Schutz der Umwelt

Die Abfallbeseitigung und die Wiederaufbereitung von Gütern wie Wasser verursachen hohe Kosten. Abfallvermeidung und gewissenhafte Mülltrennung sind wichtige Beiträge jedes Menschen zu einer sauberen Umwelt. Auch ein sparsamer Umgang mit Energie ist wichtig. Dazu gehört, öffentliche Verkehrsmittel zu benutzen oder mit dem Rad zu fahren. Außerdem können viele Gebrauchsgüter wie Autos oder Elektrogräte gemeinsam genutzt werden. Dies trägt zur Abfallvermeidung und zum nachhaltigen Umgang mit der Natur bei.

---

1 **a)** Beschreibe die Nahrungskette in Bild 1. Benutze die Begriffe „Produzenten" und „Konsumenten".
b) Erkläre, warum am Anfang jeder Nahrungskette grüne Pflanzen stehen.

2 **a)** Erstelle mithilfe von Bild 2 mindestens zwei Nahrungsketten, die miteinander verknüpft sind.
b) Erläutere, wie durch Nahrungsketten ein Nahrungsnetz entsteht.

3 Nenne Beispiele für nachhaltiges Verhalten in der Stadt.

Starthilfe zu 3:
Dazu gehört alles, was die Menschen tun können, um die Umwelt zu schützen.

4 ▮▮ Beschreibe den Unterschied zwischen einem natürlichen und einem künstlichen Ökosystem.

5 ▮▮ Menschen greifen in die Stoffkreisläufe von Städten ein. Nenne Beispiele.

Ⓐ Nahrungsbeziehungen und Stoffkreisläufe im Stadtpark

1 Lebewesen im Stadtpark: **A** Steinmarder, **B** Gänseblümchen, **C** Wildkaninchen, **D** Regenwurm

① **a)** Ordne jedes Lebewesen einer der folgenden Gruppen zu:
– Produzenten
– Konsumenten
– Destruenten
b) Erkläre die Begriffe.

② Zeichne einen Stoffkreislauf aus Produzenten, Konsumenten und Destruenten. Verbinde dazu die drei Gruppen mit entsprechenden Pfeilen.

③ **a)** Um den Stoffkreislauf in Gang zu halten, wird ständig neue Energie benötigt. Beschreibe, woher die Energie kommt.
b) Nenne den Prozess, durch den die Energie für die Konsumenten verfügbar gemacht wird.

④ Nenne ein Beispiel dafür, wie der Mensch in den Stoffkreislauf eingreift.

Ⓑ Nahrungspyramide

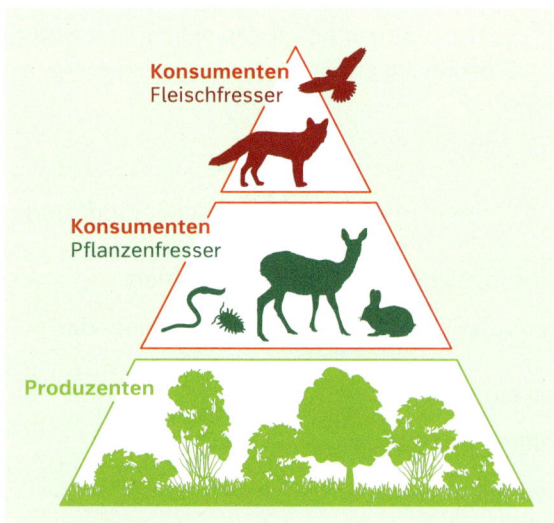

2 Nahrungspyramide

Nahrungsbeziehungen von Lebewesen in einem Lebensraum lassen sich auch in einer Pyramide darstellen.

① Beschreibe die Nahrungsbeziehungen, die in der Nahrungspyramide in Bild 2 dargestellt sind.

② Nenne für jede Stufe der Nahrungspyramide zwei Lebewesen aus dem Ökosystem Stadt.

③ ‖ Erläutere, welche Aspekte der Nahrungsbeziehungen diese Nahrungspyramide deutlicher darstellt als ein Nahrungsnetz.

④ ‖‖ Erkläre den Energiefluss in der Nahrungspyramide. Beginne damit, woher die Produzenten ihre Energie bekommen.

C Abfallmenge pro Einwohner und Jahr in Deutschland

Im Durchschnitt verursacht jeder Einwohner in Deutschland etwa 450 Kilogramm Müll pro Jahr. Davon sind etwa 170 Kilogramm Restmüll, 30 Kilogramm Sperrmüll und 100 Kilogramm biologisch abbaubare Gartenabfälle. Glas, Verpackungen, Papier, Metalle und Holz werden getrennt gesammelt. Sie machen insgesamt etwa 150 Kilogramm aus.

1 Stelle in einem Diagramm dar, wie sich die Müllmenge eines Einwohners auf die einzelnen Müllsorten verteilt.

2 Nenne Möglichkeiten, wie du dazu beitragen kannst, Müll zu vermeiden.

3 Müllabfuhr in der Stadt

D Umweltfreundliches Verhalten – oder nicht?

Ich finde es super, wenn meine Mutter mich mit dem Auto zur Schule bringt.

Meine Familie und meine Großeltern – wir teilen uns ein Auto.

Ich fahre nicht gern mit Bus und Bahn, weil ich mich dort nicht sicher fühle.

Die Parkhäuser in der Innenstadt sind viel zu teuer. Meine Mutter hat deshalb keine Lust mehr, mit dem Auto in die Stadt zu fahren.

Letzte Woche war unser Föhn kaputt, da haben wir uns sofort einen neuen gekauft.

Lastenfahrräder sehen einfach uncool aus. Und sie brauchen viel Platz.

Wir kochen nur noch selten selbst. Meistens lassen wir uns etwas vom Lieferservice bringen.

Ich bestelle alles im Internet und lasse es mir zuschicken. Dann brauche ich nicht in die Stadt zum Einkaufen. Und wenn etwas nicht passt, schicke ich es eben wieder zurück und bestelle mir was Neues.

Ich finde Fahrradkuriere in der Stadt ziemlich lästig, weil sie immer so schnell unterwegs sind und durch die Fußgängerzone fahren.

Mein Vater fährt mit dem Fahrrad zur Arbeit, weil er so mehr Bewegung hat.

4 Aussagen zum Verhalten von Menschen in der Stadt

Im Interesse aller muss sich jeder einzelne Gedanken über die Zukunft und die Umwelt machen. Dazu gehört, das eigene Verhalten zu hinterfragen und zu ändern.

1 a) Bewerte die Aussagen im Hinblick auf umweltfreundliches Verhalten in der Stadt.
b) Mache Vorschläge für alternatives Verhalten, wenn du eine Aussage für nicht umweltfreundlich hältst.

Auf einen Blick: Ökosystem See und Stadt

Ökosystem See

Ein See ist ein natürliches Ökosystem, in dem bestimmte Pflanzen und Tiere in einer Lebensgemeinschaft leben. Je nach Einfluss der abiotischen und biotischen Faktoren bilden sich unterschiedliche Lebensgemeinschaften.

Am Seeufer gibt es verschiedene Pflanzenzonen. Die Pflanzen und die Tiere, die hier leben, sind den unterschiedlichen Umweltbedingungen angepasst.

Alle Lebewesen sind über Nahrungsketten in einem Nahrungsnetz miteinander verbunden. Produzenten, Konsumenten und Destruenten bilden Stoffkreisläufe.

Die Lebensgemeinschaft in einem See wird durch die Besiedlung, Wassersport oder andere menschliche Aktivitäten beeinflusst. Durch Überdüngung kann es zu Sauerstoffmangel in einem See kommen.

Ökosystem Stadt

Eine Stadt ist ein künstliches, von Menschen geschaffenes Ökosystem. Das Ökosystem wird durch die besonderen abiotischen Faktoren wie Klima, Luft und Wasserhaushalt geprägt. Innerhalb einer Stadt gibt es viele kleine Lebensräume wie Parks oder Fußgängerzonen. Hier leben jeweils unterschiedliche Tiere und Pflanzen. Alle Lebewesen sind über Nahrungsketten in einem Nahrungsnetz miteinander verbunden. Erzeuger, Verbraucher und Zersetzer bilden Stoffkreisläufe.

In der Stadt sind alle Nahrungsbeziehungen und die Stoffkreisläufe stark von Menschen beeinflusst. Abfallvermeidung, Luftreinhaltung und die sparsame Nutzung von Energie sind in einer Stadt besonders wichtig. Sie sind die Voraussetzung dafür, dass alle Lebewesen dauerhaft in einer Stadt leben können.

Auf einen Blick

WICHTIGE BEGRIFFE

- natürliches Ökosystem
- abiotische und biotische Faktoren
- Produzenten, Konsumenten, Destruenten
- Stoffkreislauf

WICHTIGE BEGRIFFE

- künstliches Ökosystem
- abiotische und biotische Faktoren
- Nahrungskette, Nahrungsnetz
- Stoffkreislauf

Lerncheck: Ökosystem See und Stadt

Ökosystem See

1 Erläutere am Beispiel eines Sees die Begriffe Lebensraum, Lebensgemeinschaft und Ökosystem.

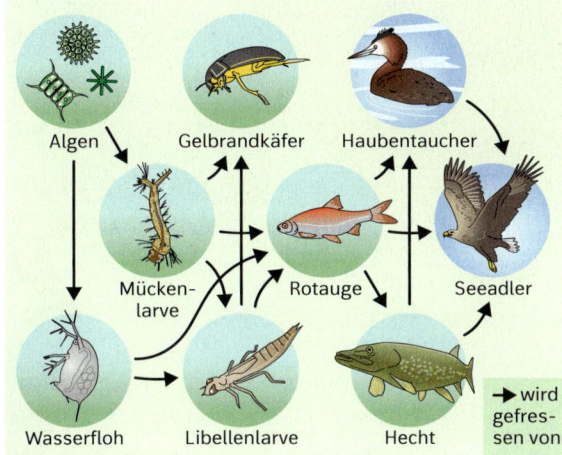

2 a) Schreibe aus dem Nahrungsnetz oben mindestens zwei Nahrungsketten heraus.
b) Gib für jedes Lebewesen an, ob es zu den Produzenten oder Konsumenten gehört.

3 a) Zeichne einen Stoffkreislauf. Verwende dabei die Begriffe Produzenten, Destruenten und Konsumenten.
b) Nenne jeweils ein Lebewesen als Beispiel.

4 Nenne Beispiele, wie Menschen in das Ökosystem See eingreifen. Beschreibe mögliche Folgen.

Ökosystem Stadt

5 Begründe, warum Städte im Gegensatz zu Wäldern oder Seen als künstliche Ökosysteme bezeichnet werden.

6 Nenne Beispiele für unterschiedliche Lebensräume in einer Stadt und bewerte ihre Bedeutung.

7 Die Abbildung oben zeigt ein Wildtier.
a) Nenne den Namen des Wildtiers.
b) Begründe, warum das Wildtier auch in der Stadt vorkommt.

8 a) Beschreibe eine Nahrungskette aus dem Ökosystem Stadt.
b) Erläutere für die Glieder der Nahrungskette, ob es sich jeweils um Produzenten oder Konsumenten handelt.

9 Beschreibe Verhaltensweisen von Menschen, die zum nachhaltigen Umgang mit der Natur in der Stadt beitragen.

Sinnesorgane und Wahrnehmung

Wieso verspüre ich bei einem Stich Schmerzen?

Wie kann ich meine Sinnesorgane schützen?

Wie beeinflussen Drogen meine Wahrnehmung?

1 Ein Openair-Konzert

Sinne erschließen die Welt

Auf einem Konzert

Als Konzertbesucher hören wir die laute Musik der Musiker. Wir sehen viele blinkende und bunte Lichter. Beim Tanzen spüren wir die Berührungen und die Wärme der Personen, die neben uns stehen. Das Erfrischungsgetränk ist kühl und schmeckt fruchtig und süß. Der Geruch des Nebels aus der Nebelmaschine weht über die Zuschauermenge.
Alle diese **Reize** können wir durch das Zusammenspiel der **Sinnesorgane** wahrnehmen. Jedes Sinnesorgan kann aber nur bestimmte Reize aufnehmen.

Unterschiedliche Reize

Über Luftschwingungen empfangen unsere Ohren Schall. Im Gehirn werden die Informationen des ankommenden Schalls in Geräusche gewandelt. Die Augen nehmen Lichtreize auf. Diese Lichtreize werden im Gehirn in Bilder umgewandelt. Über die Haut erkennen wir Wärme und Berührungen. Auch Schmerzen nehmen wir über unsere Haut wahr. Geruchsreize und Geschmacksreize erhalten wir über die Nase und die Zunge. Das Gehirn verarbeitet die ankommenden Informationen zu Geruchs- und Geschmacksempfindungen.

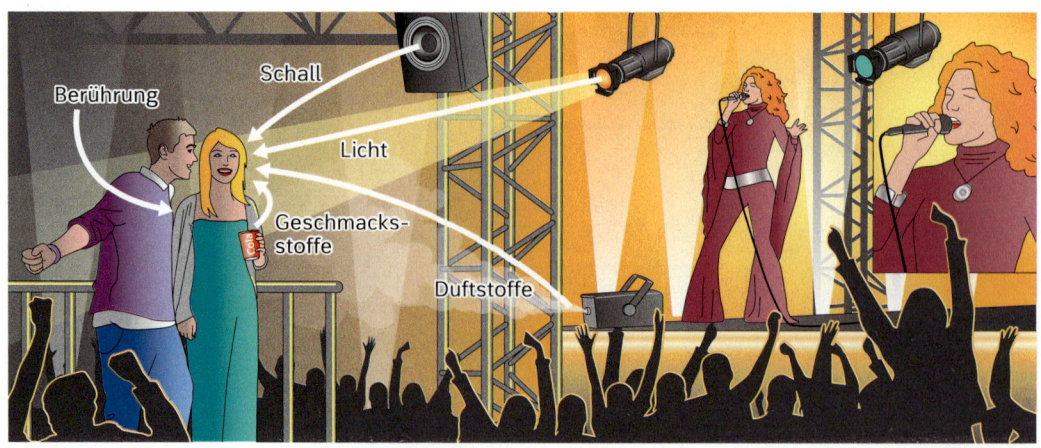

2 Sinnesorgane nehmen verschiedene Reize auf.

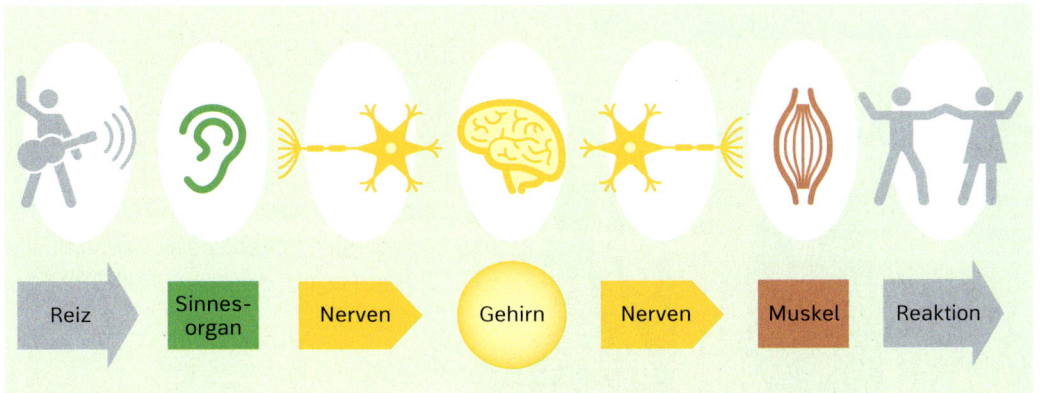

3 Vom Reiz zur Reaktion

Die Reiz-Reaktionskette

Die Informationen aus der Umwelt werden von den Sinnesorganen über Nervenzellen an unser Gehirn weitergeleitet. Beispielsweise erzeugt die Gitarre eines Musikers Luftschwingungen. Unsere Ohren nehmen diese Luftschwingungen als Schall auf und leiten ihn über Nerven an unser Gehirn. Im Gehirn werden die Informationen in Bruchteilen von Sekunden ausgewertet. Wir erkennen, dass es ein beliebtes Lied ist. Als Reaktion schickt das Gehirn ein **Nervensignal** an die Beinmuskeln, sodass wir sofort tanzen.

> Der gesamte Vorgang von der Reizwahrnehmung bis zur Reaktion wird als **Reiz-Reaktionskette** bezeichnet.

Unterschiedliche Sinneswahrnehmungen

Den Besuch eines Konzerts empfinden viele Menschen als aufregend und toll. Andere nehmen die vielen Menschen und das Gedränge vor der Bühne eher als unangenehm wahr und fühlen sich eingeengt.

Auch unsere Stimmung beeinflusst unsere **Wahrnehmung.** Die laute Musik bei einem Konzert empfinden die meisten Besucher als angenehm. Sie tanzen im Takt der Musik und genießen die Atmosphäre. Wenn wir uns aber unterhalten wollen, wichtige Dinge besprechen müssen oder nach einem anstrengenden Tag Ruhe brauchen, empfinden wir laute Musik meist als störend.

1. Auf einem Konzert nimmst du über deine Sinnesorgane unterschiedliche Reize wahr.
   a) Nenne verschiedene Reize.
   b) Ordne die Reize dem Sinnesorgan zu, das diesen Eindruck ermöglicht.

2. **a)** Nenne typische Gerüche und Geschmacksrichtungen, die du auf einem Konzert wahrnehmen kannst.
   b) Nenne Geschmacksrichtungen, die du magst und solche, die du nicht magst.

3. Schließe deine Augen.
   a) Beschreibe möglichst genau, was du auf einem Konzert alles hören kannst.
   b) Stelle eine Vermutung auf, woher du weißt, was die einzelnen Geräusche auslöst.

4. Erkläre an einem Beispiel, was eine Reiz-Reaktionskette ist.

5. ▎▎ „Unsere Stimmung beeinflusst unsere Wahrnehmung".
   Erkläre an einem Beispiel, was damit gemeint ist.

Starthilfe zu 4:
Benenne dazu die Schritte: Reiz, Sinnesorgan, Empfindung, Reaktion

● ● ● ÜBEN UND ANWENDEN

Ⓐ „Das Auge isst mit."

1 Fruchtgummistangen mit verschiedenen Geschmacksrichtungen

Manchmal hast du schon eine Vorstellung vom Geschmack einer Speise, wenn du sie nur siehst. Daher kommt der Ausspruch „Das Auge isst mit."

1 Ordne den Fruchtgummistangen die passende Geschmacksrichtung zu.

2 Erkläre, woran du die Geschmacksrichtung erkannt hast.

3 ▮▮ Nenne weitere Beispiele von Lebensmitteln, deren Geschmack du anhand der Farbe bestimmen kannst.

● ● ● FORSCHEN UND ENTDECKEN

Ⓐ Beeinflusst die Farbe unsere Geschmacksempfindung?

Die Farbe eines Lebensmittels kann eure Geschmacksempfindung beeinflussen. Das könnt ihr mithilfe eines Geschmackstests überprüfen.

Material: 3 Gläser, Apfelsaft, Löffel, Lebensmittelfarbe in rot, grün und blau

2 Eingefärbter Apfelsaft

Durchführung:

Schritt 1: Bestimmt mehrere Testpersonen. **Wichtig!** Sie dürfen die Vorbereitungen für den Test nicht sehen.

Schritt 2: Füllt drei Gläser mit Apfelsaft.

Schritt 3: Gebt in jedes Glas eiwinge Tropfen unterschiedlicher Lebensmittelfarbe. Rührt jedes Getränk um. Die Flüssigkeiten in den drei Gläsern müssen deutlich gefärbt sein.

Schritt 4: Lasst die Testpersonen die drei Flüssigkeiten probieren. Die Testpersonen sollen ihre Geschmacksempfindungen beschreiben.

1 Erkläre die Ergebnisse eures Geschmackstests.

2 ▮▮ Erkläre den Unterschied zwischen der Aufgabe mit den Fruchtgummistangen oben auf dieser Seite und diesem Versuch.

 IM ALLTAG

Umweltreize beeinflussen unsere Stimmung

3 Musik kann beruhigend wirken.

4 Grünpflanzen haben entspannende Wirkung.

Entspannung durch Musik

Die meisten Menschen hören gerne Musik. Sie kann uns Energie liefern, aber auch entspannend wirken. Dabei spielt es keine Rolle, welche Musikart gehört wird. Ob Musik entspannend wirkt, hängt vom Tempo der Musik ab. Besonders entspannend wirkt Instrumentalmusik mit 60 bis 80 Schlägen pro Minute. Dies entspricht im Schnitt dem Herzschlag bei Menschen.
Forscher konnten zudem an operierten Personen belegen, dass Musik sogar schmerzlindernd wirkt.

Farben beeinflussen unsere Stimmung

Die Farbe an den Wänden ist mitverantwortlich dafür, ob wir uns in einem Raum wohlfühlen. Gelbe Wände wirken wärmend und belebend. Sie lassen Räume größer wirken. Orange strahlt Gemütlichkeit und Geselligkeit aus. Blau beeinflusst auch unsere Stimmung. Es ist die Farbe der Ruhe. Grün hat eine entspannende Wirkung. Es gibt ein Gefühl von Sicherheit und Geborgenheit. Deshalb stehen in Wohnräumen und Arbeitszimmern oft Grünpflanzen.

Massagen wirken nicht nur auf den Körper

Massagen haben nicht nur einen körperlichen Effekt. Neben der Lockerung der verspannten Muskulatur wirken sich Massagen auch positiv auf die Stimmung und das seelische Wohlbefinden aus. Im Profisport gehören Massagen heute ebenso zum Fitnessprogramm wie das Ausdauertraining. Sie sorgen für geistige Entspannung und setzen neue Energie frei. Das Angebot an Massage-Techniken ist sehr vielfältig.

5 Eine Massage entspannt nicht nur den Körper.

1 Beschreibe anhand von Beispielen, wie Reize aus der Umwelt unsere Stimmung beeinflussen können.

2 Recherchiere, wie Farben in der Werbung genutzt werden. Stelle deine Ergebnisse vor.

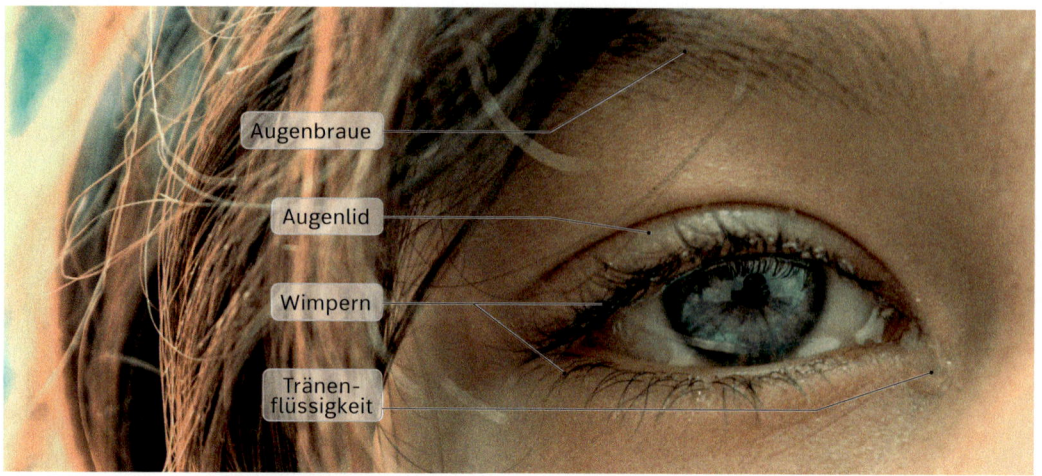

1 Das Auge hat verschiedene Schutzeinrichtungen.

Das Sinnesorgan Auge

Aufbau und Funktion des Auges

Augen nehmen Lichtreize auf. Das Licht gelangt durch die **Hornhaut** und die **Pupille** ins Auge (→ Bild 2). Über die **Linse** gelangt Licht auf die **Netzhaut.** Hier entsteht der Seheindruck. Das Innere des Augapfels ist mit einer weichen, klaren Substanz gefüllt. Um diesen **Glaskörper** und die Netzhaut herum liegt die **Aderhaut.** Sie versorgt das Auge mit Sauerstoff und Nährstoffen. Die äußerste Schicht des Auges ist die **Lederhaut.** Sie ist sehr fest und schützt den Augapfel. Die **Iris** gibt dem Auge seine Farbe.

Die Schutzfunktionen des Auges

Das Auge hat unterschiedliche Schutzeinrichtungen (→ Bild 1). Die knöcherne **Augenhöhle** schützt das Auge vor Stößen. Die **Augenlider** schließen sich blitzschnell, wenn sich beispielsweise ein Insekt nähert oder die Sonne blendet.
Die **Augenbrauen** leiten Regentropfen und Schweißtropfen ab. Die **Wimpern** schützen vor Staub. Die empfindliche Hornhaut bleibt durch die **Tränenflüssigkeit** feucht und klar. Zudem spült die Tränenflüssigkeit Schmutz und Krankheitserreger von der Hornhaut.

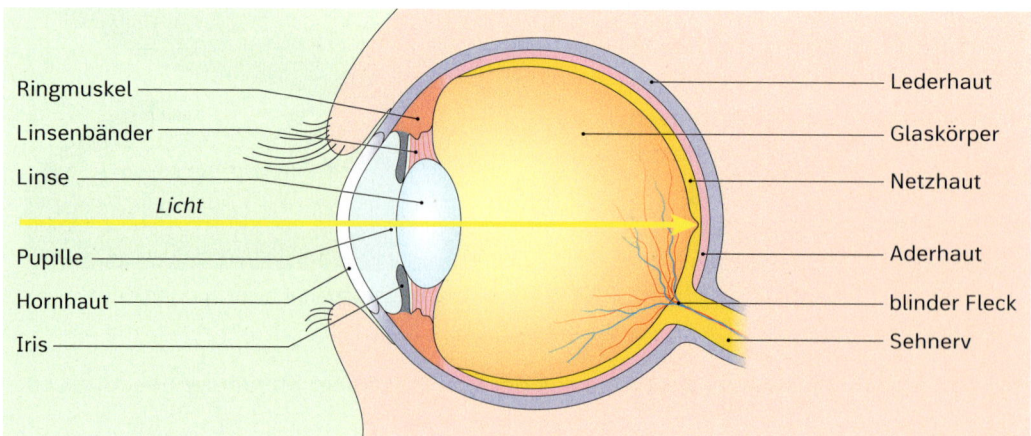

2 Der Aufbau des Auges

Die Hell-Dunkel-Anpassung

Mithilfe von Muskeln in der Iris kann die Größe der Pupille verändert werden. So wird die Menge des einfallenden Lichts reguliert. Durch diese Hell-Dunkel-Anpassung oder **Adaptation** wird die empfindliche Netzhaut vor zu starkem Lichteinfall geschützt. Bei hellem Licht ziehen sich die ringförmigen Muskeln in der Iris zusammen. Die Pupille wird kleiner und der Lichteinfall ins Auge wird geringer. Dadurch wird verhindert, dass das Auge geblendet wird (→ Bild 3 A). Die Anpassung der Pupille an die Lichtverhältnisse wird **Pupillenreflex** genannt. Bei wenig Licht lockern sich die Muskeln in der Iris. Die Pupille wird größer und es gelangt mehr Licht ins Auge. So können wir auch bei geringer Helligkeit und in der Dämmerung noch sehen.

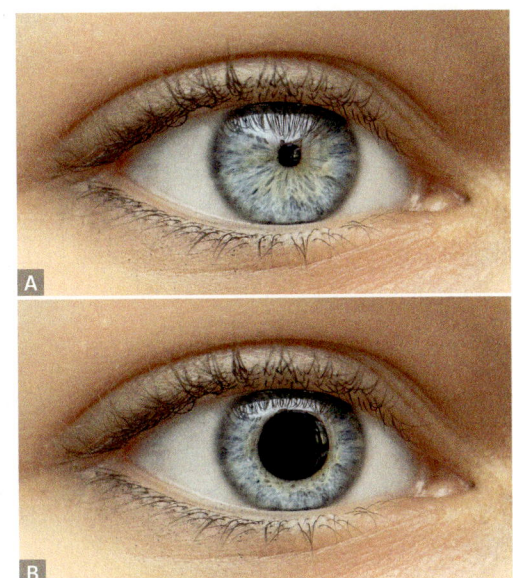

3 Hell-Dunkel-Anpassung (Adaptation): **A** Hellreaktion, **B** Dunkelreaktion

Die Lichtsinneszellen

In der Netzhaut liegen **Lichtsinneszellen.** Die **Stäbchen** ermöglichen das **Hell-Dunkel-Sehen.** Das **Farbensehen** ist durch **Zapfen** möglich. Es gibt Zapfen, die jeweils für blaues, grünes oder rotes Licht empfindlich sind. Bei Reizung der Zapfen können alle Mischfarben gesehen werden. Die Stäbchen und Zapfen leiten die Informationen der Reize an Nervenzellen in der Netzhaut weiter. Über den Sehnerv gelangen die Reize zum Gehirn. Dort werden sie verarbeitet. Es entsteht ein Seheindruck. Wo der Sehnerv aus der Netzhaut austritt, befinden sich keine Stäbchen und Zapfen. Diese Stelle ist der **blinde Fleck** (→ Bild 2).

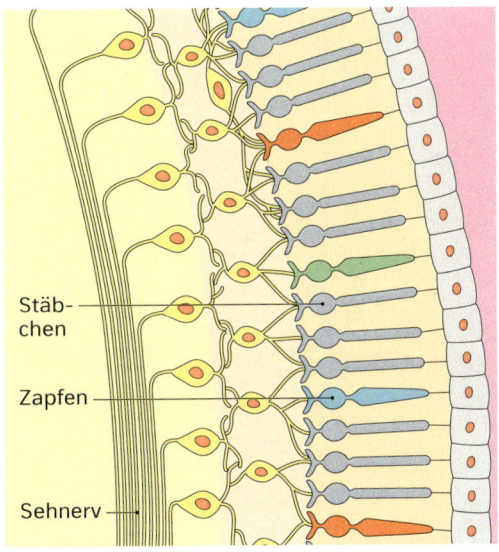

4 Bau der Netzhaut

---

① Nenne die Schutzeinrichtungen des Auges und ihre jeweilige Funktion.

② Nenne die Bestandteile des Auges, die am Vorgang des Sehens beteiligt sind und stelle dies in Form eines Flussdiagramms dar.

Starthilfe zu 2:
Lichtreiz ⟹ Augenlinse ⟹

③ Nenne die verschiedenen Lichtsinneszellen und erkläre ihre Funktion.

④ ‖ Erkläre, warum wir auch bei wenig Licht noch sehen können.

⑤ ‖ Stelle eine begründete Vermutung auf, warum du bei schwachem Licht keine Farben sehen kannst, sondern nur hell-dunkel.

Ein Schweineauge präparieren

Um dir ein Bild vom inneren Aufbau eines Auges zu machen, kannst du es präparieren.

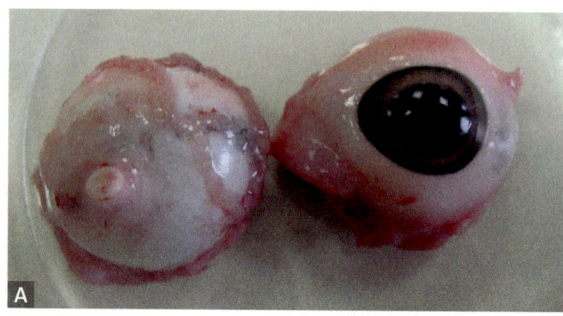

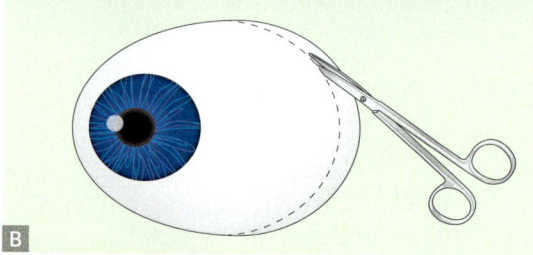

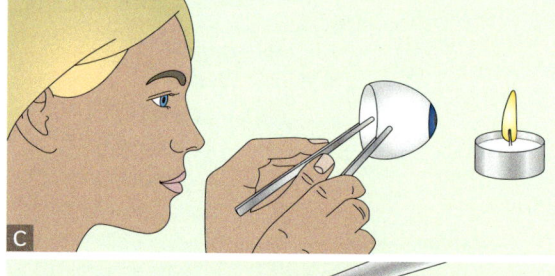

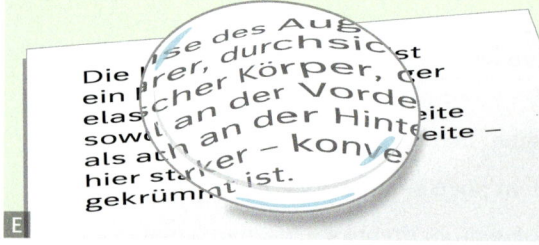

1 Präparation eines Schweineauges

Respekt vor den Tieren

Die Augen stammen von zuvor lebenden Tieren. Deshalb ist es wichtig, ernsthaft, konzentriert und respektvoll zu arbeiten.

Hygiene ist wichtig

Es werden nur Organe von Tieren verwendet, die unbedenklich sind. Beim Arbeiten musst du die Regeln einer guten Küchenhygiene beachten.

Die Präparation

A • Betrachte das Auge von außen.
- Betaste das Auge vorsichtig mit einer stumpfen Pinzette.
- Benenne die Lederhaut, die Hornhaut, die Iris, die Pupille und den Sehnerv. Nutze zum Vergleich ein Modell oder ein Bild.

B • Schneide mit dem Skalpell das Auge hinten ein. Schneide dann mit der Schere den hinteren Teil des Augapfels ab.
- Beschreibe die Netzhaut und die Austrittsstelle des Sehnervs.

C • Halte den vorderen Teil des Auges mit zwei stumpfen Pinzetten vor eine Kerze.
- Bewege das Auge etwas vor und zurück.
- Beschreibe, wie du das Bild der Kerzenflamme siehst und wie es sich bewegt.

D • Nimm mit der stumpfen Pinzette die Linse und den Glaskörper heraus.
- Beschreibe Farbe und Form der Linse und des Glaskörpers.
- Zeichne die Linse von der Seite.

E • Lege die Linse auf ein Stück beschriftetes Papier. Notiere deine Beobachtungen.
- Räume den Arbeitsplatz auf und reinige ihn.

1 Führe die Präparation des Schweineauges nach Anleitung durch.

2 Präsentiere deine Untersuchungsergebnisse vor der Klasse.

FORSCHEN UND ENTDECKEN

Ⓐ Wie reagiert unser Auge auf unterschiedliche Lichtverhältnisse?

Material: Lampe, Uhr, Papier, Bleistift

Durchführung:

Schritt 1: Setzt euch zu zweit gegenüber.

Schritt 2: Person 1 schließt für 30 Sekunden beide Augen.

Schritt 3: Anschließend blickt Person 1 kurz in eine Lampe. Person 2 beobachtet dabei die Pupillen von Person 1.

Schritt 4: Wechselt die Rollen und wiederholt Schritt 2 und 3.

① **a)** Beschreibe deine Beobachtungen.
b) Fertige eine Zeichnung wie in Bild 2 an.
c) Zeichne je ein Auge mit der Pupillengröße bei wenig Licht und bei viel Licht daneben.

② Erkläre den Zusammenhang zwischen der Schutzfunktion des Pupillenreflexes und der Netzhaut. Nutze dazu auch die Basisseite.

③ ❚❚ Stelle Vermutungen an, warum Ärzte einer Patientin oder einem Patienten in Notfällen mit einer Taschenlampe in die Augen leuchten.

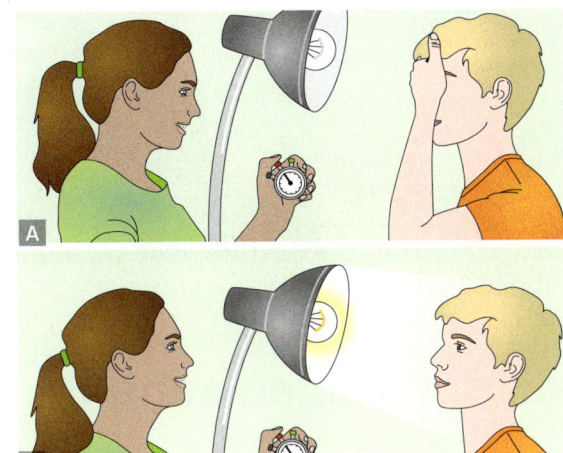

2 Versuchsdurchführung

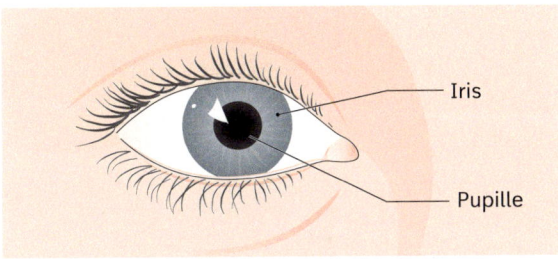

Iris

Pupille

3 Pupillengröße bei normalem Licht

Ⓑ Wie reagiert das Auge auf einen Luftstoß?

Material: Schutzbrille, Schlauch, Blasebalg

Durchführung:

Schritt 1: Setze die Schutzbrille auf und schiebe den Schlauch unterhalb eines Auges unter den Rand der Schutzbrille.

Schritt 2: Eine andere Person bläst nun mit dem Blasebalg durch den Schlauch überraschend Luft in die Schutzbrille.

① **a)** Beschreibe, wie das Auge reagiert.
b) Erkläre den Zusammenhang zwischen der Reaktion und der Schutzfunktion der Augenlider.

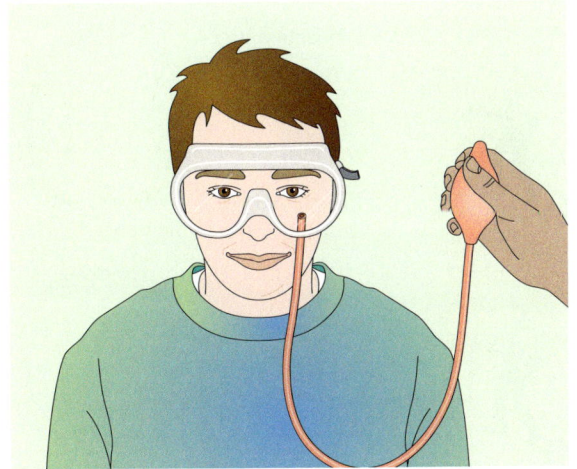

4 Blasebalg-Versuch

1 Die Augen sind auf Nahsicht eingestellt.

Mit den Augen sehen

Wie wir sehen

Von jedem Punkt eines Gegenstandes breitet sich Licht in alle Richtungen geradlinig aus. Das Licht kann in einer Modellvorstellung daher als Lichtstrahl dargestellt werden. Die Lichtstrahlen fallen durch die Hornhaut und die Pupille auf die Linse des Auges. Die Linse lenkt die Lichtstrahlen auf die Netzhaut. Dabei ändern die Lichtstrahlen ihre Richtung. Auf der Netzhaut entsteht ein verkleinertes Bild des Gegenstandes. Es ist seitenverkehrt und steht auf dem Kopf. Das Gehirn verarbeitet die Impulse der Lichtsinneszellen und wir sehen ein Bild.

Anpassung an die Entfernung

Betrachtest du einen Gegenstand aus der Nähe, zieht sich der Ringmuskel zusammen. Dadurch lockern sich die Linsenbänder und die elastische Linse wird runder (→ Bild 2 A).
Schaust du dir einen entfernten Gegenstand an, entspannt sich der Ringmuskel, die Linsenbänder spannen sich und die Linse wird flacher (→ Bild 2 B).

> Die Einstellung des Auges auf unterschiedlich entfernte Gegenstände wird als **Akkommodation** bezeichnet.

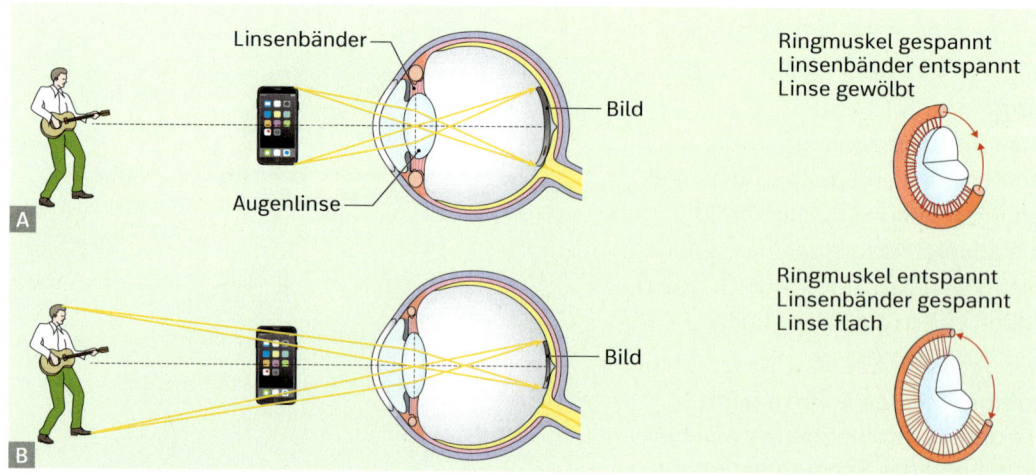

2 Anpassung der Augen: **A** Nahsicht, **B** Fernsicht

Das räumliche Sehen

Wenn du einen Bleistift 5 cm bis 10 cm über ein Lineal hältst und abwechselnd das linke und das rechte Auge schließt, scheint der Bleistift auf dem Lineal zu „springen" (→ Bild 3 oben).

Unsere Augen liegen etwa 6 cm bis 8 cm auseinander. Daher liefern sie zwei leicht unterschiedliche Bilder. Betrachtest du den Bleistift mit beiden Augen, dann siehst du nur ein Bild (→ Bild 3 unten).

Die Informationen von beiden Augen werden gleichzeitig über die Sehnerven zum Gehirn geleitet. Unser Gehirn verarbeitet die Informationen aus den beiden Bildern zu einem einzigen, räumlichen Bild. Durch das **räumliche Sehen** können wir auch abschätzen, wie weit ein Gegenstand von uns entfernt ist.

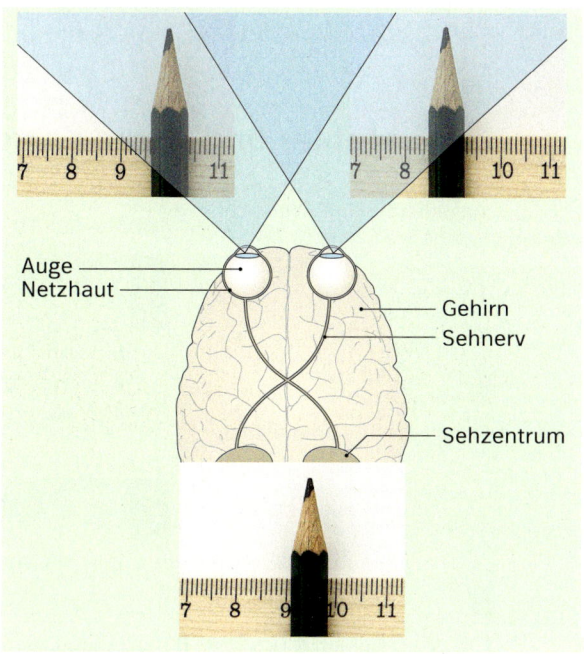

3 Das räumliche Sehen

Bewegte Bilder

Filme bestehen aus sehr vielen Einzelbildern. Das siehst du, wenn du ein selbst gedrehtes Video am Computer bearbeitest (→ Bild 4). Aber wodurch entsteht in Filmen der Eindruck von fließenden Bewegungen? Die Sinneszellen in der Netzhaut werden bei jedem einzelnen Bild erregt. Diese Erregung lässt aber erst nach einer 18-tel Sekunde nach. Die Sinneszellen reagieren also etwas träge. Folgt das nächste Bild bereits während der nachlassenden Erregung, nehmen wir bewegte Bilder wahr.

4 Bildfolge einer Videobearbeitung

1 Stelle den Vorgang des Sehens in Form eines Flussdiagramms dar.

Starthilfe zu 1:
Lichtstrahlen ⟹ Hornhaut ⟹

2 Beschreibe die Vorgänge im Auge, durch die du unterschiedlich entfernte Gegenstände scharf sehen kannst.

3 **a)** Erkläre, wodurch wir ein räumliches Bild sehen können.
b) Erkläre an einem Beispiel die Bedeutung des räumlichen Sehens.

4 Erkläre, wie wir mithilfe der Filmtechnik bewegte Bilder sehen können.

5 ▌▌ Beschreibe, wie sich deine Linse verändert, wenn du von einem weit entfernten Gegenstand plötzlich auf einen nahen Gegenstand schaust.

6 ▌▌ Erläutere, warum du nahe und entfernte Gegenstände nicht gleichzeitig scharf sehen kannst.

A Sehfehler und deren Korrektur

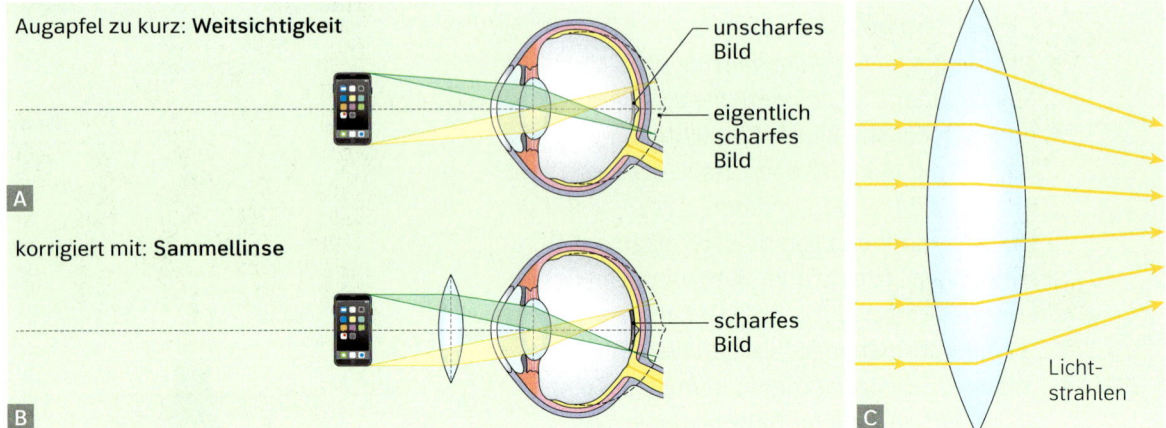

1 Weitsichtigkeit: **A** Ursache, **B** Korrektur, **C** Sammellinse

Weitsichtigkeit

Bei der **Weitsichtigkeit** ist der Augapfel der betroffenen Person zu kurz. Dinge in der Nähe werden nicht scharf gesehen. Das scharfe Bild würde hinter der Netzhaut liegen (→ Bild 1 A).

Sammellinsen

Sammellinsen bündeln das einfallende Licht (→ Bild 1 C). Durch eine Brille mit Sammellinsen wird das Bild auf die Netzhaut vorgezogen. So entsteht dort ein scharfes Bild (→ Bild 1 B).

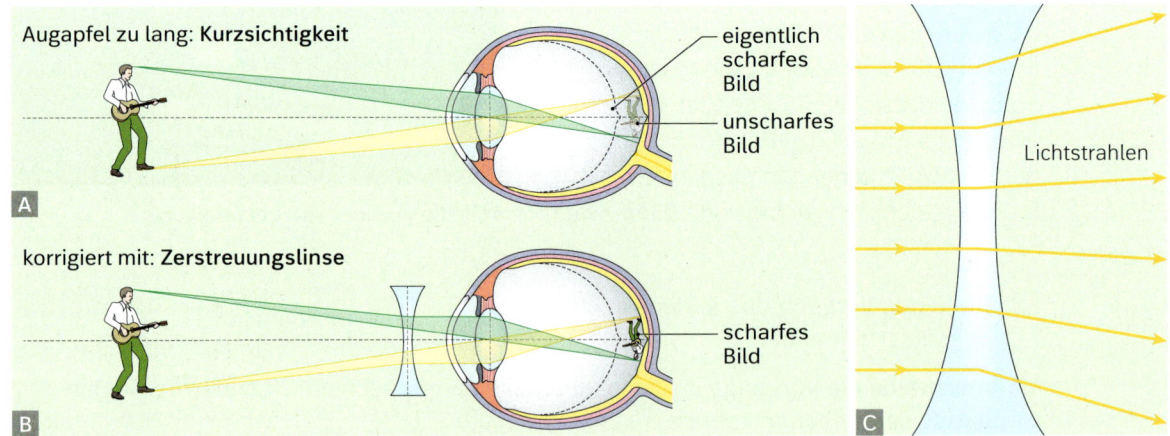

2 Kurzsichtigkeit: **A** Ursache, **B** Korrektur, **C** Zerstreuungslinse

1 Nenne die Ursache und die Korrekturmöglichkeit bei einer Weitsichtigkeit.

2 Erstelle nach dem Muster der obigen beiden Texte entsprechende Texte für „Kurzsichtigkeit" und für „Zerstreuungslinsen".

3 ‖ Im Alter lässt die Elastizität der Linse vieler Menschen nach. Es kommt zu Altersweitsichtigkeit. Erkläre, ob dadurch nahe oder entfernte Objekte schlecht zu sehen sind und wie dies korrigiert werden kann.

Entstehung optischer Täuschungen

3 Vase oder zwei Gesichter?

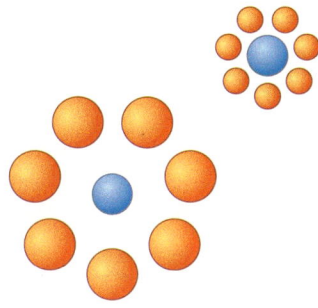

4 Welche blaue Kugel ist größer?

5 Gerade oder krumm?

Umspringbild
Zwei sich widersprechende Bilder können nicht gleichzeitig gesehen werden. Das Gehirn muss sich für ein Bild entscheiden.

Täuschung durch Perspektive
Im Hintergrund zusammenlaufende Linien sieht das Gehirn als zunehmende Entfernung.

6 Welcher Junge ist am größten?

„Unmögliches" Bild
Das Gehirn versucht ein räumlich logisches Bild zu sehen. In der Wirklichkeit gibt es das aber nicht.

Täuschung durch Größenvergleich
Gleich große Figuren wirken unterschiedlich groß, wenn direkt benachbarte Figuren größer oder kleiner sind.

Täuschung durch die Umgebung
Kontrastreiche Flächen wirken stärker als blasse Linien.

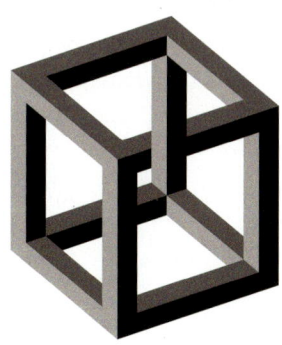

7 Verflixte Kiste

1 Betrachte die Bilder nacheinander aufmerksam. Beschreibe deine Eindrücke.

2 Erkläre die abgebildeten optischen Täuschungen mithilfe der Informationen auf dem Zettel. Ordne dazu jedem Text das entsprechende Bild zu.

3 Recherchiere nach weiteren Beispielen für optische Täuschungen. Stelle sie in der Klasse vor.

1 Kopfhörer schützen vor zu lauter Musik.

Das Sinnesorgan Ohr

Schall breitet sich aus

Bei einem Konzert versetzt eine schwingende Gitarrensaite die Luft in Schwingungen. Diese Schwingungen nennen wir **Schall.** Schall bewegt sich durch die Luft und wird von unserem Hörsinn wahrgenommen.

Die Schallleitung im Außenohr

Das **Außenohr** besteht aus der Ohrmuschel und dem Gehörgang. Das Außenohr fängt die Schallwellen ein und leitet sie zum Trommelfell. Dieses dünne Häutchen ist quer über den Gehörgang gespannt.

Die Schallleitung im Mittelohr und im Innenohr

Im **Mittelohr** liegen die sehr kleinen Gehörknöchelchen Hammer, Amboss und Steigbügel. Der Hammer liegt direkt am Trommelfell an. Der Schall versetzt das Trommelfell in Schwingungen. Diese Schwingungen werden vom Hammer auf den Amboss und vom Amboss auf den Steigbügel übertragen. Der Steigbügel überträgt die Schwingungen auf die Hörschnecke im **Innenohr** (→ Bild 2). Zu starke Schwingungen bei lauten Geräuschen können zu Verletzungen in der Hörschnecke führen.

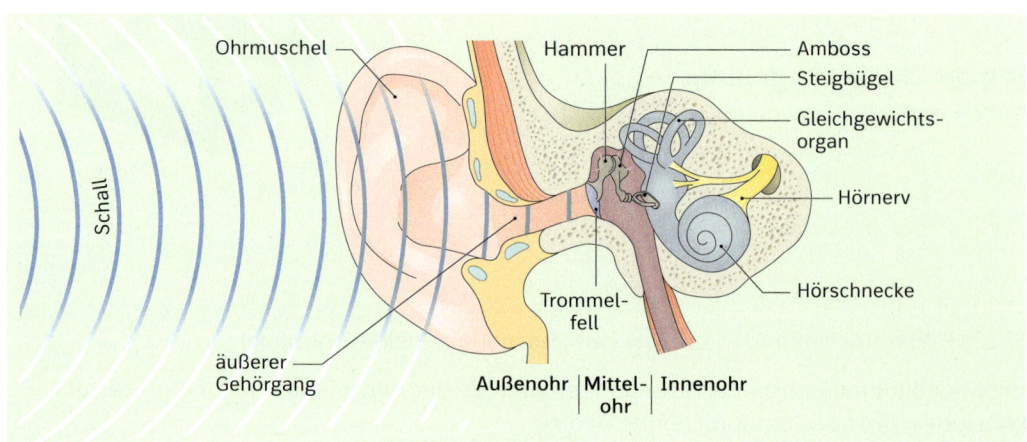

2 Bau des Ohres

Bogengänge

Hörnerv

Flüssigkeit

Sinneszeller mit Härchen

Leitung zum Hörnerv

Druck-welle

Flüssigkeit

Hörschnecke

A

B

3 Das Innenohr: **A** Bogengänge und Hörschnecke, **B** Querschnitt der Hörschnecke

Die Hörschnecke

Die Gänge der Hörschnecke sind mit Flüssigkeit gefüllt. Drückt der Steigbügel auf das Innenohr, entstehen in der Flüssigkeit Druckwellen. Läuft eine Druckwelle durch die Hörschnecke, werden die Härchen der Sinneszellen gebogen (→ Bild 3 B). Dadurch erzeugen die Sinneszellen Signale. Diese Signale werden zum Gehirn geleitet. Dort findet die Hörwahrnehmung statt.

Das Richtungshören

Der Schall legt meist unterschiedlich lange Wege zu den beiden Ohren zurück (→ Bild 4). Dadurch kommen die Geräusche leicht zeitversetzt und mit etwas unterschiedlicher Lautstärke im Gehirn an. Das Gehirn vergleicht die Geräusche, die beide Ohren melden. So kann das Gehirn die Richtung bestimmen, aus der die Geräusche kommen.

Das Gleichgewichtsorgan

Im Innenohr liegen neben der Schnecke drei Bogengänge (→ Bild 3 A). Sie sind Teil des **Gleichgewichtsorgans.** Die Bogengänge sind mit Flüssigkeit gefüllt. Bei Bewegungen bewegt sich die Flüssigkeit mit und reizt Sinneszellen. Diese Reize werden vom Gehirn verarbeitet. Dadurch können wir Drehungen wahrnehmen und unseren Körper im Gleichgewicht halten.

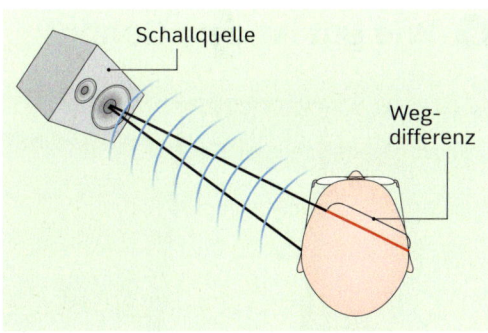

Schallquelle

Weg-differenz

4 Schema des Richtungshörens

---

1. Nenne die Bestandteile des Ohres und ihre jeweilige Funktion und stelle sie in einer Tabelle zusammen.

2. Erstelle ein Flussdiagramm vom Geräusch bis zur Hörwahrnehmung. Nutze dazu Bild 2 und 3.

   Starthilfe zu 2:
   Schallwellen ⟹ Gehörgang ⟹ …

3. Erkläre die Bedeutung des Gleichgewichtssinns für den Menschen.

4. ▮▮ Erkläre, warum du auch mit verbundenen Augen angeben kannst, aus welcher Richtung ein Geräusch kommt.

»

A Aus welcher Richtung kommt das Geräusch?

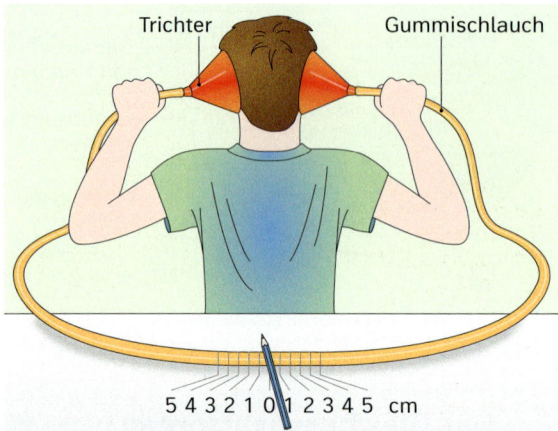

1 Versuch zum Richtungshören

Material: Gummischlauch (etwa einen Meter), 2 Trichter, wasserfester Folienstift, Bleistift, Lineal

Durchführung:

Schritt 1: Verbindet die beiden Trichter mit den Enden des Schlauchs.

Schritt 2: Markiert den Schlauch mit dem Folienstift wie in Bild 1 dargestellt.

Schritt 3: Die Versuchsperson hält sich die Trichter an die Ohren.

Schritt 4: Eine andere Person klopft leicht mit einem Bleistift an verschiedenen Stellen auf den Schlauch.

Schritt 5: Die Versuchsperson gibt jeweils an, ob sie das Klopfen links, rechts oder in der Mitte hört.

1 Notiere die Versuchsergebnisse.

2 Beschreibe, ab welchem Abstand von der Mitte die Versuchsperson „links" und „rechts" richtig erkannt hat.

3 Nenne Situationen, in denen das Richtungshören wichtig ist. Begründe deine Meinung.

B Wie gut ist dein Gehör?

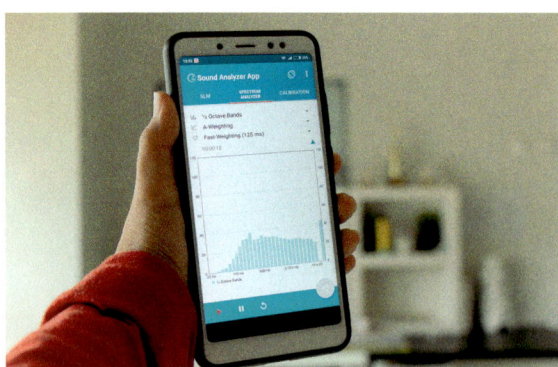

2 Hörtest-App

Mit einer Hörtest-App kannst du eine erste Überprüfung deines Gehörs durchführen. Der Test liefert aber nur grobe Anhaltspunkte über deine Hörfähigkeit. Ein richtiger Hörtest kann nur von einem Arzt durchgeführt werden.

Material: Hörtest-App

Durchführung:

Schritt 1: Lade eine kostenlose Hörtest-App auf dein Smartphone.

Schritt 2: Befolge die Anweisungen der App.

1 a) Werte den Test mit der Hörtest-App aus.
b) Vergleicht eure Testergebnisse.

2 a) Recherchiere Ursachen von Hörschäden.
b) Nenne Möglichkeiten, wie du dich vor Hörschäden schützen kannst.

3 Recherchiere, wie hoch der Anteil von Jugendlichen mit Hörschäden in Deutschland ist. Stellt eure Ergebnisse vor.

Hilfsmittel für gehörlose Menschen

3 Fingeralphabet in Gebärdensprache

Gebärdensprache

Manche Menschen können nur schlecht oder gar nicht hören. Diese Menschen verständigen sich oft mit Gesten. Sie benutzen die Gebärdensprache.

Mit dem Fingeralphabet werden einzelne Buchstaben dargestellt. Mit Wortgesten können ganze Wörter wiedergegeben werden. Für jeden Buchstaben gibt es eine Handgeste. Mit den Handgesten werden Wörter buchstabiert. Mit Wortgesten können sich Gehörlose schneller verständigen. Dabei wird nicht immer jedes Wort eines Satzes dargestellt. Die Wortgesten auf Bild 4 bedeuten: "Mein Name ist …"

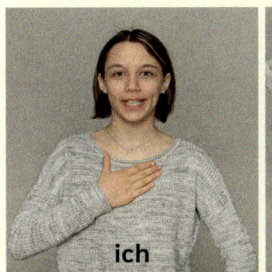
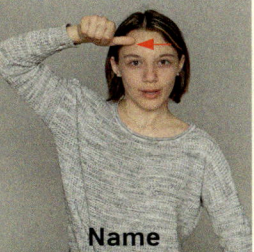

4 Wortgesten in Gebärdensprache

5 Junge mit einer Hörprothese

Hörprothesen

Manche Menschen werden ohne Hörsinn geboren. Bei den Betroffenen kann die Schnecke im Innenohr die Schallwellen nicht an das Gehirn weiterleiten. Viele Ärzte empfehlen in solchen Fällen eine elektronische Hörprothese. Diese besteht aus zwei Teilen. Ein Teil wird bei einer Operation ins Innenohr gesetzt. Der andere Teil wird am Außenohr getragen. Der äußere Teil der Hörprothese leitet die Schallwellen ins Innenohr. Der innere Teil der Hörprothese überträgt den Schall dann direkt an den Hörnerv. Die Hörprothese umgeht damit die Schnecke und macht das Hören wieder möglich.

1. **a)** Stelle deinen Namen mit dem Fingeralphabet in Gebärdensprache dar.
   b) Stelle dich mit Wortgesten und dem Fingeralphabet in Gebärdensprache einer Mitschülerin oder einem Mitschüler vor.

2. Erkläre an Beispielen die Vorteile von Wortgesten gegenüber dem Fingeralphabet.

3. Beschreibe die Funktionsweise einer Hörprothese.

4. Informiere dich über mögliche Risiken einer elektrischen Hörprothese.

1 Dicht gedrängt auf einem Konzert

Das Sinnesorgan Haut

Die Haut ist vielfältig
Die Haut ist das größte Organ des Menschen. Bei einem erwachsenen Menschen hat die Haut eine Fläche von bis zu zwei Quadratmetern. Die Haut hat viele Aufgaben.

Die Oberhaut
Die Oberhaut besteht aus zwei Schichten. Die äußere **Hornhaut** schützt den Körper vor Austrocknung und Verletzungen. Sie besteht aus abgestorbenen Zellen, die sich nach einiger Zeit ablösen. Die **Keimschicht** darunter bildet ständig neue Hautzellen. So erneuert sich die Oberhaut alle vier bis sechs Wochen.

Die Lederhaut
Die tiefer liegende Lederhaut ist sehr fest, aber auch elastisch. Talgdrüsen in der Lederhaut geben Fett ab. So bleibt die Haut geschmeidig. **Schweißdrüsen** geben Schweiß ab. Dieser hilft die Körpertemperatur zu regulieren. Zudem schützen Schweiß und Talg vor Krankheitserregern.

Die Unterhaut
In der Unterhaut ist Fett eingelagert. Durch das Fett werden Stöße abgefedert. Das Fett dient auch als Schutz vor Wärmeverlust und als Energiespeicher.

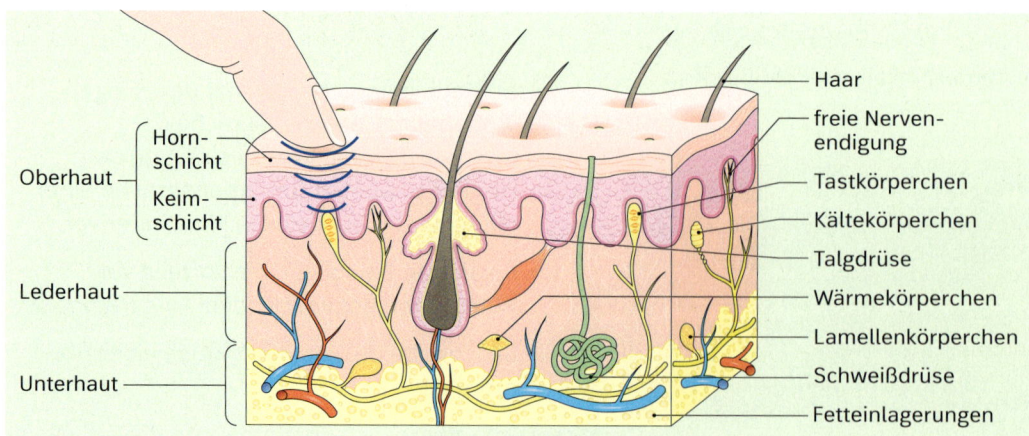

2 Aufbau der Haut

Die Haut ist ein Sinnesorgan

In der Haut befinden sich verschiedene **Sinneskörperchen** (→ Bild 2). Sie reagieren auf unterschiedliche Reize aus der Umwelt. Die Reize „warm" oder „kalt" spüren wir durch die **Wärmekörperchen** und die **Kältekörperchen.** In den Lippen und den Armbeugen liegen sehr viele Wärmekörperchen.

Mit den **Tastkörperchen** nehmen wir Berührungen wahr. Sie sind in der ganzen Haut verteilt. Sehr viele Tastkörperchen liegen in den Fingerkuppen.

In der Unterhaut liegen **Lamellenkörperchen.** Mit ihnen nehmen wir starke Druckreize wie Stöße und Schläge wahr.

Zur Wahrnehmung von Schmerzen sind in der Haut **freie Nervenendigungen** verteilt. Sie liegen im Gesicht und an den Fingerkuppen sehr dicht zusammen.

Alle Reize werden über Nerven ans Gehirn geleitet. Dort werden sie verarbeitet und es entsteht ein Sinneseindruck.

Schutzfunktionen der Haut

Beim Sport oder bei Wärme scheiden die Schweißdrüsen über die Poren Schweiß aus. Der Schweiß verdunstet auf der Haut und kühlt dabei den Körper ab. So wird der Körper vor Überhitzung geschützt. Bei Kälte beginnt unser Körper zu zittern. Durch das Zittern ziehen sich die Muskeln unseres Körpers in kurzen Abständen für einen Moment zusammen. Durch die Bewegungen der Muskeln wird Wärme frei und das Frieren wird geringer. So wird die Auskühlung des Körpers verhindert.

3 Sinneseindrücke über die Haut:
A Kälte, **B** Berührungen

4 Schwitzen schützt vor Überhitzung.

① Beschreibe den Aufbau der Haut. Nutze dazu auch Bild 2.

② Erstelle eine Tabelle, in der du den Hautschichten ihre Funktion zuordnest.

③ Nenne die verschiedenen Sinneseindrücke, die du über die Haut wahrnehmen kannst. Nutze auch Bild 3 und 4. Finde weitere Beispiele.

④ ▮▮ „Zum Ertasten von Gegenständen eignen sich am besten die Fingerkuppen". Begründe diese Aussage.

⑤ ▮▮ Erläutere, auf welche Weise die Haut unseren Körper vor Wärme und Kälte schützt.

Ⓐ Wie nehme ich die Wassertemperatur wahr?

1 Temperaturtest

Material: 3 Schüsseln mit unterschiedlich warmen Wasser (10 °C, 20 °C, 40 °C), Thermometer

Durchführung:

Schritt 1: Fülle je eine Schüssel mit 10 °C, 20 °C und 40 °C warmen Wasser.

Schritt 2: Tauche eine Hand in die Schüssel mit dem 10 °C kalten Wasser. Tauche die andere Hand in die Schüssel mit dem 40 °C warmen Wasser.

Schritt 3: Lass die Hände für etwa 1 Minute in den jeweiligen Schüsseln.

Schritt 4: Tauche dann beide Hände in die Schüssel mit dem 20 °C warmen Wasser.

❶ Beschreibe deine Temperaturempfindung, nachdem du beide Hände in das 20 °C warme Wasser getaucht hast.

❷ ‖ Beurteile die Aussage: „Mit unserer Haut können wir Temperaturen genau so exakt messen wie mit einem Thermometer."

Ⓑ Wie empfindlich ist dein Tastsinn?

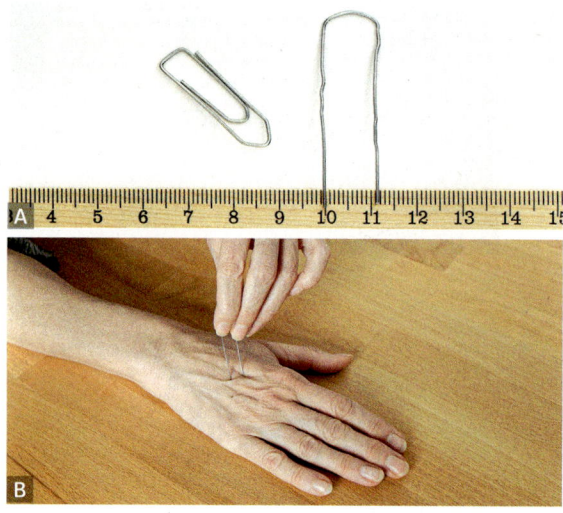

2 Drucktest: **A** Abstand messen, **B** auf der Haut testen

Material: Büroklammer, Lineal, Schal

Durchführung:

Schritt 1: Biegt eine Büroklammer wie Bild 2 A. Miss den Abstand zwischen den Enden der Büroklammer.

Schritt 2: Verbindet einer Testperson die Augen. Drückt die Spitzen der Büroklammer leicht auf die Haut am Rücken, am Unterarm, am Handrücken und an einer Fingerspitze.

Schritt 3: Biegt die Spitzen der Büroklammer anschließend immer enger zusammen und wiederholt Schritt 2.

❶ Notiere, an welchen Körperstellen die Testperson nur eine Spitze spürt und an welchen Körperstellen zwei Spitzen.

❷ Notiere für jede Körperstelle den Abstand, den die Testperson gerade noch als zwei Spitzen wahrnimmt. Erkläre die Ergebnisse.

FORSCHEN UND ENTDECKEN

C Wie gut ist dein Feingefühl?

Um Gegenstände zu erkennen, brauchen wir nicht immer unsere Augen. Viele Gegenstände können wir auch „blind" erkennen.

3 Alltagsgegenstände

Material: verschiedene Gegenstände, Schal, dicke Handschuhe

Durchführung:

Schritt 1: Die Testperson zieht die Handschuhe an und verbindet sich die Augen.

Schritt 2: Der Testperson werden nacheinander die Gegenstände in die Hände gegeben.

Schritt 3: Die Beschreibungen der Testperson werden notiert.

Schritt 4: Die Schritte 2 und 3 werden ohne Handschuhe wiederholt.

① Erkläre die Ergebnisse, die mit und ohne Handschuhe erzielt wurden.

ÜBEN UND ANWENDEN

A Sonnenschutz ist wichtig

Leander möchte in der Sonne braun werden. Ungeschütztes Sonnenbaden hat aber gesundheitsschädigende Wirkung. Sonnenschutzmittel können die schädigende Wirkung von UV-Strahlung verringern. Ihr Lichtschutzfaktor (LSF) gibt an, wie viel länger sich eine eingecremte Person in der Sonne aufhalten kann, ohne einen Sonnenbrand zu riskieren. Die Sonnencreme ist aber nur eine begrenzte Zeit wirksam.

① **a)** Nenne weitere Verhaltensweisen, die bei einem längeren Aufenthalt in der Sonne wichtig sind. Nutze dazu Bild 5.
b) Begründe deine Entscheidungen.

② Bewerte, inwieweit du die Verhaltensregeln in deiner Freizeit berücksichtigst.

③ ‖ Recherchiere, was bei der Nutzung von Sonnencremes beachtet werden muss.

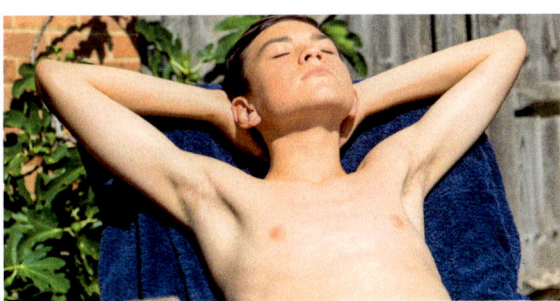

4 Ein Junge beim Sonnenbaden

5 Welche Gegenstände sind wichtig?

1 Zum Feiern gehört Alkohol!?

Drogen beeinflussen unsere Wahrnehmung

Genuss oder Sucht?

Für einige Menschen gehört der Konsum von Alkohol, Zigaretten oder anderen Drogen zu einem gelungenen Konzertbesuch dazu. Die Gründe dafür sind vielfältig. Neben der Neugier ist es häufig auch der Wunsch nach Lockerheit und guter Stimmung. Andere suchen ein Rauscherlebnis, um Probleme in der Schule, bei der Ausbildung oder zu Hause für eine Zeit zu vergessen. Solche Motive sind besonders problematisch. Der regelmäßige Konsum bringt eine **Gewöhnung** an eine Droge mit sich. Ein ständiger Gebrauch kann zur **Sucht** führen.

Beeinflussung der Sinne

Beispielsweise Alkohol beeinflusst fast alle Sinneswahrnehmungen. Häufig ist das Sehvermögen gestört. Dinge werden doppelt gesehen oder es kommt zum „Tunnelblick". Alkohol wirkt sich auch auf das Gleichgewichtsorgan im Ohr aus. Es kommt zu Problemen beim gerade Stehen, Laufen oder Fahrradfahren. Teilweise bewirkt Alkohol auch ein verändertes Geschmacksempfinden. Bei vielen Menschen ist auch das Schmerzempfinden geringer. Unter dem Einfluss von Alkohol sind diese Personen häufig risikofreudiger. Einige werden zudem aggressiver.

2 Eingeschränkte Wahrnehmung durch Drogen

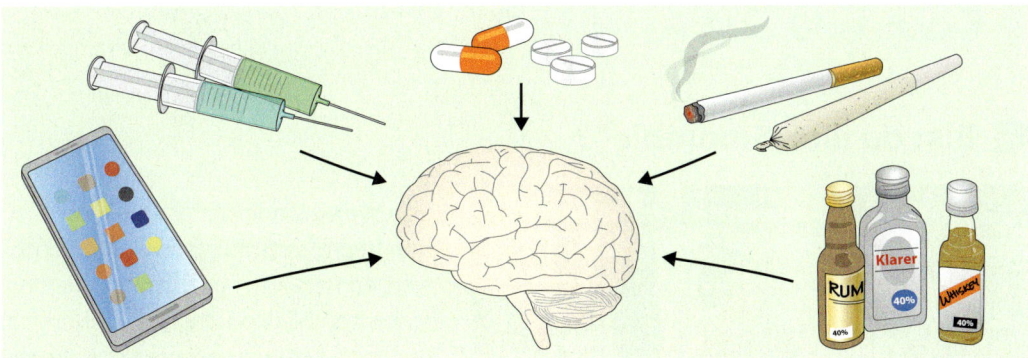

3 Drogen wirken auf das Gehirn.

Drogen wirken auf das Gehirn

Drogen sind Substanzen, die auf das Nervensystem, vor allem auf unser Gehirn einwirken. Nicht alle Drogen haben die gleiche Wirkung auf das Gehirn. Sie können für Entspannung sorgen, die Wahrnehmung verändern oder die Wirklichkeit vergessen lassen. Alle Drogen werden vom Belohnungssystem in unserem Gehirn positiv bewertet.

Das Belohnungssystem

Unser Gehirn bewertet Erlebnisse danach, ob sie positiv oder negativ sind. Positive Erlebnisse werden vom **Belohnungssystem** im Gehirn verstärkt. Dies führt zu dem Bedürfnis, positive Erlebnisse durch die Wiederholung bestimmter Handlungen häufiger zu erleben. Zudem speichert unser Gedächtnis Erfahrungen, die mit Glücksgefühlen verbunden waren.

Drogen führen zu Abhängigkeit

Ohne den Konsum von Drogen geht es Menschen, die häufig Drogen konsumieren, schlecht. Bekommt der Körper die Droge nicht mehr, löst dies Unwohlsein, innere Unruhe, Angstzustände und seelische Probleme aus. Bei einigen Drogen führt der Verzicht sogar zu schweren körperliche Symptomen. Das Belohnungssystem hat sich an die Droge gewöhnt. Die betroffene Person ist von der Droge abhängig.
Die meisten Konsumenten von Drogen halten diese **Entzugserscheinungen** nicht aus. Das vom Belohnungssystem ausgehende Verlangen nach der Droge ist sehr groß. Sie sind süchtig. Daher bleiben viele Drogenkonsumenten im Teufelskreis der **Abhängigkeit** gefangen.

1 **a)** Nenne Gründe, weshalb Menschen Drogen konsumieren.
b) Nenne Folgen, die ein regelmäßiger Drogenkonsum mit sich bringen kann.

2 Stelle in einer Tabelle dar, wie sich Alkohol auf die Funktion der Sinnesorgane auswirken kann.

Starthilfe zu 2:

Sinnesorgan	Beeinflussung durch Alkohol
Auge	Tunnelblick

3 Erkläre die Wirkung von Drogen auf das menschliche Gehirn.

4 ❚❚ Erkläre die Bedeutung des Belohnungssystems im menschlichen Gehirn.

5 ❚❚ Erläutere, wie Drogenkonsum in eine Abhängigkeit führen kann.

6 ❚❚❚ Stelle eine begründete Vermutung auf, warum Drogenkonsumenten die Menge der Droge nach einiger Zeit erhöhen wollen.

Ⓐ Bist du ein „Smombie"?

1 Ein Verkehrsschild warnt vor Handynutzern.

Das Wort „Smombie" ist eine Kombination aus den Begriffen Smartphone und Zombie. Damit werden Personen bezeichnet, die durch den ständigen Blick auf ihr Smartphone ihre Umwelt nur noch sehr eingeschränkt wahrnehmen.

Durchführung:

Schritt 1: Erstellt einen Fragebogen zur Nutzung des Smartphones.

Schritt 2: Führt die Umfrage an eurer Schule durch.

1 a) Wertet die Umfrage aus.
b) Überlegt, wie ihr eure Ergebnisse präsentieren könnt.
c) Diskutiert, welche Regeln zum Umgang mit dem Smartphone in der Schule und in der Freizeit sinnvoll sind.

Ⓑ Wie verändert Alkohol die Wahrnehmung?

Mit sogenannten „Rauschbrillen" können Einschränkungen bei der Wahrnehmung der Umwelt simuliert werden, die durch Alkohol oder andere Suchtmittel entstehen.

> **WICHTIG**
> Achtet bei der Durchführung der Versuche auf die Sicherheit der Versuchspersonen.

2 Versuch mit einer Rauschbrille

Material: Rauschbrille

Durchführung:

Schritt 1: Führt folgende Versuche durch:
• Erstellt einen Slalomkurs durch den Klassenraum, den ihr anschließend durchlauft.
• Schreibt euren Namen an die Tafel.
• Hebt einen kleinen Gegenstand vom Boden auf.
• Gebt einer Mitschülerin oder einem Mitschüler die Hand.
• Steckt einen Schnürsenkel durch eine Schuhöse.

Schritt 2: Plant weitere Versuche mit der „Rauschbrille" und führt sie durch.

1 Erstellt Protokolle eurer Versuche.

2 a) Berichtet, wie die „Rauschbrille" eure Wahrnehmung beeinflusst hat.
b) Übertragt eure Erfahrungen aus den Versuchen auf Alltagssituationen und nennt mögliche Gefahren.

Legale und illegale Drogen

3 Jugendliche beim Shisha-Rauchen

4 Verschiedene Legal Highs

Das scheinbar „bessere" Rauchen

Shisha rauchen ist legal und wird in Deutschland immer beliebter. Durch die oft fruchtigen Aromastoffe entsteht der Eindruck eines ungefährlichen Genusses. Doch gerade, wenn auch Tabak in der Shisha geraucht wird, ist die Gesundheitsgefährdung nicht geringer als durch Zigaretten. Die eingeatmete Rauchmenge einer Shishasitzung entspricht etwa der Rauchmenge von 100 Zigaretten. Die dabei aufgenommene Nikotinmenge entspricht der von 10 Zigaretten. Zudem wird der gekühlte Rauch der Wasserpfeife meist sehr tief eingeatmet. Forscher warnen daher beim Shisha-Rauchen vor einem erhöhten Krebsrisiko und vor Herz-Kreislauf-Erkrankungen.

„Legal Highs"– nur scheinbar legal

Über Online-Shops werden sogenannte „Legal Highs" angeboten. Die synthetisch hergestellten Drogen sind als Badesalz, Tee oder Kräutermischung getarnt. Sie werden als legale und harmlose Alternativen zu illegalen Drogen angeboten. Analysen haben gezeigt, dass viele Inhaltsstoffe von „Legal Highs" unter das Betäubungsmittelgesetz fallen. Sie wirken ähnlich wie Cannabisprodukte, haben aber oft eine viel höhere Wirkstoffkonzentration. Ihre chemische Zusammensetzung wird ständig geändert. Daher wissen Konsumenten nie, welchen Wirkstoff sie in welcher Dosierung konsumieren. Die Gefahren schwerer körperlicher und seelischer Folgen sind daher groß.

5 Cannabis-Produkte

Haschisch und Marihuana sind illegal

Haschisch und Marihuana werden aus Teilen der indischen Hanfpflanze hergestellt. Diese Cannabis-Produkte werden meist mit Tabak vermischt geraucht. Der Konsum kann positive wie negative Stimmungen verstärken. Regelmäßiger Konsum führt oft zu einer psychischen Abhängigkeit. Es können auch Depressionen auftreten.

1 Beschreibe an Beispielen den Unterschied zwischen legalen und illegalen Drogen.

2 Erkläre die besonderen Gefahren, die vom Shisha-Rauchen ausgehen.

3 ‖ Informiere dich über den Einsatz von „medizinischem Cannabis". Stelle auch die rechtlichen Bedingungen vor.

Auf einen Blick: Sinnesorgane und Wahrnehmung

Die Augen

Mit den Augen sehen wir unsere Umwelt. Licht gelangt durch die Hornhaut, die Pupille und die Linse auf die Netzhaut. In der Netzhaut liegen Lichtsinneszellen. Mit den Stäbchen unterscheiden wir hell und dunkel. Mit den Zapfen erkennen wir Farben. Über den Sehnerv werden die Informationen an das Gehirn weitergeleitet. Dort entsteht ein Seheindruck.

Die Haut

Mit der Haut fühlen wir Gegenstände. Wir spüren Berührungen, verschiedene Temperaturen und Schmerz. In der Haut liegen unterschiedliche Sinneskörperchen für diese Wahrnehmungen. Der Schweiß aus den Schweißdrüsen schützt unseren Körper vor Überhitzung. Das Zittern verhindert die Auskühlung des Körpers.

Die Ohren

Mit den Ohren hören wir Geräusche. Die Ohrmuschel nimmt den Schall auf. Sie leitet ihn über den Gehörgang und das Trommelfell an das Mittelohr weiter. Das Trommelfell kommt durch den Schall in Schwingung. Die Gehörknöchelchen leiten die Schwingungen in die Schnecke im Innenohr. Nerven leiten die Signale ins Gehirn. Mit den Ohren bestimmen wir die Richtung, aus der Geräusche kommen. Das Gleichgewichtsorgan lässt uns das Gleichgewicht halten.

Drogen und Wahrnehmung

Legale und illegale Drogen wirken auf unser Gehirn ein. Drogen lassen die Wirklichkeit vergessen und verändern die Wahrnehmung. Das Belohnungssystem bewertet Drogen positiv. Regelmäßiger Konsum führt zur Gewöhnung und meist in eine Abhängigkeit. Der Drogenkonsum führt fast immer zu gesundheitlichen Schäden. Ohne die Droge zeigen sich körperliche und seelische Entzugserscheinungen. Daher ist es schwer, der Abhängigkeit zu entkommen.

WICHTIGE BEGRIFFE

- Sinnesorgan, Sinnesreiz, Sinneseindruck
- Nerven, Gehirn
- Hornhaut, Pupille, Linse
- Netzhaut, Stäbchen, Zapfen
- Ohrmuschel, Mittelohr, Innenohr
- Trommelfell, Gehörknöchelchen, Schnecke
- Richtungshören, Gleichgewichtsorgan

WICHTIGE BEGRIFFE

- Oberhaut, Lederhaut, Unterhaut
- Sinneskörperchen, freie Nervenendigungen, Tastkörperchen, Wärmekörperchen, Kältekörperchen, Lamellenkörperchen
- legale Drogen, illegale Drogen
- Belohnungssystem
- Gewöhnung, Abhängigkeit, Sucht

Lerncheck: Sinnesorgane und Wahrnehmung

Das Auge und das Ohr

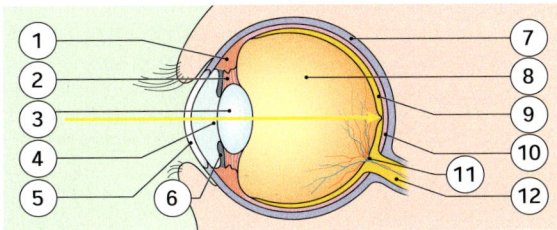

1 **a)** Erkläre, wie das Auge vor Schweiß und Fremdkörpern geschützt ist.
b) Nenne die bezifferten Bestandteile des Auges und erkläre deren Funktionen.

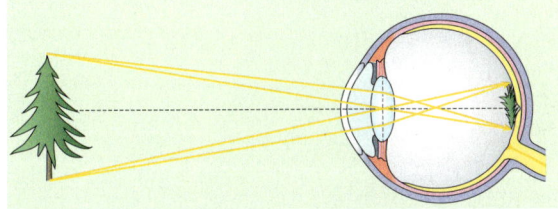

2 **a)** Beschreibe den Weg des Lichts durch das Auge.
b) Erkläre die Entstehung eines Bildes.

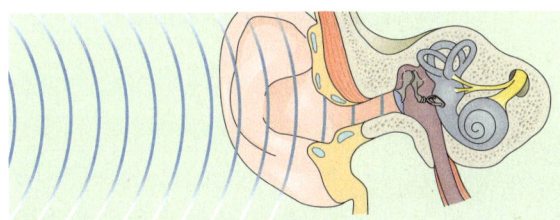

3 Beschreibe mithilfe des Bildes, wie ein Höreindruck entsteht.

4 Erkläre, weshalb für das Richtungshören beide Ohren benötigt werden.

Die Haut

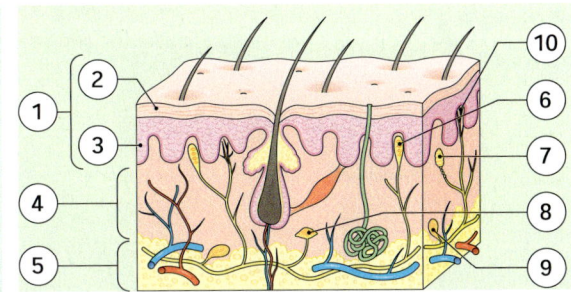

5 **a)** Nenne die verschiedenen Schichten der menschlichen Haut anhand der Ziffern ① – ⑤.
b) Nenne die verschiedenen Sinneskörperchen der Haut und erkläre ihre jeweilige Funktion anhand der Ziffern ⑥ – ⑩.

6 Erkläre, weshalb die Haut an den Fingerspitzen empfindlicher ist als am Rücken.

7 Erkläre, weshalb das Schwitzen beim Sport für unseren Körper notwendig ist.

Beeinflussung durch Drogen

8 Nenne Gründe, warum Menschen Drogen konsumieren.

9 Erkläre den Zusammenhang zwischen dem Belohnungssystem und der Abhängigkeit von einer Droge.

DU KANNST JETZT …

- … die äußeren und inneren Teile des Auges nennen und ihre Funktion erklären.
- … die Entstehung eines Bildes erklären.
- … den Bau des Ohres beschreiben.
- … erklären, wie ein Höreindruck entsteht.

DU KANNST JETZT …

- … den Bau und die Funktionen der Haut beschreiben.
- … die Schutzfunktion der Haut an einem Beispiel erklären.
- … Gründe für den Konsum von Drogen nennen und mögliche Folgen beschreiben.

Lerncheck

Sexualität und Partnerschaft

Worauf kommt es mir in einer Beziehung an?

Was geschieht während einer Schwangerschaft?

Womit können wir uns schützen?

1 Zärtlichkeit und Vertrauen

In Partnerschaften Verantwortung übernehmen

Formen von Partnerschaften

In der eigenen Familie oder der Familie von Freunden, aber auch im Fernsehen und im Internet erleben wir verschiedene Partnerschaften. Früher gab es vor allem Partnerschaften zwischen Mann und Frau, die aus derselben Gegend stammten. Je nach Alter folgten dann häufig Heirat und Kinder. Diese klassische Beziehung gibt es auch heute noch.

Es gibt jedoch immer häufiger auch andere Formen von Partnerschaften. Dabei sind Vertrauen und Intimität früher wie heute wichtige Kennzeichen für gelingende Partnerschaften. Bei **Fernbeziehungen** leben die Partner viele Kilometer auseinander und sehen sich nicht täglich. In **Patchworkfamilien** bilden Eltern und Kinder aus vorangegangen Beziehungen eine neue Familie.

Sexuelle Orientierungen

In den meisten Paarbeziehungen leben Menschen zusammen, die einen Partner des anderen Geschlechts bevorzugen. Diese Form der Sexualität wird **heterosexuell** genannt. Jedoch lieben Menschen manchmal auch Partner desselben Geschlechts. Diese Menschen sind **homosexuell.** Menschen, die sich zu beiden Geschlechtern hingezogen fühlen, werden als **bisexuell** bezeichnet.

In Deutschland und der Europäischen Union wird daran gearbeitet, dass Menschen unabhängig von ihrer sexuellen Orientierung gleich behandelt werden. **Toleranz** gegenüber allen Menschen ist der oberste Grundsatz. In Deutschland und in anderen Ländern ist daher mittlerweile eine Ehe für gleichgeschlechtliche Paare möglich.

2 Unterschiedliche Partnerschaften

Sich orientieren

Bei den vielfältigen Formen von Partnerschaften und den verschiedenen sexuellen Orientierungen ist es nicht immer einfach, seinen eigenen Weg zu finden.

In der Pubertät spielt die Auseinandersetzung mit Sexualität und Beziehungen eine immer größere Rolle. Es ist wichtig, in sich selbst hineinzuhören: Zu wem fühle ich mich hingezogen? Mit wem geht es mir gut? Will ich überhaupt schon eine Beziehung? Bei der Beantwortung dieser Fragen solltest du dich nicht von der Meinung anderer beeinflussen lassen. Solche und ähnliche Fragen können dir in jeder Lebensphase durch den Kopf gehen. Denn Beziehungen und Sexualität entwickeln und verändern sich im Laufe des Lebens.

Verantwortung übernehmen

Einen Menschen anzusprechen, in den man sich verliebt hat, erfordert Mut. Schwierig ist es auch, anderen zu erzählen, dass man schwul oder lesbisch ist. Dies wird **Coming-out** genannt. Doch nur so ist es möglich, die eigene Vorstellung von Sexualität und Partnerschaft zu leben. Dazu gehört auch, für den Partner oder die Partnerin Verantwortung zu übernehmen. Die eigene Sexualität zu leben, findet jedoch dort die Grenze, wo sie anderen Menschen Schaden zufügt. Zwang und Gewalt gehören nicht in Partnerschaften. Gehen aus einer Beziehung Kinder hervor, ist es wichtig, dass die Eltern sich bewusst sind, dass sie für ihre Kinder eine bleibende Verantwortung haben.

1. Nenne unterschiedliche Formen von Partnerschaften.
2. Nenne verschiedene sexuelle Orientierungen.
3. Erkläre, was für dich „Verantwortung in einer Beziehung übernehmen" bedeutet.
4. ❙❙ Beschreibe eine Partnerschaftsform genauer.
5. ❙❙ Erläutere die Grenzen von Toleranz in Bezug auf Sexualität.

Starthilfe zu 5:
Nutze folgende Begriffe
Schaden, Gewalt, Zwang

»

Ⓐ Das Coming-out

1 Nina

Nina fühlt sich eher zu Mädchen als zu Jungen hingezogen. Anfangs fand sie es schwierig, zu ihren Gefühlen zu stehen. Doch mittlerweile hat Nina Britta kennengelernt. Nina fühlt sich gut und sicher in ihrer Beziehung. Sie möchte daher ihren Freunden und ihrer Familie von Britta und ihrer Homosexualität erzählen.

1 Nenne Gefühle, Sorgen und Befürchtungen, die Nina haben könnte.

2 Beschreibe Vorurteile, mit denen Nina nach ihrem Coming-out zu kämpfen haben könnte.

3 Beschreibe, wie du als Freund oder Freundin Nina bei ihrem Coming-out unterstützen könntest.

Ⓑ Die Sache mit den Geschlechtern

2 Geschlecht: **A** Mensch mit männlichen und weiblichen Merkmalen, **B** Stellenausschreibung

„Ich bin ein Junge." – „Ich bin ein Mädchen." Nicht für jeden ist diese Frage eindeutig zu beantworten. Bei einem Kind können sowohl Hoden als auch Vagina angelegt sein. Es hat dann kein eindeutiges Geschlecht. Dies wird **Intersexualität** genannt.

Für Betroffene stellt dies oft eine Belastung dar. Ebenso kommt es vor, dass Menschen sich keinem Geschlecht zuordnen lassen wollen. Diese haben mittlerweile die Möglichkeit, sich keinen Eintrag zum Geschlecht oder **divers** (d) in den Pass eintragen zu lassen.

1 Erkläre das „d" in der Stellenanzeige in Bild 2.

2 Diskutiert folgende Frage: Sollten Eltern eingreifen dürfen, wenn sie bei der Geburt feststellen, dass bei ihrem Kind beide Geschlechter vorhanden sind?

METHODE

Über Werte diskutieren

Entscheidungen treffen

Bei vielen Entscheidungen ist es einfach, richtig und falsch zu unterscheiden. Manchmal gibt es aber zwei Möglichkeiten, für die jeweils gute Gründe sprechen. Eine solche Situation wird **Dilemma** genannt. Bei der Entscheidung helfen uns Werte, die wir uns im Laufe unseres Lebens angeeignet haben. Treue, Zuverlässigkeit und Respekt können solche Werte sein. Sie helfen uns, in einer Dilemmasituation eine begründete Entscheidung zu treffen.

Von einem Dilemma hören

1. Die Dilemmasituation wird vorgestellt.
2. Gemeinsam wird zunächst die Fragestellung des Dilemmas herausgearbeitet.
3. Danach werden die beiden möglichen Handlungsmöglichkeiten benannt.
4. Jeder positioniert sich ohne weitere Diskussion auf einer Seite.

Meine Position begründen

5. Schülerinnen und Schüler, die die gleiche Position vertreten, treffen sich in einer Gruppe.
6. Es werden Gründe gesammelt, die diese Position untermauern.
7. Jede Gruppe bereitet sich darauf vor, ihre Argumente der Klasse vorzustellen. Dazu werden die Argumente so sortiert, dass das bedeutendste Argument am Ende steht.

Im Plenum die Argumente beider Positionen diskutieren

8. Beide Gruppen stellen ihre Argumente vor. Fragen können gestellt werden.
9. Am Ende bewertet jeder das Gehörte und entscheidet, ob er seine Position beibehalten oder wechseln möchte.

3 Anna und Jan

Anna ist sauer auf ihren Freund Jan. Jan hat kaum Zeit für sie, da er mit Lina für einen Musikauftritt üben muss.
Anna sieht die beiden im Café sitzen. Später stellt sie Jan zur Rede: „Das sah aber gar nicht mehr nach Probe aus. Bist du lieber mit ihr zusammen als mit mir?"
Jan entgegnet ihr: „Wir sind einfach früher fertig geworden und haben noch ein Eis gegessen. Das ist doch nicht schlimm."
Dabei verschweigt Jan, dass er und Lina sich bei den Proben einmal nähergekommen sind. Für beide war sofort klar, dass es sich nicht wiederholen würde, denn sie sind glücklich in ihren Beziehungen.
Daraufhin fragt Anna: „Kannst du mir versichern, dass mit Lina nichts gelaufen ist?" Jan zögert. Er sitzt in der Zwickmühle. Einerseits will er Anna immer die Wahrheit sagen, andererseits will er ihr nicht wehtun und die Beziehung gefährden.

Er antwortet ...

① Diskutiert das Dilemma von Jan nach den auf dieser Seite beschriebenen Regeln.

② Erstellt ein Lernplakat zum Ablauf einer Dilemmadiskussion und hängt es in der Klasse auf.

1 Ein neues Körpergefühl

Geschlechtsorgane bei Mann und Frau

Entwicklung in der Pubertät

Mit der **Pubertät** beginnen für Jugendliche große Veränderungen. Ihr Körper entwickelt sich in dieser Zeit sehr schnell. Gleichzeitig verändert sich auch das Verhalten und das Auftreten der Jugendlichen. Bei den Mädchen fangen diese Veränderungen meist etwas früher an als bei den Jungen.

Die Geschlechtsreife

Ab einem gewissen Zeitpunkt sind Männer und Frauen in der Lage, Kinder zu zeugen. Sie sind dann geschlechtsreif. Die Veränderungen und die Entwicklungen in der Pubertät bereiten den Körper auf die Geschlechtsreife vor. Alle diese Entwicklungen werden durch **Geschlechtshormone** ausgelöst.

Die Geschlechtsorgane

Die Geschlechtsorgane dienen zur Fortpflanzung. In der Pubertät beginnen die Geschlechtsorgane zu wachsen und sich zu entwickeln. Beim Mann wachsen **Penis** und **Hoden** in der Pubertät zu ihrer vollen Größe heran und sind funktionsfähig. Der Penis und der Hodensack sind von außen gut zu erkennen. Die weiteren Geschlechtsorgane liegen im Körperinneren.
Die meisten Geschlechtsorgane der Frau liegen innen im Körper. Nur der Bereich der **Vulvalippen** mit dem **Kitzler** sind äußerlich gut erkennbar. Der Bereich der Geschlechtsorgane ist bei Mann und Frau gut durchblutet und sehr empfindlich. Berührungen beim Geschlechtsverkehr können schöne Gefühle auslösen.

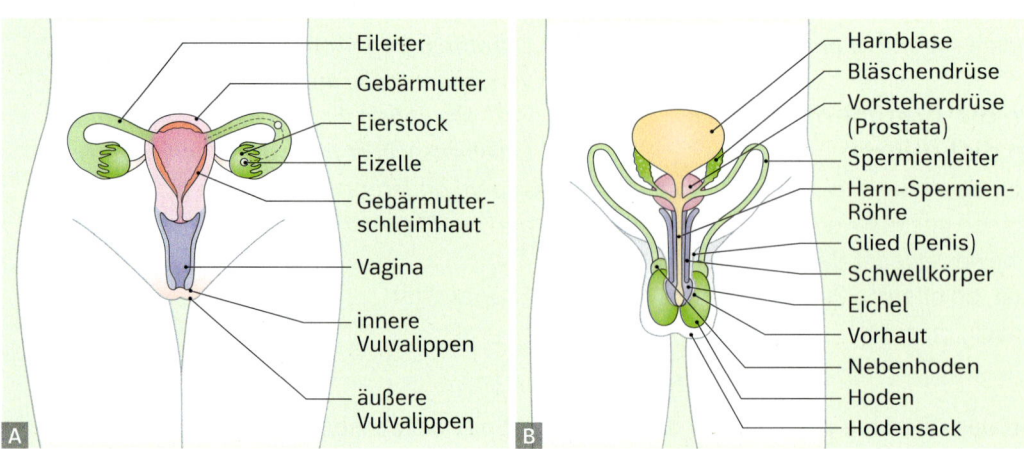

2 Geschlechtsorgane: **A** Frau, **B** Mann

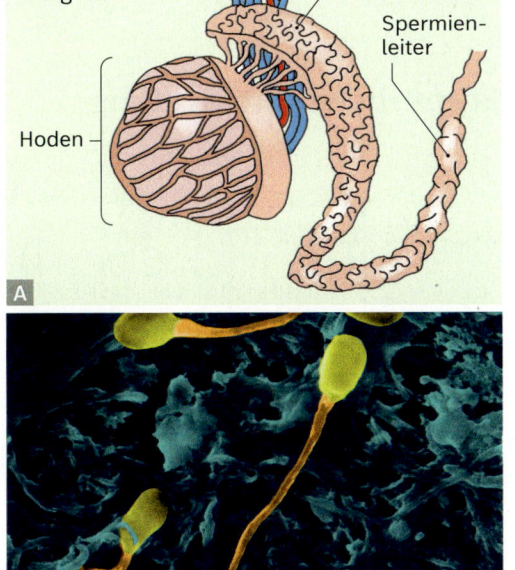

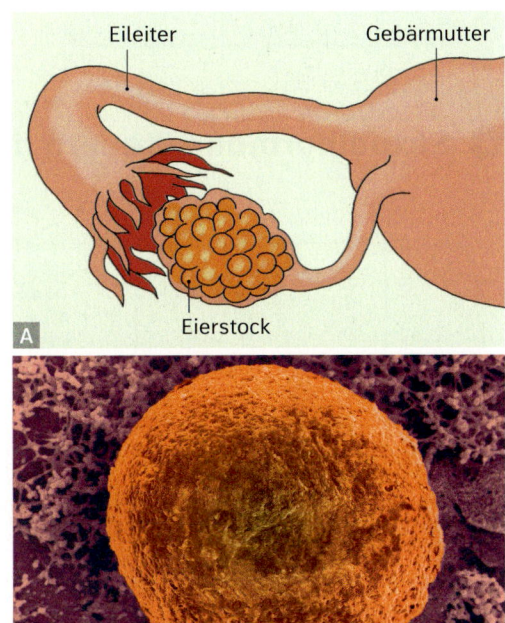

3 Hoden und Spermienzelle im Detail

4 Eierstock und Eizelle im Detail

Hoden und Spermienzelle

Mit der Pubertät setzt die Produktion der **Spermienzellen** ein. Die Hoden produzieren täglich 300 bis 500 Millionen Spermienzellen. Aus den **Hoden** gelangen die Spermienzellen in die **Nebenhoden,** wo sie reifen und gelagert werden. Hoden und Nebenhoden liegen außerhalb des Körpers im Hodensack. Dort ist die Körpertemperatur etwas niedriger. Die niedrige Temperatur ist gut für die Spermienzellen. Über den Spermienleiter und die **Harn-Spermien-Röhre** werden Spermienzellen durch den Penis transportiert. Bei einem Spermienerguss werden Spermienzellen aus dem Penis herausgeschleudert. Damit verbunden ist eine starke Erregung.

Eierstöcke und Eizellen

In den weiblichen **Eierstöcken** sind von Geburt an etwa 400.000 Eimutterzellen angelegt, deren Anzahl durch Absterben jedoch abnimmt. Mit Beginn der Pubertät reift alle vier Wochen eine solche Eimutterzelle zur **Eizelle** heran. Nach dem Eisprung gelangt die Eizelle in den Eileiter. Dort kann sie beim Geschlechtsverkehr befruchtet werden. All diese Prozesse werden durch weibliche Geschlechtshormone gesteuert. Bei Frauen ab dem 50. Lebensjahr wird die Monatsblutung immer seltener und bleibt schließlich ganz aus. Eine Schwangerschaft wird ab dieser Zeit unwahrscheinlich, da der weibliche Körper dann in der Regel keine reifen Eizellen zur Verfügung hat.

1 Nenne die äußerlich sichtbaren Geschlechtsorgane von Mann und Frau.

2 Nenne einen Unterschied zwischen Spermienzellen und Eizellen.

3 ‖ Begründe, warum sich die Hoden außerhalb des Körpers befinden.

4 ‖ Erläutere den Zusammenhang zwischen dem Alter einer Frau und der Wahrscheinlichkeit, dass sie schwanger wird.

Ⓐ Sexualhormone steuern die körperliche Entwicklung

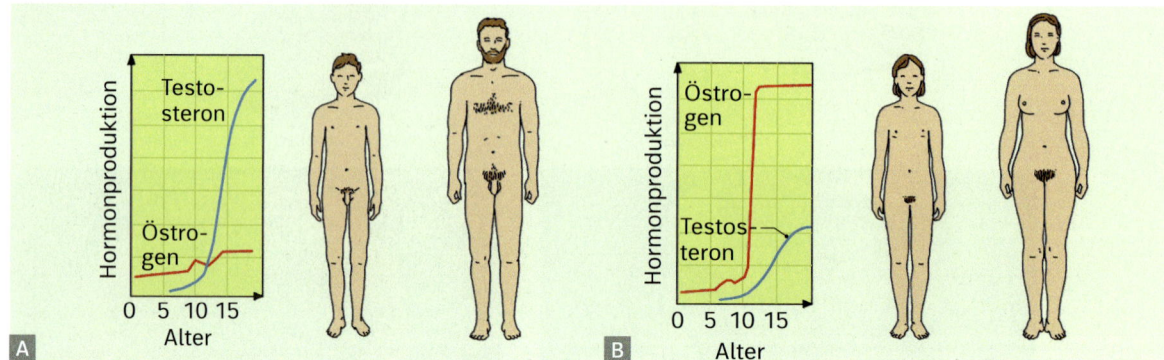

1 Sexualhormone: **A** bei Männern, **B** bei Frauen

Die Entwicklung in der Pubertät wird durch Botenstoffe, die sogenannten Hormone, gesteuert. **Testosteron** ist dabei das wichtigste männliche Hormon. Es ist in der Pubertät für die Entwicklung der männlichen Geschlechtsmerkmale verantwortlich.

Östrogen ist ein wichtiger weiblicher Botenstoff. Es sorgt in der Pubertät für das Wachstum der weiblichen Geschlechtsorgane. Frauen und Männer haben beide Hormone, jedoch in unterschiedlicher Menge.

❶ Beschreibe, wie sich die Personen auf den Bildern verändern.

❷ **a)** Beschreibe die dargestellten Diagramme.
b) Vergleiche, wie sich die Produktion von Testosteron und Östrogen bei Männern und Frauen im dargestellten Zeitraum verändert.

Starthilfe zu 2a:
Auf der senkrechten Achse sieht man…
Auf der waagerechten Achse sieht man…

Ⓑ Spermienzellenreifung

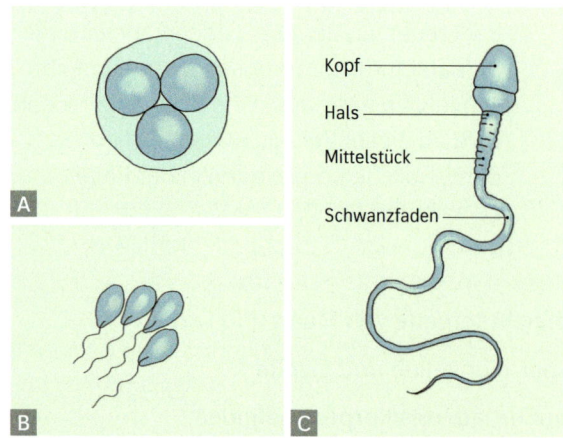

2 Spermienzellen: **A** Spermienmutterzellen, **B** junge Spermienzelle, **C** reife Spermienzelle

Spezielle Hormone regen die Reifung der Spermienzellen in den Hoden an. Sie entstehen aus den Spermienmutterzellen (→ Bild 2 A). Mit der Zeit entwickelt sich an den Spermienzellen ein langer Schwanzfaden (→ Bild 2 B). Er hilft bei der Fortbewegung in flüssiger Umgebung. Außerdem entwickelt sich ein Kopf mit einem Hals (→ Bild 2 C). Im Kopf befinden sich die Erbinformationen.

❶ Zeichne und beschrifte eine reife Spermienzelle.

❷ Beschreibe die Entwicklung einer reifen Spermienzelle.

IM ALLTAG

Sexuelle Reize

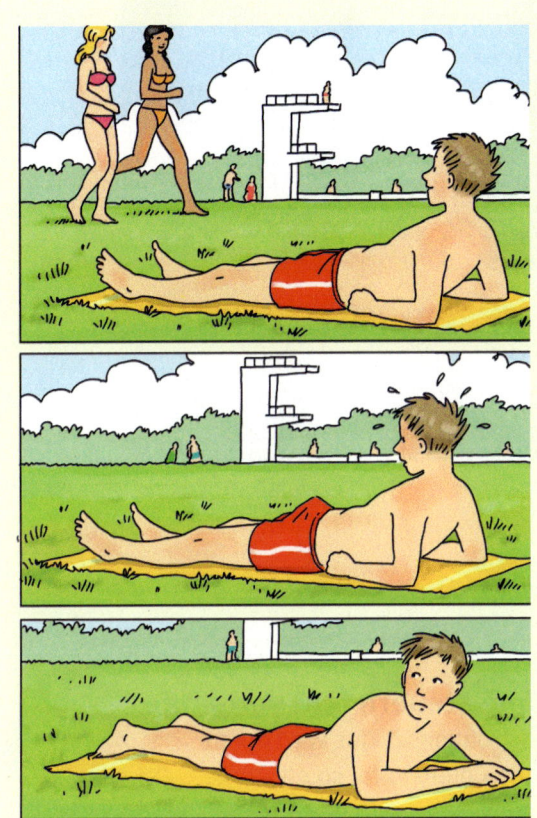

3 Im Schwimmbad

4 Sexualisierte Darstellung

Das Schwimmbaddrama

In der Pubertät spielen die Hormone manchmal verrückt. Da kann es ungewollt passieren, dass eine Situation entsteht, wie auf den drei Bildausschnitten von einem Schwimmbad dargestellt ist.

Digitale Sexualisierung

In vielen Computerspielen und Animes sind die Körper von Frauen, aber auch von Männern stark sexualisiert dargestellt. Sexualisiert bedeutet, dass die Geschlechtsmerkmale übertrieben groß und sehr deutlich dargestellt sind. Oft sind die entsprechenden Avatare dann auch nur knapp bekleidet. Mit der Realität haben die Darstellungen allerdings wenig zu tun.

① **a)** Beschreibe, was auf den Bildern zum Schwimmbaddrama dargestellt ist.
b) Erkläre, mit welchem Problem sich der Junge auf dem Bild auseinandersetzen muss.
c) Nenne Gefühle, die der Junge in dieser Situation haben könnte.

② Bewerte die Reaktion des Jungen in Bild 3.

③ Nenne Körpermerkmale, die auf Bild 4 übertrieben dargestellt sind.

④ ‖ Erläutere, welche negativen Folgen sexualisierten Darstellungen für Jugendliche in der Pubertät haben können.

1 Mädchen tauschen Erfahrungen aus.

Der Menstruationszyklus

Die Monatsblutung

In der Pubertät bekommen Mädchen ihre **Monatsblutung.** Die Monatsblutung wird auch Periode genannt. Der **Menstruationszyklus** beschreibt alle Vorgänge vor und während der Monatsblutung. Diese Vorgänge wiederholen sich etwa alle 28 Tage. Innerhalb des Zyklus bereitet sich der weibliche Körper auf eine mögliche Schwangerschaft vor.

Die Dauer eines Zyklus wird vom Tag der ersten Blutung bis zum Tag vor der nächsten Blutung gezählt.

2 Unterschiedliche Zykluslängen

Hormone steuern alle Vorgänge

Der Menstruationszyklus wird durch chemische Botenstoffe, so genannte **Hormone**, gesteuert. Die Art und Zusammensetzung der Hormone schwankt in einem Monatszyklus.

> Hormone sind Botenstoffe, die viele Vorgänge im Körper steuern.

Die Eireifung

Mithilfe der Hormone wird eine Eizelle in einem der beiden **Eierstöcke** aktiviert. Die **Eizelle** beginnt daraufhin zu reifen und zu wachsen.

Dabei bilden sich um die Eizelle herum weitere Zellen. So entsteht ein Bläschen. Es ist mit Flüssigkeit gefüllt und schützt die Eizelle. Das Bläschen wird **Follikel** genannt. Der Follikel wächst und wandert in den nächsten 10 bis 14 Tagen zum Rand des Eierstocks. Gleichzeitig wird die Gebärmutterschleimhaut dicker.

3 Vorgänge während des Menstruationszyklus

Der Eisprung

Nach ungefähr 14 Tagen ist der Follikel reif und platzt auf. Die Eizelle wird dabei mit etwas Flüssigkeit in den Eileiter gespült. Dieser Vorgang wird **Eisprung** genannt. Nur etwa 12 bis 24 Stunden nach dem Eisprung ist eine Eizelle befruchtungsfähig. Über den Eileiter gelangt die Eizelle in die **Gebärmutter.** Die Gebärmutter ist gut auf die Eizelle vorbereitet. Ihre Schleimhaut ist gewachsen und gut durchblutet.
So ist die Eizelle bei einer möglichen Schwangerschaft geschützt und versorgt. Häufig wird eine Zykluslänge mit 28 Tagen angegeben. Die tatsächliche Zykluslänge kann jedoch von Frau zu Frau sehr verschieden sein (→ Bild 2).

Menstruation oder Schwangerschaft

Wenn die Eizelle nicht befruchtet wird, stirbt sie ab. Gleichzeitig löst sich die Gebärmutterschleimhaut ab. Sie wird mit etwas Blut und der unbefruchteten Eizelle über die Scheide nach außen abgegeben. Dies wird als Monatsblutung oder **Menstruation** bezeichnet. Gleichzeitig reift eine neue Eizelle. Der Prozess beginnt von Neuem. Wenn die Eizelle befruchtet wird, kann es zu einer **Schwangerschaft** kommen. Die befruchtete Eizelle nistet sich dann in der Gebärmutterschleimhaut ein. Hormone signalisieren dem Körper dann, dass eine Schwangerschaft begonnen hat. Der Zyklus wird unterbrochen und die befruchtete Eizelle kann sich entwickeln.

1 Beschreibe den Menstruationszyklus.

2 Beschreibe die Vorgänge im Eierstock, die in der Mitte von Bild 3 zu sehen sind.

3 Erkläre, worüber sich die Mädchen im Comic (→ Bild 2) unterhalten.

4 Erkläre, wie die Dauer eines Zyklus berechnet wird.

5 ▌▌ Beschreibe, in welcher Phase des Menstruationszyklus die Befruchtung der Eizelle am wahrscheinlichsten ist.

Starthilfe zu 5:
Beginne so: Nach ungefähr 14 Tagen...

A Die Dauer des weiblichen Zyklus

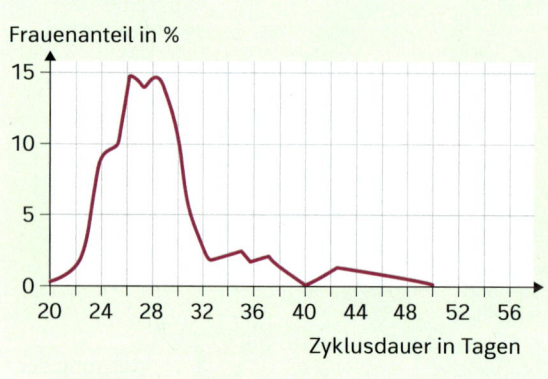

Die Zyklusdauer unterscheidet sich von Frau zu Frau. Oft schwankt die Zyklusdauer am Anfang auch von Zyklus zu Zyklus.

1 a) Beschreibe, was die Grafik in Bild 1 zeigt.
b) Werte die Grafik aus. Nutze dazu die Methodenseite zu den Diagrammen.

> **Starthilfe zu 1a:**
> Die kürzeste Zyklusdauer ist...
> Die längste Zyklusdauer ist...
> Besonders häufig dauert der Zyklus ... Tage.

1 Zyklusdauer

B Fragen zur Menstruation

> Stimmt es, dass Mädchen schwanger werden können, bevor die erste Menstruation eingesetzt hat?

> Kann ein Mädchen während der Menstruation schwimmen gehen?

> Kann ein Mädchen während der Periode am Sportunterricht teilnehmen?

> Was kann ein Mädchen tun, wenn es während der Menstruation Schmerzen hat?

> Haben die Jungen auch sowas wie einen Zyklus?

> Hier ist Platz für deine Fragen ...

2 Fragen zum Thema Menstruation

Auf den Kärtchen sind einige Fragen rund um das Thema Menstruation notiert.

1 Sammelt auf Kärtchen weitere Fragen zur Menstruation.

2 Recherchiert die Antworten zu den Fragen und beantwortet sie euch gegenseitig.

Vorsorge rund um den Zyklus

3 In der Sprechstunde

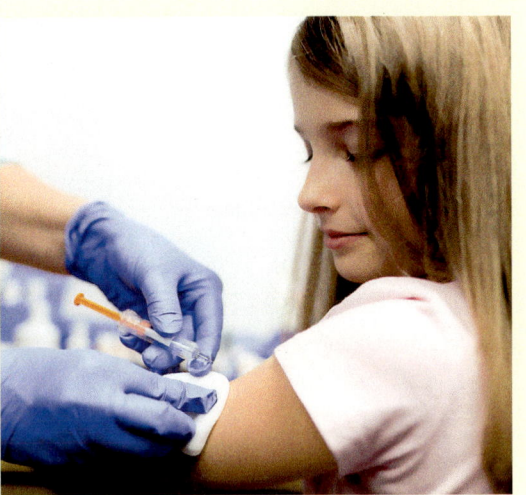

4 Bei der Impfung

Zum ersten Mal bei der Frauenärztin

Eine Frauenärztin ist eine wichtige Ansprechpartnerin für Mädchen und Frauen. Du kannst dich von der Frauenärztin einfach beraten lassen und ein Gespräch führen.

Gründe für den Besuch bei der Frauenärztin können auch Schmerzen bei der Periode, Schwankungen im Verlauf der Periode oder eine ausbleibende Periode sein. Ein Menstruationskalender ist ein gutes Hilfsmittel für das Gespräch mit der Ärztin. Manchmal ist danach auch eine Untersuchung nötig.

Wichtig ist es, Vertrauen aufzubauen, da man der Ärztin häufig Intimes und Privates mitteilt.

Schutz vor HP-Viren

Viele Menschen haben HP-Viren im Körper. Die HP-Viren werden durch ungeschützten Geschlechtsverkehr übertragen. Meist sind sie ungefährlich und der Körper kann sich gut gegen die Viren schützen. Manchmal ist die Abwehr des Körpers nicht stark genug. Dann kann das Virus gefährlich sein: Bei Frauen kann er Gebärmutterhalskrebs und beim Mann Peniskrebs auslösen. Die Verwendung von Kondomen bietet Schutz vor einer Infektion mit HP-Viren. Noch sicherer ist eine Impfung durch eine Ärztin oder einen Arzt. Die Impfung sollte vor dem ersten Geschlechtsverkehr erfolgen. Noch besser ist die Impfung vor Beginn der Pubertät. Dies gilt für Jungen und Mädchen.

1. Nenne Gründe für den ersten Besuch bei einer Frauenärztin oder einem Frauenarzt.
2. Erkläre, warum ein Menstruationskalender ein gutes Hilfsmittel für den ersten Frauenarztbesuch ist.
3. Nenne mögliche Folgen einer Infektion mit HP-Viren.
4. ▌▌ Begründe, warum eine Impfung gegen HP-Viren für Mädchen und Jungen sinnvoll ist.

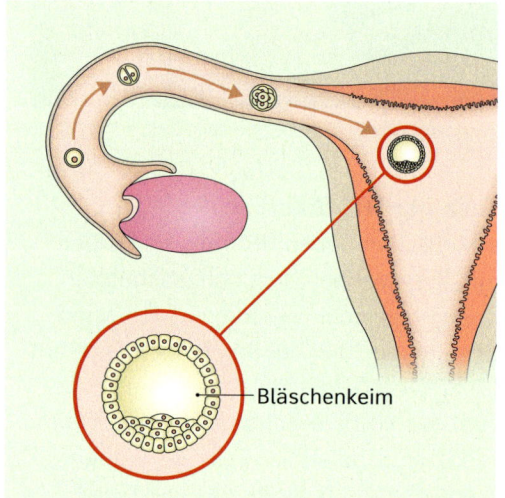

1 Die Verschmelzung

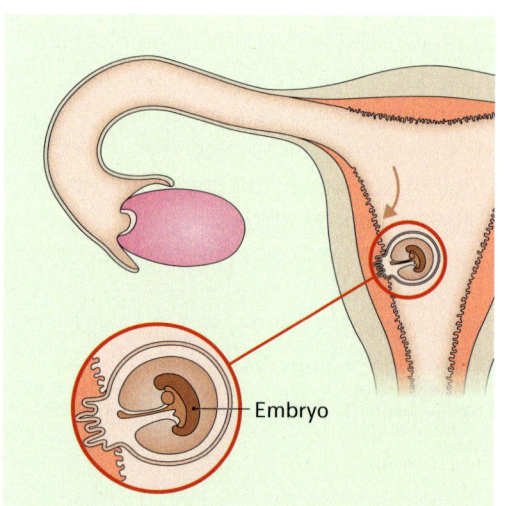

2 Bläschenkeim

3 Embryo nach 7 Wochen

Schwangerschaft und Geburt

Zur richtigen Zeit am richtigen Ort

Nach dem Eisprung wandert die Eizelle in Richtung Gebärmutter. Wenn Mann und Frau in dieser Zeit Geschlechtsverkehr haben, kann es zu einer **Schwangerschaft** kommen. Die Eizelle lockt dabei die Spermienzellen mit chemischen Stoffen an. Nur eine von 150 Millionen Spermienzellen schafft es, in die Eizelle einzudringen. Die Zellkerne verschmelzen dann miteinander. Durch diese Verschmelzung erhält das Kind Merkmale von dem Vater und der Mutter. Dieser Vorgang wird **Befruchtung** genannt.

Zellen teilen sich

Eine befruchtete Eizelle wird **Zygote** genannt. Die Zygote teilt sich auf ihrem Weg durch den Eileiter immer wieder. Innerhalb einer Woche entsteht so ein **Bläschenkeim.** Dieser besteht schon aus vielen Zellen. Der Bläschenkeim nistet sich in der Gebärmutterschleimhaut ein und verwächst mit dieser. Ab diesem Zeitpunkt wird von einer Schwangerschaft gesprochen. Aus dem Bläschenkeim entwickeln sich der **Embryo** und die mit Flüssigkeit gefüllte **Fruchtblase**.

Organe entwickeln sich

Aus den Zellen des Bläschenkeims entwickeln sich in der Folge die Organe. Bereits nach drei Wochen ist der Kopf zu erkennen. Als erstes Organ entwickelt sich das Herz. Es ist wichtig für die Versorgung des Kindes mit Blut. Danach beginnt sich das Gehirn zu entwickeln. Auch die Knochen und Muskeln bilden sich langsam aus. Ab der 8. Woche hat der Embryo etwa die Größe einer Weintraube. Alle Organe des Embryos sind bereits angelegt, aber noch nicht alle funktionsfähig. Die Organe entwickeln sich und wachsen unterschiedlich schnell.

Wachstum

Zwölf Wochen nach der Einnistung wird der Embryo **Fötus** genannt. In den nächsten Wochen hat das ungeborene Kind Zeit, um im Schutz der Fruchtblase zu wachsen.

Versorgung

Durch die Nabelschnur erhält der Fötus Sauerstoff und Nährstoffe über die **Plazenta** der Mutter. Gleichzeitig gibt der Fötus über die Nabelschnur Kohlenstoffdioxid und Stoffwechselreste ab. Eine Besonderheit der Plazenta sind ihre dünnen Wände. Sie verhindern eine Vermischung des Blutes von Mutter und Kind. Über die Plazenta können dennoch giftige Stoffe wie Alkohol, Nikotin, Medikamente und Drogen das Kind erreichen und es schädigen.

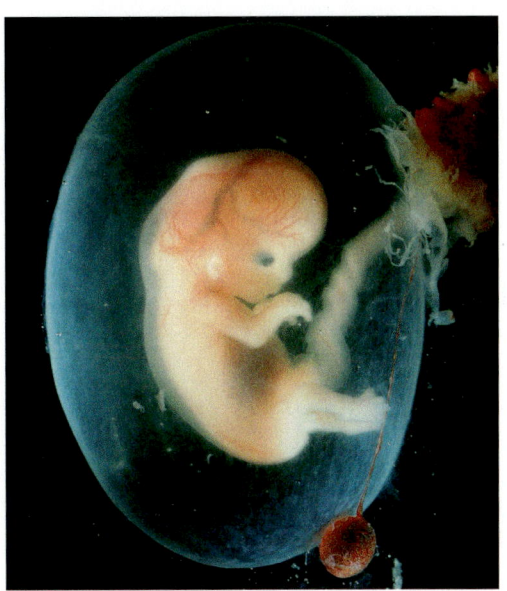

4 Fötus mit Plazenta

Die Geburt

In der 34. Schwangerschaftswoche dreht sich der Fötus meist mit dem Kopf zum Gebärmutterausgang. Diese Lage erleichtert die Geburt. Kurz vor der Geburt zieht sich die Gebärmuttermuskulatur zusammen. Jedes Zusammenziehen wird als **Wehe** bezeichnet. Sind die Wehen stark genug, platzt die Fruchtblase. Das Kind wird durch die Scheide herausgepresst. Es kann sofort nach der Geburt selbstständig atmen. Daher wird die Nabelschnur kurz nach der Geburt abgetrennt. Wenig später werden die Plazenta und die leere Fruchtblase als **Nachgeburt** ausgestoßen.

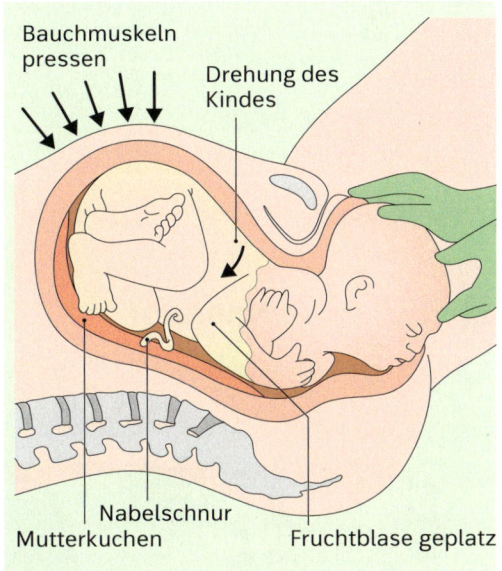

Bauchmuskeln pressen

Drehung des Kindes

Nabelschnur

Mutterkuchen

Fruchtblase geplatz

5 Der Geburtsvorgang

---

① Lege ein Flussdiagramm zur Schwangerschaft an.

② Begründe, warum sich das Herz sehr früh entwickelt.

③ Erkläre die Aufgabe der Plazenta.

④ Beschreibe die Vorgänge bei einer Geburt.

⑤ ▌▌ Erkläre, ab wann von einem Fötus gesprochen wird.

⑥ ▌▌ Begründe, warum es auch dem ungeborenen Kind schaden kann, wenn die Mutter in der Schwangerschaft raucht oder auch nur passiv raucht.

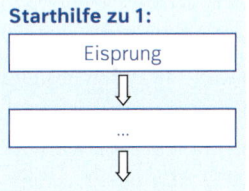

Starthilfe zu 1:

Eisprung

⇩

...

⇩

● ● ● **ÜBEN UND ANWENDEN**

Ⓐ Organentwicklung in der Schwangerschaft

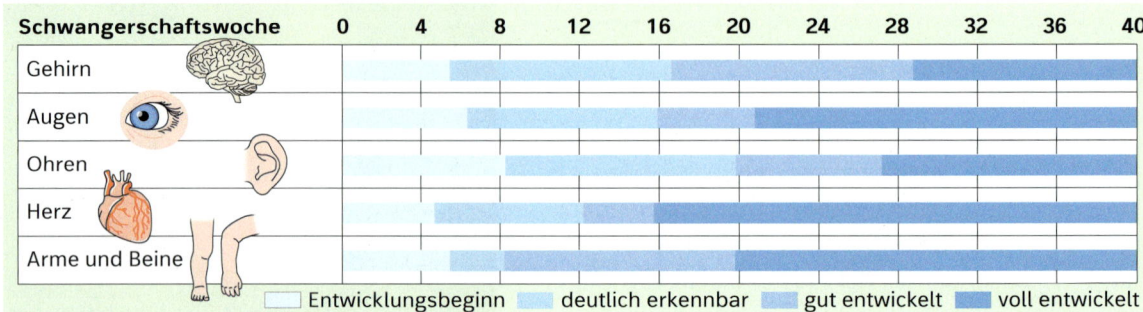

Schwangerschaftswoche	0	4	8	12	16	20	24	28	32	36	40
Gehirn											
Augen											
Ohren											
Herz											
Arme und Beine											

☐ Entwicklungsbeginn ☐ deutlich erkennbar ☐ gut entwickelt ☐ voll entwickelt

1 Entwicklung verschiedener Organe des Kindes

Die Organe übernehmen im menschlichen Körper wichtige Funktionen. Im Verlauf der Schwangerschaft entwickeln sie sich in unterschiedlichen Zeiträumen.

❶ Ordne die genannten Organe ...
a) ... nach dem Zeitpunkt, an dem ihre Entwicklung deutlich erkennbar ist.
b) ... nach dem Zeitpunkt, an dem sie voll entwickelt sind.

❷ ❚❚ „Schon während der Schwangerschaft nimmt das Kind Geräusche wahr." Begründe, ob diese Aussage zutreffend ist.

Ⓑ Risiken vermeiden

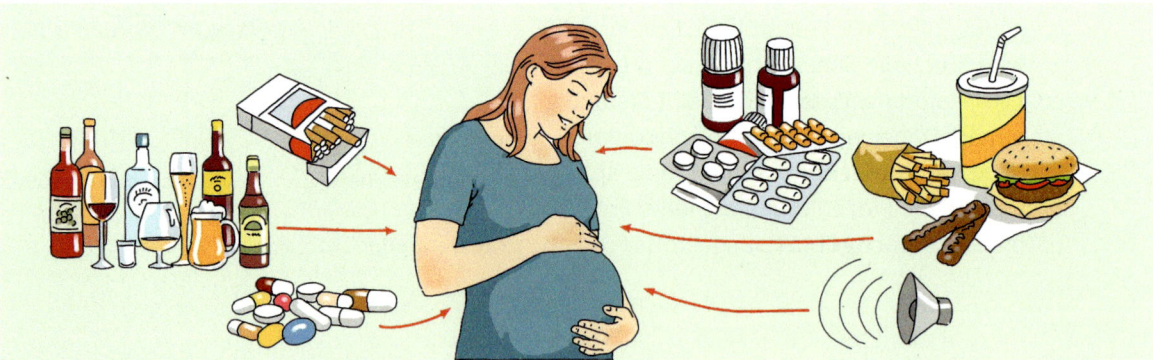

2 Risikofaktoren in der Schwangerschaft

Über die Plazenta ist das Kind während der Schwangerschaft mit seiner Mutter verbunden und erhält Nährstoffe und Sauerstoff aus ihrem Blut. Daher muss eine Schwangere zum Schutz des Kindes an viele Dinge denken. Auch andere äußere Reize beeinflussen die Entwicklung des Kindes.

❶ Nenne zu jedem Risikofaktor ein Beispiel.

❷ Begründe, warum die oben dargestellten Risikofaktoren in der Schwangerschaft auch dem ungeborenen Kind schaden.

❸ Recherchiere im Internet, welche Folgen die Risikofaktoren für das Kind haben können.

Vorsorgeuntersuchungen für Mutter und Kind

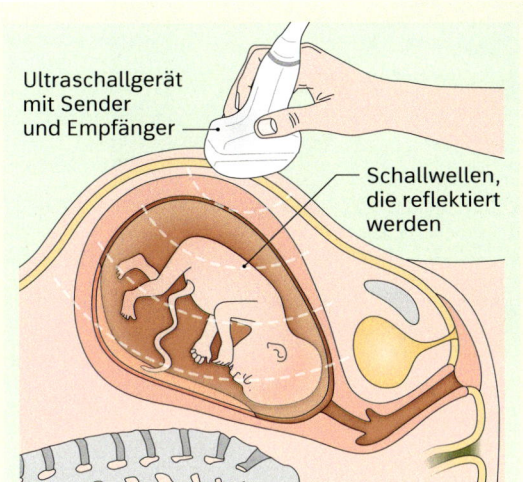

3 Schema einer Ultraschalluntersuchung

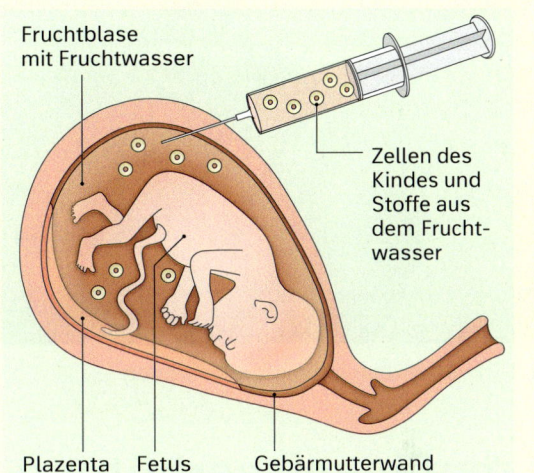

4 Schema einer Fruchtwasseruntersuchung

Untersuchung mit Ultraschall

Die Untersuchung mit Ultraschall wird während der Schwangerschaft mehrfach durchgeführt. Sie dient dazu, das ungeborene Kind zu untersuchen.

Bei der Ultraschalluntersuchung werden Schallwellen in den Körper der Mutter geleitet. Der Körper des Kindes wirft diese Schallwellen zurück. So entsteht ein Bild des Kindes. Dadurch können äußere Verletzungen oder Missbildungen des Kindes frühzeitig erkannt werden. Manchmal werden sogar Herzfehler erkannt und noch vor der Geburt behandelt. Die Untersuchung ist ungefährlich.

Untersuchung des Fruchtwassers

Die Fruchtwasseruntersuchung ist eine weitere Vorsorgeuntersuchung. Das Fruchtwasser enthält Zellen des Kindes, sowie die Stoffe, die es über den Urin abgegeben hat. Zur Untersuchung wird das Fruchtwasser mit einer langen Nadel entnommen. Hierbei besteht das Risiko, dass das ungeborene Kind verletzt wird.

Nach der Entnahme können die Ärzte die Zellen und den Urin des Kindes auf Anzeichen für Krankheiten untersuchen. Auch durch diese Methode können viele Krankheiten früh erkannt werden. Manchmal können sie noch vor der Geburt behandelt werden.

1 Stelle Ultraschalluntersuchung und Fruchtwasseruntersuchung in einer Tabelle gegenüber.

2 ❚ Bewerte das Risiko der beiden Untersuchungsmethoden für das Kind.

Starthilfe zu 1:

Vergleich	Ultraschall	Fruchtwasser
Methode	Schallwellen	...
Risiko	...	...
...	...	...

1 Diskussion über die richtige Verhütung

Empfängnisverhütung

Gemeinsam richtig entscheiden

Nicht immer ist der Geschlechtsverkehr mit dem Wunsch nach einer Schwangerschaft und einem Kind verbunden. Das kann verschiedene Gründe haben. Ein Paar möchte noch kein Kind oder kein weiteres Kind mehr. Dann sollten die Partner gemeinsam entscheiden, wie verhütet wird. Es gibt viele verschiedene Möglichkeiten zur **Verhütung**. Die Verhütungsmethoden unterscheiden sich in der Art der Anwendung und in der Sicherheit.

Für die Wahl der richtigen Methode spielt, neben möglichen gesundheitlichen Folgen, auch das Vertrauen zwischen den Partnern eine wichtige Rolle.

Das Kondom

Das **Kondom** ist eines der am häufigsten benutzten Verhütungsmittel. Es kann spontan benutzt werden und ist bei richtiger Anwendung sehr sicher. Es besteht aus einer gummiartigen Substanz und wird kurz vor dem Geschlechtsverkehr über den steifen Penis gezogen. Das Kondom verhindert, dass die Spermienzellen bei der Ejakulation in die Scheide der Frau gelangen. So wird eine Schwangerschaft vermieden. Das Kondom hält dabei nicht nur die Spermienzellen zurück, sondern schützt beide vor ansteckenden Geschlechtskrankheiten, da das Kondom eine Barriere für die Erreger ist.

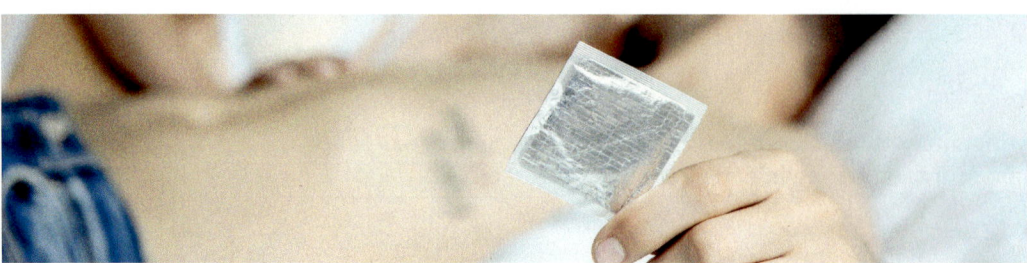

2 Kondom zur Hand

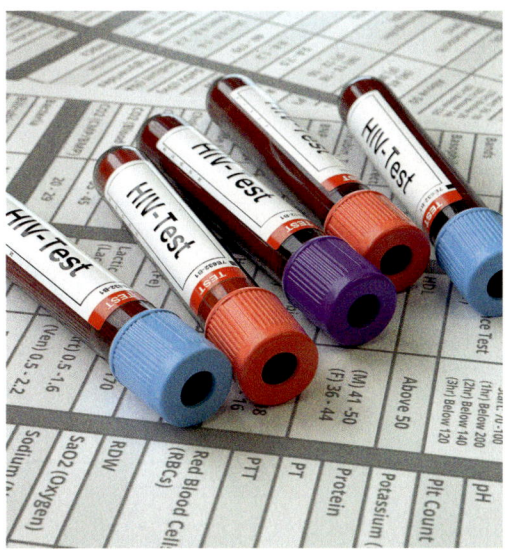

3 AIDS ist eine sexuell übertragbare Krankheit.

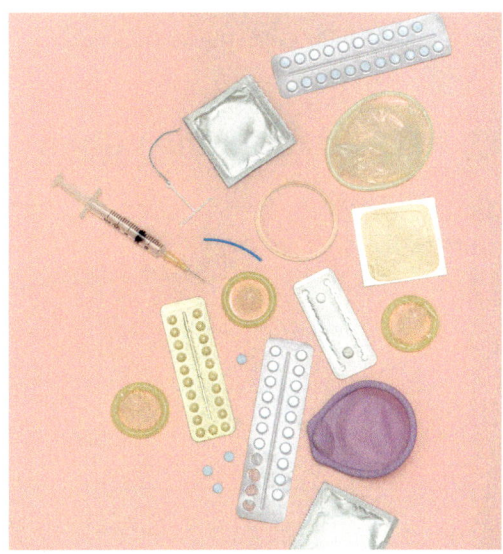

4 Verschiedene Verhütungsmittel

Sexuell übertragbare Krankheiten

Wird nicht mit einem Kondom verhütet, steigt das Risiko, sich mit einer sexuell übertragbaren Krankheit anzustecken. Eine der bekanntesten sexuell übertragbaren Krankheiten ist **AIDS**. AIDS wird durch eine Übertragung des **HI-Virus** ausgelöst. Oft bricht die Krankheit erst nach Jahren aus. Sie kann tödlich sein. Bis zum Ausbruch der Krankheit können Infizierte unbewusst noch viele weitere Menschen anstecken. Weitere häufige sexuell übertragbare Krankheiten sind Tripperinfektionen und Syphilisinfektionen. Beide Krankheiten werden durch Bakterien verursacht. Sie müssen mit Antibiotika behandelt werden. Kondome verringern auch hier das Übertragungsrisiko erheblich.

Hormonelle Verhütungsmittel

Die **Anti-Baby-Pille** ist ein häufig eingesetztes hormonelles Verhütungsmittel. Bei richtiger Anwendung ist sie sehr sicher. Diese Art der Verhütung muss langfristig geplant werden. Vorab muss die Frau von einer Ärztin oder einem Arzt untersucht und beraten werden. Bei Mädchen ab 14 Jahren bis 16 Jahren kann die Ärztin oder der Arzt entscheiden, ob zusätzlich zum Gespräch eine Einwilligung der Eltern nötig ist. Alle hormonellen Verhütungsmittel haben Auswirkungen auf den weiblichen Körper. Durch die Hormone wird der Monatszyklus der Frau so verändert, dass es nicht mehr zur Befruchtung der Eizelle kommt. Daher sind regelmäßige Kontrollen beim Frauenarzt notwendig.

1 Begründe, warum die Wahl des richtigen Verhütungsmittels eine gemeinsame Entscheidung von Mann und Frau ist.

2 Nenne verschiedene sexuell übertragbare Krankheiten.

3 Nenne Vorteile des Kondoms.

4 ▮▮ Formuliere passende Aussagen für die beiden Personen in Bild 1.

5 ▮▮ Vergleiche Kondom und Anti-Baby-Pille in einer Tabelle miteinander.

Starthilfe zu 5:

Vergleich	Kondom	Anti-Baby-Pille
Schutz vor sexuell übertragbaren Krankheiten	ja	nein
...	...	...

»

A Mit Testkondomen üben

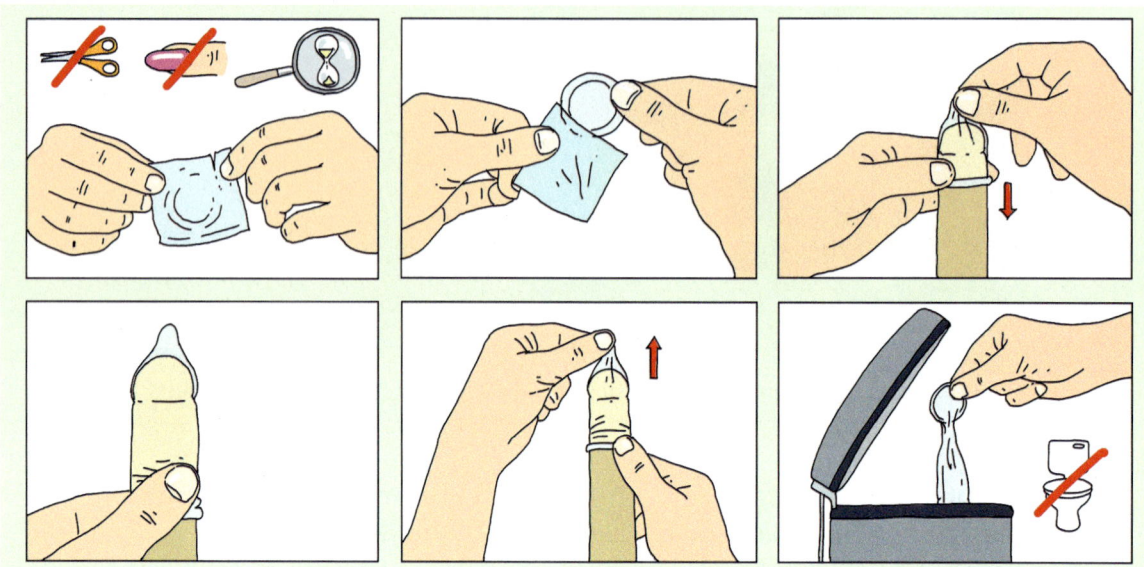

1 Umgang mit dem Kondom

Damit ein Kondom richtig schützt, müssen beim Überziehen und Abstreifen des Kondoms einige Schritte beachtet werden.

1 Entwickle mithilfe der Bilder Regeln für die richtige Anwendung von Kondomen.

2 Ihr könnt die richtige Handhabung mit den Testkondomen am Penismodell üben.

B Das richtige Verhütungsmittel wählen

2 Ein Paar diskutiert.

Klara und Tim sind seit längerer Zeit ein Paar. Beide möchten miteinander schlafen, aber keinesfalls schon Eltern werden. Über die Wahl des passenden Verhütungsmittels ist eine Diskussion entstanden. Tim möchte, dass Klara die Pille nimmt, da er dies für die sicherste Verhütung hält. Klara ist nicht sicher, ob sie die Pille nehmen möchte. Sie schlägt vor, mit Kondomen zu verhüten …

1 Nenne Pro- und Contra-Argumente für die Diskussion.

2 Diskutiert in der Klasse, welchen Rat ihr Klara und Tim geben würdet.

Mit schwierigen Situationen umgehen

3 Mit AIDS leben

4 Hilfsangebote nutzen

AIDS – Ein Betroffener berichtet

„Hallo, mein Name ist Frank. Ich bin 21 Jahre alt und habe letztes Jahr erfahren, dass ich mit HIV infiziert bin und AIDS habe. Die Diagnose hat mich im ersten Moment schockiert. Auf der Heimfahrt nach dem Arztbesuch hatte ich das Gefühl, dass mich alle anstarren. Das war natürlich nur Einbildung, aber in den folgenden Monaten fiel es mir auch weiterhin schwer, Kontakt mit Menschen aufzunehmen oder auch nur an eine neue Beziehung zu denken. Ich fühlte mich ekelhaft und konnte die Krankheit nicht akzeptieren. Ich hatte Angst vor der Reaktion meiner Mitmenschen. Mittlerweile kann ich über meine Erkrankung sprechen."

Schwangerschaftskonfliktberatung

Ungewollt schwanger zu werden, löst viele Gefühle aus. Erste Ansprechpartner in solchen Fällen sind der Partner, die eigene Familie und enge Freunde.
Darüber hinaus gibt es auch Beratungsstellen, an die sich schwangere Frauen und ihre Partner wenden können. Ziel dieser **Schwangerschaftskonfliktberatung** ist es, den werdenden Eltern zu helfen. Dabei findet die Beratung immer kostenlos und auf Wunsch anonym statt.

1. Nenne Ängste und Gefühle, die Frank nach seiner Diagnose hat.
2. Nenne mögliche Reaktionen von Menschen, denen Frank von seiner Diagnose berichtet.
3. Formuliere Fragen, die sich eine Frau stellen könnte, die ungewollt schwanger geworden ist.
4. Begründe, warum die Schwangerschaftskonfliktberatung gerade bei einer ungeplanten Schwangerschaft ein wichtiges Hilfsangebot ist.
5. Recherchiere, welche Einrichtungen es für die Schwangerschaftskonfliktberatung in deiner Nähe gibt.
6. Recherchiere, welche Hilfen die Beratungsstellen anbieten.

Auf einen Blick: Sexualität und Partnerschaft

Partnerschaft

In der Pubertät sind viele Jugendliche zum ersten Mal verliebt. Unter den Jungen oder Mädchen im direkten Umfeld entdecken viele ihre erste Partnerin oder ihren ersten Partner. Ob es sich dabei um eine homosexuelle oder eine heterosexuelle Partnerschaft handelt, ist unbedeutend. Wichtig ist es, zur eigenen sexuellen Orientierung zu stehen und diese gemeinsam mit der Partnerin oder dem Partner zu leben.
Partnerschaften leben stets vom gegenseitigen Respekt füreinander.

Sexualität

In der Pubertät entwickelt sich der Körper so, dass Jungen und Mädchen geschlechtsreif werden. Einige Jugendliche machen in der Pubertät ihre ersten sexuellen Erfahrungen. Dabei ist es wichtig, gemeinsam Verantwortung für die Verhütung zu übernehmen. Kondome sind richtig angewendet ein sehr sicherer Schutz vor ungewollten Schwangerschaften und sexuell übertragbaren Krankheiten. Die Pille ist ein sehr sicheres hormonelles Verhütungsmittel.
Sollten sich junge Erwachsene entscheiden, Kinder zu bekommen, steht ihnen eine spannende Zeit bevor. Ungefähr 40 Wochen dauert die Entwicklung, bei der aus einer Spermienzelle und einer Eizelle ein neugeborenes Kind wird.

Auf einen Blick

WICHTIGE BEGRIFFE
- Pubertät
- sexuelle Orientierung
- Verantwortung
- heterosexuell, homosexuell, bisexuell

WICHTIGE BEGRIFFE
- Spermienzelle, Eizelle
- Kondom, Antibabypille
- sexuell übertragbare Krankheiten
- Schwangerschaft

Lerncheck: Sexualität und Partnerschaft

Partnerschaft

1. Beschreibe und deute das obige Bild.

2. Nenne verschiedene sexuelle Orientierungen.

3. „Partnerschaften können sehr unterschiedlich aussehen."
   Erkläre die Aussage und nenne Beispiele.

4. Begründe, warum Respekt und Verantwortungsbereitschaft wichtig für das Gelingen einer Partnerschaft sind.

Verhütung

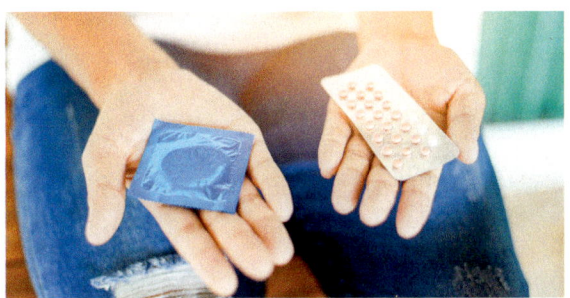

6. a) Nenne die dargestellten Verhütungsmittel und erkläre ihre Anwendung..
   b) Nenne zwei weitere Verhütungsmittel.

7. Ordne den dargestellten Verhütungsmitteln die folgenden Aussagen zu:
   - Bei richtiger Anwendung sehr sicher.
   - Wirkt hormonell im Körper.
   - Lässt keine Körperflüssigkeiten passieren.
   - Schützt gut vor sexuell übertragbaren Krankheiten.

Menstruation

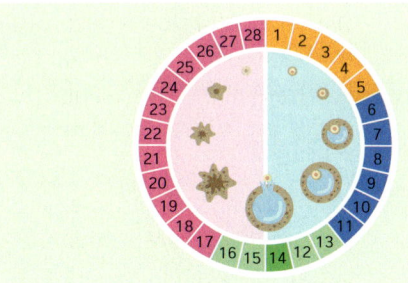

5. a) Zeichne das Kreisschema des Menstruationszyklus ab.
   b) Beschrifte die folgenden Phasen:
   Tage der Menstruation, Eisprung, fruchtbare Phase, Eireifung

> **DU KANNST JETZT …**
>
> - … angemessen über sexuelle Orientierungen und Partnerschaftsformen sprechen.
> - … den Menstruationszyklus mit Fachwörtern beschreiben.

Schwangerschaft und Geburt

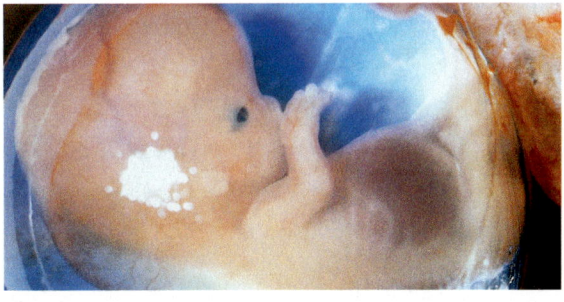

8. Beschreibe das dargestellte Bild mit passenden Fachwörtern.

9. Nenne wichtige Entwicklungsschritte des ungeborenen Kindes im Mutterleib.

> **DU KANNST JETZT …**
>
> - … verschiedene Verhütungsmittel im Hinblick auf ihre Sicherheit bewerten.
> - … den Ablauf einer Schwangerschaft mit Fachwörtern beschreiben.

Lerncheck

Stichwortverzeichnis

Gefahrstoffe

Gefahrstoffe sind Stoffe, die zu physikalischen Gefahren, Gesundheitsgefahren oder Umweltgefahren führen können. Einfache Piktogramme geben Hinweise auf Gefahren, die von Gefahrstoffen und dem Umgang mit ihnen ausgehen. Die Kennzeichnung erfolgt weltweit einheitlich nach GHS (Globally Harmonised System). Je nach **Gefahrenpotenzial** müssen Gefahrstoffe mit den entsprechenden GHS-Piktogrammen gekennzeichnet werden.

Zusätzlich gibt es Signalwörter, die den Grad der Gefährdung anzeigen:
- **Gefahr** für schwerwiegende Gefahrenkategorien
- **Achtung** für weniger schwerwiegende Gefahrenkategorien

In der unten stehenden Tabelle werden die im vorliegenden Buch genutzten Gefahrstoffe aufgelistet und durch Hinweise zum Umgang mit ihnen ergänzt.

Stoff mit GHS-Piktogramm, Signalwort	Nutzungshinweise	Gefahrenhinweise	Hinweise zur Entsorgung bei den Versuchen im Buch
Methylenblau (Farbstoff) — Gefahr	Schutzbrille mit Seitenschutz verwenden.	Gesundheitsschädlich bei Verschlucken.	S. 11 und S. 15: Die gefärbten Präparate können über den Restmüll entsorgt werden.
Iod-Kaliumiodid-Lösung — Achtung	Schutzbrille mit Seitenschutz verwenden. Geeignete Schutzhandschuhe verwenden. Für ausreichende Belüftung sorgen.	Kann bei längerer oder wiederholter Exposition die Organe schädigen.	S. 34: Die Flüssigkeit kann über den Ausguss entsorgt werden.
Salzsäure — Achtung	Schutzbrille mit Seitenschutz verwenden. Geeignete Schutzhandschuhe verwenden.	Verursacht schwere Verätzungen der Haut und schwere Augenschäden.	S. 42: Die Flüssigkeit kann über den Ausguss entsorgt werden.
Pepsin — Gefahr	Schutzbrille mit Seitenschutz verwenden. Geeignete Schutzhandschuhe verwenden.	Verursacht Hautreizungen, verursacht schwere Augenreizung, kann die Atemwege reizen, kann bei Einatmen Allergie, asthmaartige Symptome oder Atembeschwerden verursachen	S. 42: Die Flüssigkeit kann über den Ausguss entsorgt werden.

Bildquellenverzeichnis

|Agentur Focus - Die Fotograf*innen, Hamburg: eye of science/Dr. Wanner 103.1. |Alamy Stock Photo (RMB), Abingdon/Oxfordshire: Adeus, Buhai 17.3; AGAMI Photo Agency/Legrand, Vincent 158.2; agefotostock 51.2, 86.2; Andrew Newman Nature Pictures 85.2; Arco Images GmbH 84.1; Arndt, Vladimir 15.1; Arterra Picture Library 69.2, 89.2, 112.6, 241.9; Arterra Picture Library/De Meester, Johan 158.6; Avalon/Photoshot License 68.1, 160.2; Biosphoto/Vitzthum, Stephane 72.1; Blossey, Hans 4.2, 134.1; Bowman, Charles 85.3; brooks, jean 132.6, 241.24; Buettner, Rick 152.2; Cattlin, Nigel 73.2, 99.2; Chapman, David 120.4; Clayton, Robert 154.5; Coffeyshots 158.7; Cornel Constantin, Razvan 8.3, 8.4; David Bleeker Photography 77.2; deWitt, Kathy 183.2; DGP_Scotland 128.4; Dirscherl, Reinhard 137.3; DTR Photography 18.6; Florida Images 72.3; Folio Images 124.5; Gainey, Tim 160.1; Gibbons, Bob 142.5; Gilbey, John 17.1; Hecker, Frank 149.2; Hermes Furian, Peter 14.1; HPS 97.1; Huettenhoelscher, Joerg 154.3; Hutter, Christian 69.1; Image Source 18.5; imageBROKER 82.1, 85.1, 95.1, 136.1, 137.2; imageBROKER/Niehoff, Ulrich 149.1; imageBROKER/Robbin, Thomas 152.1; imageBROKER/Walch, Michaela 162.1; Islandstock 32.1; Johansson, Lars 132.4, 241.22; Josan, Victor 18.1; Juniors Bildarchiv GmbH 49.1; Kapish, Pavel 177.3; kpzfoto 157.2; lane, mike 137.1; Life on white 86.5; LightField Studios Inc. 171.2; Lloyd, Gillian 142.2; magicmine 52.1; Mainka, Markus 17.2; MBI 47.1; McGurk, Michael 191.2; Nature Photographers Ltd 86.6, 121.2, 143.2; Nature Photographers Ltd/JANES, ERNIE 158.4; Nature Picture Library 18.4, 97.3; Nature Picture Library/Möllers, Florian 156.4; Naturfoto-Online 18.2; Niebrugge Images 120.3; Panther Media GmbH 72.2, 102.3; Papilio 65.2; Parker, Susan & Allan 162.3; Pembleton, Alan 157.1; PhotoStock-Israel 160.3; robertharding/DeFreitas, Michael 151.1; Robinson, Dominic 159.1; Rolf_52 148.1; Ruckszio, Manfred 86.7, 102.2, 162.2; Scenics & Science 144.2; Schulte, Antje 121.1; Science History Images 179.1; SeaTops 135.1; Shafiq ul Islam Shafiq 172.1; Shelton, John 86.9; Shields, Martin 12.1; Sollfors, Stefan 113.2, 241.5; Stocktrek Images, Inc. 61.1; The Natural History Museum 9.2; Varlakov, Alex 122.3; Volkov, Valentyn 62.2; Watts, Dave 150.2; Westend61 GmbH 16.2, 16.4; WILDLIFE GmbH 128.3; yarvin13 90.2; Zoonar GmbH 83.1. |BC GmbH Verlags- und Medien-, Forschungs- und Beratungsgesellschaft, Ingelheim: 42.3, 42.4. |Bundeszentrale für gesundheitliche Aufklärung (BZgA), Köln: 55.2, 55.3. |Fairtrade Deutschland e.V., Köln: 50.2. |fotolia.com, New York: Eskymaks 191.3; Gorilla 207.2; Larsson, Henrik 70.1; Lomsky, Karlos 112.3, 241.6; Michel, T. 34.1, 42.5, 117.1; pitris 81.2; Tieck, Michael 78.1; wladi 222.1, 222.4. |Freundner-Huneke, Imme, Neckargemünd: 174.1. |Getty Images (RF), München: Lander Phillips, Alan John 3.1, 6.1. |Glammeier, Ulrich, Hannover: 104.2. |Herzig, Wolfgang, Essen: 80.1, 91.1, 92.2, 93.1, 94.1, 96.1, 97.2, 97.4, 98.1, 100.3, 102.1, 105.1, 106.2, 107.1, 108.1, 111.4, 114.1, 116.2, 118.2, 118.3, 119.1, 120.5, 125.2, 130.1, 131.1, 132.5, 133.2, 133.3, 133.4, 139.1, 139.2, 140.1, 141.1, 145.1, 146.1, 146.2, 147.1, 150.1, 150.3, 160.4, 161.1, 162.5, 165.1, 168.2, 169.1, 174.2, 174.3, 174.4, 174.5, 175.1, 175.3, 177.1, 181.2, 182.1, 187.3, 189.1, 198.3, 208.1, 208.2, 208.3, 209.2, 210.1, 211.1, 211.2, 217.3, 240.6, 241.15, 241.16, 241.20, 241.23, 241.25, 241.26. |Imago Editorial, Berlin: Eibner 190.1. |Institut für Bildungsanalysen Baden-Württemberg (IBBW), Stuttgart: Ausgangsmaterialien des Landesbildungsservers Baden-Württemberg (www.schule-bw.de) am Institut für Bildungsanalysen Baden-Württemberg (IBBW) (https://ibbw.kultus-bw.de); Lizenz CC BY 4.0 International 39.2. |iStockphoto.com, Calgary: a8096b40_190 74.1; abadonian 122.2; agustavop 124.7; Aj_OP 149.3; Andriyanov, Ilya 59.2; Andy 213.1; Anest 18.3; AnnekeDeBlok 159.2; Antagain 86.1; AntonioGuillem 3.2, 26.1; Autor 59.3; Azureus70 124.8; Baumgart, Anselm 122.1; Bialasiewicz, Katarzyna 195.3; BrasilNut1 157.3; Bruyeu, Ryhor 127.1; cinoby 68.3; CreativeNature_nl 48.1; Dahrs 135.2; Deagreez 132.2, 241.18; DragonImages 167.1; ElementalImaging 76.2; Fenne 124.2; filmfoto 108.2; foto-maxl Titel; franckreporter 197.1; gbh007 132.1, 241.17; gegeonline 68.2; gilaxia 5.1, 166.1; Grafner 124.1; Halfpoint 124.4; hansenn 95.3; Hulai, Vitalii 86.4; Hunter, Brendan 203.2, 203.3; Ian_Sherriffs 132.3, 241.21; itish 89.1; igreen_images 162.4; Imgorthand 28.1; JanMiko 138.2; juergen2008 111.1, 240.3; kama71 124.6; kamisoka 198.1; kuczin 86.10; Kuzdak, Damian 112.4, 241.7; MachineHeadz 199.1; marilyna 30.3; mauribo 112.1, 241.2; McComber, Nicolas 198.2; mediaphotos 51.1; micro_photo 7.3, 20.1; Mixmike 5.2; Motortion 39.1; Nehring, Nancy 18.7; nicky39 148.3; Panama7 148.2; PeopleImages 43.1, 89.3, 171.3, 195.2; Photodisc 138.1; photoguns 217.1; rclassenlayouts 242.2; Sinhyu 22.2; SolStock 7.2, 27.3; Sovany, Laszlo 65.3; Spoerlein, Thorsten 110.3, 240.8; stockstudioX 125.1; takoburito 44.1; Tango, Ray 196.1; Tassii 204.1; thumb 110.4, 240.9; Toltek 243.2; Tommousney 10.1; undefined undefined 156.3; Videologia 24.1; Vogel, Thomas 102.4; von Brandis, Rainer 68.4; Wavebreakmedia 215.1. |juniors@wildlife Bildagentur GmbH, Hamburg: Hamblin, M. 165.2; Harms, D. 144.5; Minden Pictures 83.4;

224

van Damsen, B. 159.3. |Kranenberg, Hendrik, Drolshagen: 35.2, 38.1, 201.1, 201.2, 202.1, 202.2, 202.3, 202.4, 203.1, 204.2, 205.1, 206.1, 210.2, 214.1. |laif, Köln: Rosenthal, Daniel 48.2. |Lüddecke, Liselotte, Hannover: 179.2, 179.3. |mauritius images GmbH, Mittenwald: Waldkirch, Rainer 154.1. |Minkus Images Fotodesignagentur, Isernhagen: 15.3, 92.1, 100.1, 109.4, 186.1. |OKAPIA KG - Michael Grzimek & Co., Frankfurt/M.: BIOS/Borrell, Bartomeu 143.1; Bramaz, H.R. 217.4; Hartl, Andreas 143.4, 144.4; imageBROKER/Adam, Friedhelm 112.2, 241.3; ISM/Conge, Herve 7.1, 12.2; KINA/Brochard, Christophe 142.4, 143.5; KINA/Faasen, Tim 143.6; Martinez, Lothar 143.3; NAS/Abbey, M. 20.2; P. Arnold, Inc./Reschke, Ed 13.2; Sauskojus, Burkhard 158.3; Sudbrack, Klaus 83.3; Varin, Michel 144.3. |PantherMedia GmbH (panthermedia.net), München: Eggermann, Peter 142.3; Hopf23 126.2; Mair, Carmen 135.3; psamtik 4.1, 88.1; Schramm, Richard 3.3, 64.1; svetas 120.2; Zieher, Andreas 142.1. |Picture-Alliance GmbH, Frankfurt a.M.: dpa/Steffen, Peter 190.2; OKAPIA KG/Schrempp, Heinz 83.2. |plainpicture, Hamburg: bastisteiner 185.3. |Reinelt, Andrea, Florstadt: 18.8. |Schlierf, Birgit und Olaf, Lachendorf: 11.1, 15.2, 34.2, 42.1, 42.2, 222.2, 222.3, 222.5. |Schobel, Ingrid, Hannover: 9.1, 11.2, 11.3, 11.4, 11.5, 11.6, 13.1, 15.4, 21.1, 21.2, 21.3, 22.1, 23.1, 23.2, 23.3, 24.2, 24.3, 25.1, 25.2, 32.2, 33.1, 33.2, 34.3, 34.4, 36.2, 37.1, 40.2, 41.1, 42.7, 44.2, 44.3, 45.1, 47.2, 52.2, 53.1, 54.3, 55.1, 56.1, 60.1, 62.1, 62.4, 63.1, 63.2, 63.3, 66.1, 70.2, 71.1, 71.2, 71.3, 72.4, 73.1, 75.1, 76.1, 78.2, 79.1, 79.2, 80.2, 81.1, 82.2, 84.2, 87.1, 87.2, 87.3, 87.4, 87.5, 96.2, 100.2, 101.1, 101.2, 117.2, 123.1, 123.2, 146.3, 153.1, 155.1, 170.2, 172.2, 173.3, 175.2, 176.2, 178.1, 178.2, 178.3, 178.4, 179.4, 180.2, 181.1, 184.2, 193.1, 193.2, 193.3, 193.4, 200.2, 200.3. |Schuchardt, Wolf, Göttingen: 29.3, 49.2, 59.1, 104.1, 170.3, 177.2, 183.3, 183.4, 186.2, 186.3, 187.1. |Science Photo Library, München: DENNIS KUNKEL MICROSCOPY 201.3, 201.4; Durham, John 16.3; Guenther, Gerd 20.3; Kightley, Russell 16.1; Moscoso, Dr. G. 209.1; Science Vu/Visuals Unlimited 144.1; Stock, Maximilian 30.2. |Science Photo Library (RF), München: 213.2. |Shutterstock.com, New York: Andrei_R 51.3; ArTono 156.1; Carey, Rich 69.3; ChiccoDodiFC 176.1; Creative Caliph 182.2; Dziurek 180.1; Gingell, Ben 187.2; Gvozdikov, Anton 154.4; Hurst Photo 30.1; Hvozdetskyi, Ihor 86.11; ilolab 158.1; keldridge 126.1; Khakimullin, Aleksandr 167.2; Kruk, Ivan 171.1; maradon 333 188.2; Mina, Stefanovic 188.1; Monkey Business Images 168.1, 185.2; Nattakorn_Maneerat 36.1; Novikov, Alex 167.3; Pablesku 158.5; photolinc 86.8; Quality Stock Arts 151.2; Queen soft 184.1; tiverylucky 185.1; VGstockstudio 27.1; Wey, Peter 136.2; Wong Hock weng 113.3, 241.11; zlikovec 128.1. |stock.adobe.com, Dublin: 230849747 128.2; 9parusnikov 192.1; Agata 154.2; AlenKadr 31.2; Animaflora PicsStock 153.2; ANR Production 191.1; AVTG 242.1; bnenin 207.1; bobby310 111.2, 240.4; DanBu.Berlin 25.3; djile 75.2; DragonImages 8.1; Eberhard 156.2; Engdao 217.2; eranicle 54.1, 54.2; Ernst, Daniel 195.1; eyetronic 118.1, 163.1; Freedomz 116.1; giorgiape 111.3, 240.5; goldi59 127.2; gordzam 113.1, 241.4; Grandini, Alessandro 173.1, 173.2; gudrun 29.1; jbgrafik 40.1; kozorog 99.3; Kuttelvaserova, Vera 74.2, 74.3, 74.4, 86.3; LIGHTFIELD STUDIOS 212.2; luckybusiness 27.2; Lypynskyy, Svyatoslav 214.2; Melica 120.1; Monkey Business 46.1; motortion 200.1; noon@photo 8.2; Nowottnick, Klaus 77.1; Pereslavtseva, Ekaterina 109.1; Photographee.eu 215.2; picoStudio 179.5; rammi76 164.2; RAMPSCH, RONALD 112.7, 241.10; rcfotostock 113.4, 241.12; Resnick, Joshua 193.5; Rohde, Gabriele 110.1, 240.2; Ruckszio 90.1; Rytis 99.1; Satakorn 95.2; Schmidt, Sabine 110.2, 240.7; Schulz-Design 170.1; Schwier, Christian 58.2; shaiith 65.1; SHOTPRIME STUDIO 212.1; stockpics 129.1; svehlik 42.6; TALON, Romain 124.3; tiero 183.1; Tim's insects 112.5, 241.8; Vasyl 216.2; vulcanus 243.1; yanlev 216.1; z1b 164.1. |Tegen, Hans, Hambühren: 109.2, 109.3, 117.3. |Visum Foto GmbH, Asbach: Heimbach, Markus 155.2. |Weiß, Jörg - Mikroskopisches Kollegium Bonn, www.mikroskopie-bonn.de, Sankt Augustin: Mikroskopisches Kollegium Bonn 19.1. |wgr-logo, Braunschweig: 1.1, 1.2, 2.1. |wgr-schulbuchseiten, Braunschweig: 240.1, 241.1, 241.13, 241.14. |Wildermuth, Werner, Würzburg: 14.2, 19.2, 19.3, 29.2, 30.4, 31.1, 35.1, 50.1, 58.1, 62.3, 103.2, 105.2, 105.3, 105.4, 105.5, 106.1, 133.1, 241.19.

Aufgaben verstehen und richtig bearbeiten

Dieses Buch enthält Bilder, Texte und Aufgaben. Mithilfe der Aufgaben kannst du zeigen, was du gelernt hast. Dazu musst du verstehen, was die Verben in den Aufgaben bedeuten.

Nennen bedeutet, dass du Namen, Daten oder Gegebenheiten ohne weitere Erklärungen aufzählst. Oft reicht eine Stichwortliste aus.

1 Nenne die drei Tiere der Kronenschicht.

1. Tiere der Kronenschicht
Drei Tiere der Kronenschicht sind Eichhörnchen, Baummarder und Specht.

Beschreiben bedeutet, dass du etwas in ganzen Sätzen mit eigenen Worten wiedergibst. Der Sachverhalt wird aber nicht erklärt oder bewertet.

2 Beschreibe die Funktion der Destruenten im Wald.

2. Destruenten
Destruenten bauen tote Tiere und Pflanzen sowie Kot zu Mineralstoffen ab.

Beim **Vergleichen** nennst du Gemeinsamkeiten, Ähnlichkeiten und Unterschiede. Was genau du vergleichen sollst, ist oft vorgegeben. Manchmal musst du aber auch selbst sinnvolle Vergleichspunkte finden.

3 Vergleiche die Strauchschicht des Nadelwaldes und des Laubwaldes in Bild 1.

3. Vergleich zweier Wälder
Im Nadelwald gibt es meistens keine Strauchschicht. Im Laubwald ist eine Strauchschicht zu erkennen, die aus unterschiedlichen Straucharten besteht.

1 Zwei Wälder: **A** Nadelwald, **B** Laubwald